I en

Band 10 der Reihe

Theorie und Praxis
Österreichische Beiträge zu Deutsch als Fremdsprache

Serie B

Herausgegeben von:

Hans-Jürgen Krumm
und Paul R. Portmann-Tselikas

Agnieszka Brzezińska

Lernpsychologie und Mnemotechniken beim Fremdsprachenlernen

am Beispiel des Artikellernens im DaF-Unterricht

StudienVerlag
Innsbruck
Wien
Bozen

Erlerstraße 10, A-6020 Innsbruck
e-mail: order@studienverlag.at
Internet: www.studienverlag.at

Gedruckt mit Unterstützung durch das Bundesministerium für Wissenschaft und Forschung in Wien und die Universität Wien.

Satz und Umschlag: Studienverlag/Manuela Weiß

Gedruckt auf umweltfreundlichem, chlor- und säurefrei gebleichtem Papier.

Bibliografische Information Der Deutschen Bibliothek
Die Deutsche Bibliothek verzeichnet diese Publikation in der Deutschen Nationalbibliografie; detaillierte bibliografische Daten sind im Internet über <http://dnb.ddb.de> abrufbar.

ISBN 978-3-7065-4422-1

„Wenn es grundsätzlich möglich ist, Gedächtnisleistungen durch einen vernünftigen Umgang mit dem Gedächtnis zu verbessern, dann ist es zweifellos empfehlenswert, Probleme des Gedächtnisses mitsamt seinen Leistungen und (angeblichen) Fehlleistungen im Sprachunterricht, insbesondere im Fremdsprachenunterricht, viel stärker zu thematisieren, als das zur Zeit üblich ist. Das könnte vielleicht damit beginnen, dass der Lehrer zunächst aus informationsüberlegener Kenntnis der Mnemotechnik, die er sich bis dahin erworben hat, den Schülern Tips gibt. (...) nicht, dass dem Unterricht jetzt sozusagen eine Gedächtniskunde als neues Fach hinzugefügt werden sollte. Fragen des Gedächtnisses müssen in allen Fächern, insbesondere aber im Sprach- und Fremdsprachenunterricht, zum festen Repertoire des Unterrichtsgespräches gehören. Das scheint (...) auch ökonomisch zu sein, denn es lohnt sich natürlich, in das Gedächtnis zu investieren, da ja auf dem Terrain des Gedächtnisses entschieden wird, ob unser Fremdsprachenunterricht Erfolg hat oder nicht."

Harald Weinrich „Sprache und Gedächtnis" (1991:147)

Vorwort

Sich Fremdsprachen anzueignen bedeutet nicht nur Kenntnisse zu erwerben, Fähigkeiten zu entfalten und Fertigkeiten zu üben, sondern vor allem auch sich das dazu nötige Wissen zu verschaffen. Im Fremdsprachenunterricht wird … *gelernt*! Und das *Lernen* richtet sich mitunter nach bestimmten Lerngesetzen. Die Lernpsychologie, die sich mit diesem Bereich auseinandersetzt und ihn systematisch untersucht, weiß um diese Lerngesetze, die durchaus auch auf das Fremdsprachenlernen zutreffen und somit für die Fremdsprachendidaktik relevant sind – aber wie oft haben Sie schon etwas über diese Gesetze explizit im Fremdsprachenunterricht gehört?

Lernpsychologie ist immer noch ein Randthema beim Sprachenunterricht. Dabei ermöglicht sie sowohl Lernenden von Deutsch oder anderen Fremdsprachen als auch Lehrenden und Lehrwerksautoren einen bewussteren Zugang zur Aneignung, Vermittlung und methodischen Gestaltung von Unterricht und Lehrwerken. Die vorliegende Arbeit beschreibt einige dieser teils bewussten teils unbewussten Lernprozesse, die im Sprachenunterricht auftreten und die Lerngesetzmäßigkeiten, die einen Einfluss auf die Effektivität des Sprachenlernens ausüben. Leider ist diese Arbeit zur Zeit der Veröffentlichung immer noch eine der sehr wenigen Publikationen im DaF-Bereich, die sich mit dieser Thematik beschäftigen. Nichtsdestotrotz findet Lernberatung aufgrund der Forderung zur stärkeren Berücksichtigung von individuellen Lernendenbedürfnissen immer mehr Beachtung in der Ausbildung von Lehrenden. Dadurch wird wohl auch demnächst ein Teil der Aufmerksamkeit zunehmend den gedächtnispsychologischen Lernprozessen und den Möglichkeiten der Adaptierung von Lerntechniken für bestimmte Fremdsprachen oder ihre Teilbereiche gelten. So bot auch das Institut für Germanistik der Universität Wien, an dem die vorliegende Arbeit am Lehrstuhl für Deutsch als Fremdsprache entstanden ist, bereits im WS 08/09 ein erstes eigenständiges Proseminar zum Thema Lernen und Gedächtnis im DaF/DaZ Unterricht an. Eine Einführung von ähnlichen Lehrveranstaltungen wäre an allen Ausbildungsstätten für Fremdsprachenlehrende aufgrund der steigenden Nachfrage sehr zu empfehlen und im Sinne der Förderung vom autonomen Lernen mehr als wünschenswert.

Zuletzt möchte ich mich im Rahmen des Vorworts bei Prof. Hans-Jürgen Krumm für seine Unterstützung bei der Publikation dieser Arbeit und die Betreuung meiner Dissertation, auf der die Arbeit basiert, als auch bei der Österreichischen Forschungsgemeinschaft für die Finanzierung meines Auslandsforschungsaufenthaltes, der für die Durchführung meiner empirischen Untersuchung notwendig war, bedanken. Zuletzt bin ich auch sehr dankbar, dass zugleich mehrere Stellen: sowohl die Universität Wien als auch Bundesministerium für Wissenschaft und Forschung durch ihre finanzielle Förderung diese Publikation ermöglicht haben und sie nun einem größeren Publikum im Studienverlag zur Verfügung gestellt werden kann. Danke!

Die Autorin

Inhaltsverzeichnis

1 Einleitung: Problemstellung – Zielsetzung – Aufbau der Arbeit

der? *die*? oder *das*? – welcher Deutschlernende hat sich diese Frage nicht schon unendlich viele Male gestellt? Und welcher Deutschlernende hat nicht schon einmal den Ratschlag erteilt bekommen: „Man muss alle Artikel einfach zusammen mit dem Substantiv auswendig lernen!" – einen Ratschlag, der viele zur Verzweiflung bringt, denn wie soll man in der Lage sein, sich die richtige Artikelzuordnung für jedes einzelne deutsche Wort zu merken?

Wohl jeder Lernende der deutschen Sprache sehnt sich nach einem klaren, strukturierten und vor allem auch ausnahmslosen Genusregelsystem, welches eine möglichst fehlerfreie Zuordnung von Artikeln zu Substantiven (vor allem auch zu solchen, denen man zum ersten Mal begegnet) ermöglichen würde. Doch die Suche nach einem didaktisierbaren Regelwerk verlief bis jetzt, so scheint es, ohne größere Erfolge. Trotzdem wurden dabei bislang einige Aspekte aus den benachbarten Disziplinen, wie der Einsatz von lernpsychologischen Gesetzmäßigkeiten, fast völlig außer Acht gelassen, obwohl sie potentiell viele praktikable Vorschläge für die Optimierung von Lehr- und Lernprozessen in der Fremdsprachendidaktik bieten, insbesondere beim Erlernen von solchen sprachlichen Besonderheiten, die keinem Regelsystem folgen. Nicht nur das: es gibt kaum Arbeiten aus dem lernpsychologischen Bereich, die wissenschaftlich fundiert die Möglichkeiten des Einsatzes der Lernpsychologie speziell für das Gebiet des Fremdsprachenlehrens und Fremdsprachenlernens, darunter auch für den Bereich Deutsch als Fremdsprache, aufzeichnen würden. Dabei bedarf gerade der Bereich „Fremdsprachen" besonders intensiver Nachforschungen und der Suche nach Lösungsalternativen, da viele Sprachen, außer ihren Regularitäten, auch schwer erlernbare Inhalte, sprich schwer didaktisierbare Grammatikregeln oder Ausnahmen aufweisen, deren Aneignung oft nur durch bestimmte Lernstrategien und Mnemotechniken erleichtert werden kann. Ein exemplarisches Gebiet ist das Erlernen der Substantivgenera, die nicht nur im Deutschen, sondern auch in vielen anderen Sprachen eine Schlüsselrolle spielen[1]. Im Deutschunterricht sind Genera umso wichtiger, da sie zusammen mit dem neuen Wortschatz auf jedem Lernniveau erlernt und gebraucht werden müssen: vom Anfänger bis zum Fortgeschrittenen, Stunde für Stunde, Woche für Woche. Das Dilemma dabei: die Genuszuweisungen zu den Nomen folgen meistens keinen „logischen" Prinzipien, in der deutschen Sprache

---

[1] z.B. auch im Französischen, Italienischen, Spanischen etc. Einen Überblick über 200 Genussprachen findet man z.B. bei Corbett (1991).

sind nur wenige Regularitäten bei der Generazuordnung vorhanden und auch diese sind den Lernenden oft gar nicht oder nur teilweise bekannt. Die Lernenden sind hier also auf das harte, mühevolle Erlernen und Wiederholen angewiesen und spüren diese Problematik bis ins weit fortgeschrittene Sprachstadium. Zudem beruht auch in vielen Sprachen (darunter ganz besonders im Deutschen) das Konstruieren von einfachsten, aber grammatisch korrekten Aussagen auf der Kenntnis des richtigen Artikels.

Nicht nur meine eigenen Erfahrungen als Deutsch*lehrende*, sondern vor allem auch die, die ich einst selbst als Französisch*lernende* gesammelt habe, zeigten mir deutlich auf, dass Lernenden meistens keine praktischen Hilfen für das Erlernen solch schwieriger Inhalte wie der Genuszuordnung geboten werden, dass aber auch Lehrer[2] keine Hilfe und keinen Rat bei diesem Lehr- und Lernproblem wissen. Das Gefühl dem deutschen Genussystem hilflos ausgeliefert zu sein, kennt sicher jeder Lernende, der die deutsche oder eine ähnliche Genussprache einmal gelernt hat. Aber auch für Deutschlehrer ist es nicht schwer nachzuvollziehen, welchen Lernfrust die Lernenden dabei immer wieder empfinden. Dieser Mangel an Genuslernhilfen veranlasste mich dazu, mögliche Lösungen, die ich während meiner Ausbildung als Lernberaterin und während der Tätigkeit als DaF/DaZ-Lehrerin für mich erarbeitet habe und die sich bei meinen Lernenden bewährt haben, in einem wissenschaftlichen Kontext darzustellen. Um eine wissenschaftliche Basis für diese Vorschläge zu gewährleisten, wird in der vorliegenden Arbeit sowohl auf die theoretischen Hintergründe der von mir gewählten Lerntechniken, als auch auf die Ergebnisse einer empirischen Untersuchung in diesem Bereich, die ich im Frühjahr 2004 während eines Auslandslehr- und Forschungsaufenthaltes an der Universität Warschau in Polen durchgeführt habe, eingegangen.

Die Arbeit gliedert sich in drei große Bereiche (Kap. 2–4):

- Mnemotechnische Informationsaneignung (Kap. 2),
- Das „der-die-das-Problem“ (Das deutsche Genus als Lehr- und Lernproblem) (Kap. 3),
- und die experimentellen Untersuchungen (Kap. 4).

Die Arbeit soll dazu beitragen, das Interesse der Fremdsprachendidaktik auf relevante lernpsychologische Aspekte zu lenken und die Möglichkeiten der Implementierung in den Unterrichtsprozess bzw. in Lehrmaterialien aufzeigen. Es gilt zu fragen, welche Gedächtnis stützenden Maßnahmen von Lehrenden bereits eingesetzt werden, um typische Lernprobleme der Schüler, wie die Aneignung des deutschen Genus, zu bewältigen, und wie Lehrwerke diesen Problembereich aufarbeiten. Die wichtigste Fra-

2 In der gesamten Arbeit sind sämtliche Personsbezeichnungen als Archilexeme zu verstehen. Demnach bezeichnen sie in gleicher Weise Personen männlichen und weiblichen Geschlechts.

ge ist die Klärung, ob einfache Mittel, wie der Einsatz von Farbe, die Lernleistung bei der Aneignung von sprachlichen Unregelmäßigkeiten, wie dem Genus, signifikant verbessern können, und falls ja – in welcher Form der neue Wortschatz präsentiert werden müsste, damit sich Lernende den jeweiligen dazugehörigen Artikel am besten merken können.

Um eine Antwort auf diese Fragen zu ermöglichen, werden im ersten Teil der Arbeit (Kap. 2) sowohl die Ursprünge der Gedächtniskunst als auch einzelne Mnemotechniken vorgestellt, die anschließend in Hinblick auf lernpsychologische Modelle aus der aktuellen Fachliteratur zum Thema Gedächtnis, Informationskodierung und -speicherung erläutert werden. Es wird beschrieben, wie und wann Gedächtnisstützen zum Einsatz gelangen und warum sie eine Lernentlastung ermöglichen. Im darauf folgenden Teil (Kap. 3) wird diskutiert, warum das deutsche Genus den Lernenden eigentlich so viele Lernschwierigkeiten bereitet und wie Gedächtnisstützen für die konkreten Bedürfnisse des Lehrens und Lernens von Deutsch als Fremdsprache in diesem Problembereich eingesetzt werden könnten. Dabei wird u.a. Datenmaterial aus einer Lehrerumfrage über den Einsatz von Mnemotechniken in der Unterrichtspraxis (Umfrage von Sperber 1989) speziell in Hinsicht auf visuelle Lerntechniken zur Aneignung des Artikels ausführlich analysiert[3]. Anschließend werden auch die Resultate einer weiteren Umfrage, diesmal jedoch nicht unter DaF-Lehrenden, sondern unter DaF-Lernenden, in Hinblick auf die Kenntnis von Genuslerntechniken vorgestellt (Umfrage von Brzezińska). Im letzten Teil der Arbeit wird diskutiert, inwieweit der Einsatz von Farbe eine Lernerleichterung des Genuslernproblems in der deutschen Sprache bieten könnte. Es werden einzelne Theorien über die Merkmale des visuellen Speichers und die Lern- und Behaltensleistung von farbigen Informationen (gegenüber schwarz-weiß dargestellten Inhalten) besprochen. Es folgt die Beschreibung und die Auswertung einer von der Autorin durchgeführten empirischen Untersuchung zum Thema Farbe als Gedächtnisstütze beim Genuslernen. Die statistisch ausgewerteten Untersuchungsdaten und die darauf folgende Interpretation der Experimentergebnisse sollen eine Antwort auf die Frage geben, ob durch den Einsatz von Farbe beim Lernen signifikant bessere Lernleistungen erzielt werden können, als beim Lernen von schwarz-weiß kodierten Informationen. Zuletzt werden die Ergebnisse des Experimentes diskutiert und die Möglichkeiten und Probleme der Implementierung in die Unterrichtspraxis besprochen.

Forschungsergebnisse zu gedächtnispsychologischen Aspekten beim Fremdsprachenlernen werden oft nur in Form von kurzen Beiträgen in psychologischen Fachzeitschriften bzw. in Sammelbänden veröffentlicht – dazu meistens in englischer Sprache,

[3] Sperber (1989) bietet in seiner Arbeit nur eine globale Analyse der Untersuchungsergebnisse in Bezug auf mehrere Lerninhalte zugleich. Eine Dokumentation der Umfrageergebnisse im Anhang seiner Publikation ermöglichte es mir für die Bedürfnisse dieser Arbeit eine detaillierte Analyse in Hinsicht auf den Einsatz von Mnemotechniken im Bereich der Genusaneignung durchzuführen.

da vor allem in den USA auf diesem Gebiet experimentell geforscht wird. Quellen, die diesen Bereich umfangreicher behandeln, sind eher rar. Umso mehr ragen dann solche Werke wie Sperbers „Mnemotechniken im Fremdsprachenerwerb" (1989) hervor. Dies ist eine der wenigen Publikationen überhaupt, die sich ausführlich und explizit mit dem Thema des Einsatzes von Mnemotechniken beim Fremdsprachenlehren und -lernen beschäftigt. Dabei bietet insbesondere der Reichtum an zusammengetragener Fachliteratur und eine ausführliche Dokumentation einer von dem Autor durchgeführten Befragungsaktion unter Lehrenden zum Einsatz von Mnemotechniken im Unterricht eine Quelle wertvoller Informationen für die vorliegende Arbeit. Äußerst erwähnenswert ist auch Andersons „Kognitive Psychologie" (1988) – mittlerweile ein Klassiker in der Kognitionswissenschaft, in dem der Autor eine Fülle an Erkenntnissen aus dem Bereich der Kognitionsforschung und der Lern- bzw. Gedächtnispsychologie ausführlich präsentiert und zugleich auf die Forschungsproblematik in diesem Bereich eingeht.

Der interdisziplinäre Charakter der vorliegenden Arbeit (es wird auf mehrere Bereiche der Psychologie und der Fremdsprachendidaktik zurückgegriffen) verfolgt das Ziel, einen komplexen Zugang zu diesem noch recht jungen Teilbereich der Fremdsprachendidaktik zu ermöglichen. Es wird auch beabsichtigt, durch die Präsentation von diversen theoretischen Modellen, aktuellen wissenschaftlichen Untersuchungsergebnissen und der Diskussion über die Möglichkeiten des Einsatzes dieser Erkenntnisse im Unterrichtsalltag, neue potentielle Wege in der DaF-Didaktik aufzuzeigen. Die Arbeit wagt einen Schritt in die Richtung, den Bereich der Mnemotechniken für die Fremdsprachendidaktik präsenter zu machen und den Sinn von Gedächtnisstützen dort aufzuzeigen, wo bislang andere „herkömmliche" Lösungen versagt haben. Zuletzt sei auch darauf hingewiesen, dass dort, wo Mnemotechniken bereits zum Einsatz kommen, sei dies nun im Unterrichtsalltag oder auch zunehmend bei der Gestaltung von Lehrwerken, die Verwendung vornehmlich auf einer rein intuitiven Annahme über die Vorteile einer solchen Verwendung gründet, der meistens – zuletzt hauptsächlich aufgrund mangelnder Fachliteratur in diesem Bereich – kein profundes Wissen im lernpsychologischen Bereich vorausgeht. Somit versteht sich diese Arbeit auch als eine Verifizierungsmöglichkeit für interessierte Lehrpersonen und Lehrwerkentwickler für Annahmen über die Effektivität bestimmter Lerntechniken beim Einsatz im Fremdsprachenunterricht.

2 Mnemotechnische Informationsaneignung

Die heutzutage allgegenwärtige Zugänglichkeit und Leistbarkeit von Papier und mittlerweile auch von elektronischen Speichern, als auch die Errungenschaften der Technik im Bereich des Buchdrucks, haben zu einem Übergang von der oralen Gedächtniskultur zur skripturalen Kultur der modernen Zeit geführt (vgl. Weinrich 1991, 133), der die Bedeutung der Mnemotechnik, der Gedächtniskunst, so sehr in Vergessenheit geraten ließ, dass wir heutzutage nur noch mit Mühe in der Lage sind, Gedächtnisleistungen, die die langfristige Speicherung von verbalen Informationen verlangen, ganz ohne schriftliche Hilfsmittel zustande zu bringen. Ungeachtet der Vorteile, die eine Schriftkultur verständlicherweise mit sich bringt, liegen auch die Nachteile der vergessenen Gedächtniskunst auf der Hand: wir sind weiterhin in vielen Situationen einzig und allein auf das angewiesen, was unser Gedächtnis speichert und abrufbereit hält – dazu gehört vor allem auch die Sprache. Umso schwieriger wird es dann, wenn das Gedächtnis untrainiert ist und die Zugänge zu ihm verschlossen bleiben. Dabei hat die Kunst, das Gedächtnis zu schulen und es sich durch verschiedene Memorierungstechniken nützlich zu machen, eine lange Geschichte (s. Kap. 2.1.2). Die Mnemotechnik, die Ars Memoriae, wurde einst schul- und kunstmäßig gelehrt, und zwar unter anderem im Rahmen der antiken Rhetorik. Sie erlaubte es, Gedächtnisleistungen zu erbringen, die uns heute „fabulös" erscheinen mögen (Weinrich 1991, 132).

Nun ist es aber keinesfalls die Absicht der vorliegenden Arbeit, Lehrende und Lernende dazu zu befähigen, solche Meisterleistungen zu lehren oder selbst zu erbringen, wie sie einst von den Rednern der Antike beherrscht wurden, für die es nicht unüblich gewesen ist, beispielsweise hunderttausende von epischen Versen ohne jegliche schriftliche Hilfe zu rezitieren. Das Ziel ist, den Bereich der Gedächtniskunst als eine Form der Lernstrategie für den Bereich des Fremdsprachenlernens zu visualisieren, insbesondere für die Aspekte des Fremdsprachenlernens, für die, trotz einer mittlerweile recht üppigen Palette an Lehrmaterialien, weiterhin wenige Hilfsmittel vorhanden sind, bei denen sich der Lernstoff didaktisierbaren Regeln entzieht und häufig eine reine Gedächtnisleistung in Form des Auswendiglernens, des Memorierens, erfordert.

Memorierungstechniken, in der Fachliteratur als „Mnemotechniken" bezeichnet, gehören heutzutage grundsätzlich zum Interessenbereich der Lernpsychologie und stellen spezielle Verfahren dar, mit deren Hilfe Lernende sich Informationen aneignen können, die beispielsweise unter normalen Umständen durch reines Wiederholen auswendig gelernt werden müssten, da zwischen ihren einzelnen Gliedern kein logischer Zusammenhang besteht. Oft werden sie deshalb auch mit dem synonymischen Terminus „Gedächtnisstützen" bezeichnet, der auf die Funktion von Mnemotechniken hinweist: sie sollen das *natürliche* Gedächtnis „stützen", indem sie gezielte Hilfsinstrumente bieten. Dem Individuum sollte nämlich geholfen werden sich nicht nur die Inhalte anzueignen, sondern auch „ein Instrumentarium von Zugriffs- und Verfügungsmöglichkeiten zur Informationsbeschaffung und -verarbeitung" aufzubauen (Tönshoff 2003, 332). Eine wichtige Rolle bei der Vermittlung eines solchen Instrumentariums hat dabei ohne Zweifel vor allem der Unterricht und der Lehrende zu erfüllen (vgl. Weinrich 1991, 147). Auffallend ist aber die Tatsache, dass Lernstrategien paradoxerweise eher selten in das Unterrichtsgeschehen einfließen. Dass im Fremdsprachenunterricht oft geeignete Strategien für konkrete Tätigkeitsbereiche des Sprachenlernens fehlen, bekräftigt auch eine Analyse von Lerntagebüchern von Fremdsprachenlernern von Nold und Schnaitmann (1997, 145ff). Nicht einmal Schüler mit guten Schulleistungen werden dazu angeregt, ihre Lernleistungen maximal zu entwickeln und zu gebrauchen (Lehtinen 1992, 136). Dabei wurde der Einfluss von Lernstrategien auf die Lernleistung bereits in zahlreichen Untersuchungen belegt (z.B. O'Malley u.a. 1985; O'Malley und Chamot 1990). Die große Rolle von Strategievermittlungsverfahren verdeutlichen u.a. auch zahlreiche Untersuchungen mit Kindern: bislang wurde – irrtümlicherweise – angenommen, dass besonders Kinder im Vorschulalter über ein „schlechtes" Gedächtnis verfügen, das sich erst mit der Zeit verbessere. Untersuchungen, die getrennt die Wiedererkennungs- bzw. die Reproduktionsleistung testen (Myers/Perlmutter 1978; zum sog. „Phänomen des Produktionsdefizits" vgl. auch Städtler 2003, 681), zeigen deutlich, dass bereits bei Zweijährigen die Wiedererkennungsleistungen ganz ausgezeichnet und kaum schlechter als bei älteren Kindern sind, dagegen aber die Reproduktionsfähigkeit ziemlich schwach ist und sich erst mit dem Älterwerden verbessert. Die Kapazität von Vorschulkindern ist also gut, das Gedächtnis wird aber nicht optimal genutzt, weil Kinder noch über wenige Gedächtnisstrategien wie z.B. Wiederholen, Kodieren, Organisieren von Inhalten etc. verfügen. Diese werden auch nur selten eingesetzt. Strategien entpuppen sich also als zentral für die Reproduktionsleistung. Bereits bei Dreijährigen verbessert sich die Wiedergabe von Wörtern erheblich, wenn ihnen Oberbegriffe als Abrufhilfe angeboten werden. Ganz einfache Methoden, wie z.B. Wiederholen, werden von Vorschulkindern kaum spontan benutzt, sie müssen dazu erst aufgefordert werden – „Kinder im Vorschulalter scheinen noch nicht zu wissen, dass gewisse Aktivitäten nötig sind, um Lernmaterial behalten und später wiedergeben zu können", so Herkner (1992, 356). Durch entsprechende Fragen und Instruktionen kann die Reproduktionsleistung verbessert werden.

Aufgrund solcher Ergebnisse führte Flavell (1971; 1979; Flavell/Wellman 1977) die Begriffe Metagedächtnis und Metakognition ein. In Städtlers Lexikon der Psychologie (2003, 682) wird Metakognition „als der Oberbegriff für Kognitionen, die der Regulation von Kognitionen dienen, die also andere kognitive Prozesse als Objekt haben" definiert. Das wichtigste metakognitive Konzept ist das des Metagedächtnisses. Das

Metagedächtnis bezieht sich auf das Wissen über das eigene Gedächtnis, und die mit diesem Wissen verbundenen Möglichkeiten, Lernen und Wiedergeben zu planen und zu verbessern (vgl. Herkner 1992, 356). Es ist also das Wissen über die Funktionsweise, die Begrenzungen, unterschiedliche Schwierigkeiten von Gedächtnisanforderungen bzw. die Effizienz verschiedener Einpräge- bzw. Abrufstrategien (Städtler 2003, 681). Als Indikatoren für das Metagedächtnis gelten die Genauigkeit der prognostischen Einschätzung der eigenen erreichbaren Leistung bzw. Reproduktionsbereitschaft und die Beurteilungsfähigkeit der Stufe des Lernprozesses (ob Inhalte bereits fehlerfrei wiedergegeben werden können) (vgl. ebd.). Ein besseres Metagedächtnis ermöglicht ein besseres, leichteres und schnelleres Lernen[4].

Wenn es also grundsätzlich möglich ist, Gedächtnisleistungen durch einen vernünftigen Umgang mit dem Gedächtnis, zum Beispiel durch geeignete kognitive Verfahren, zu verbessern, dann ist es zweifellos auch empfehlenswert, Probleme des Gedächtnisses mitsamt seinen Leistungen auch im Fremdsprachenunterricht viel stärker zu thematisieren, so Weinrich (1991, 147). Gemeint wird dadurch u.a. auch ein stärkeres Einbinden von Mnemotechniken. Dabei sollten diese Aspekte nicht zwangsläufig in Form eines eigenständigen Faches zur Geltung kommen, sondern stets zum „festen Repertoire" des Fremdsprachenunterrichts gehören (ebd.). „Das könnte vielleicht damit beginnen, dass der Lehrer zunächst aus informationsüberlegener Kenntnis der Mnemotechnik, die er sich bis dahin erworben hat, den Schülern Tipps gibt", schlägt Weinrich vor. Dabei werden aber Sprachlehrenden – wie die eigenen Nachforschungen der Verfasserin ergeben haben – seitens der Fachliteratur konkret für ihre Fachdidaktik kaum bis gar keine geeigneten Quellen geboten.

Zweifellos müsste für einen zweckmäßigen Einsatz der Mnemotechniken im Fremdsprachenunterricht zuerst ein entsprechendes Bewusstsein dafür vermittelt werden, wie die Leistungsfähigkeit von Mnemotechniken zu erklären ist. Im letzten Fall gilt es deren gedächtnispsychologischen Grundlagen nachzugehen. Diesen Bereichen ist somit auch das Kapitel 2 der vorliegenden Arbeit gewidmet. In Kapitel 2.1 wird zunächst eine Definition von Mnemotechniken erarbeitet. Anschließend folgt eine kurzgefasste Entwicklungsgeschichte, ohne aber auf die historische Entwicklung der Mnemotechnik detailliert einzugehen, da diese bereits in mehreren Arbeiten (insbesondere in Hajdu 1936; s. auch Kuhn 1993, Krall 1995, Sperber 1989) relativ ausführlich erläutert wird. Vielmehr soll dieser Teil einen Überblick über solche Elemente der Mnemotechnik verschaffen, die für die weiteren Abschnitte der Arbeit von Wichtigkeit sind. Im Abschnitt 2.1.3 werden die wichtigsten Kategorien der Mnemotechniken (Verwendung von Ankern, Locitechnik, Kategorisierung bzw. Organisation von Lerninhalten) dargestellt und dabei der Bereich des Assoziationslernens und

[4] Das Thema Metakognition wird ausführlicher im Kap. 3.3.3: „Sprachlernbewusstheit und eine autonomiefördernde Strategievermittlung" behandelt.

des visuellen Lernens hervorgehoben, da diese von zentraler Bedeutung für den empirischen Teil dieser Arbeit sind. In diesem Kapitel werden zugleich auch erste Beispiele zu den Möglichkeiten des praktischen Einsatzes im Fremdsprachenunterricht präsentiert und besprochen. Um eine wissenschaftliche Basis für die einzelnen Techniken zu gewährleisten, werden bei der Beschreibung der Techniken auch Forschungsergebnisse angeführt, in denen eine signifikante Leistungssteigerung gegenüber „traditionellen" Lerntechniken erzielt wurde. In Kapitel 2.2 werden für die hohe Leistungsfähigkeit der Mnemotechniken gedächtnispsychologische Theorien und Erklärungsmodelle herangezogen. Zu den wichtigsten zählen das Mehrspeichermodell des Gedächtnisses (Informationsverarbeitung im Ultrakurzzeit, – Kurzzeit, – und Langzeitgedächtnis unter der Einwirkung von Aufmerksamkeitssteuerungsprozessen), als auch Theorien zur Verarbeitungstiefe, und die seit längerem relativ umstrittenen Lerntypentheorien zu Wahrnehmungspräferenzen, die in enger Verbindung mit der Frage nach der Effektivität des „mehrkanaligen Lernens" stehen. Zuletzt wird auch darauf eingegangen, ob der Mensch visuelle Informationen besser verarbeiten kann als andere Arten von Inhalten und wie er verbale und nonverbale Informationen speichert. Der große Umfang dieses Kapitels ist dadurch begründet, dass eine breite Präsentation der eben erwähnten Bereiche nötig ist, um die Frage zu beantworten, warum Mnemotechniken zu sehr hohen Lernleistungen führen können, und wie Informationen im Lernkontext dargeboten werden sollten, damit sie von den Lernenden effektiver gespeichert werden können.

2.1 Mnemotechniken – Definition

Die Mnemotechnik wird im Laufe dieser Arbeit als eine *Sammlung* von einzelnen Einprägungstechniken mit einer gedächtnisstützenden Funktion aufgefasst, die sich im Laufe der Geschichte herauskristallisiert haben (vgl. u.a. Hobmair 2003, 141). Ihr Ziel und Sinn liegt in der Verbesserung der Lernleistung, des Behaltens und der Abrufbarkeit von Informationen. Dadurch kann sie als eine besondere Methode des Speicherns und des Zugriffs auf das Gedächtnis (vgl. Wrede 1996) oder auch als ein „Verfahren zur leichteren Einprägung von Lerninhalten unterschiedlicher Art und das Sicherinnern an diese durch Verbinden mit sachfremden Lernhilfen" (Ahlheim 1996, 228) charakterisiert werden. Zumeist wird dabei der Geltungsbereich sehr grob gefasst, indem man den Mnemotechniken Gedächtnis- bzw. Merkhilfen „jeder Art" zuordnet (z.B. sowohl Merkverse[5], als auch Regeln, Schemata, bildliche Darstellungen, Grafiken usw.), die das Erinnerungsvermögen unterstützen und leistungsfähiger machen können.

---

5 „Eselsbrücken"

Die Frage, inwieweit die Gedächtniskunst mit der Schaffung eines „künstlichen Gedächtnisses" (vgl. u.a. Scalichius 1998, 29; Goclenius 1998, 63f) den natürlichen Gedächtnisfähigkeiten des Menschen widerspricht, wurde immer wieder als kontroverses Thema diskutiert (siehe u.a. Agrippa von Nettesheim 1998, 33f). Dennoch überwiegt die Argumentation, dass die Mnemotechnik zwar eine „artifizielle Krücke" sei, ihre Wirksamkeit beruhe jedoch auf den natürlichen Speichermechanismen des Gedächtnisses, ohne die die effektive Verwendung von Gedächtnishilfen nicht möglich wäre. Somit sollten „*natura* und *ars* einander ergänzen (...) um eine Spitzenleistung zu erzielen" (Blum 1969, 154ff[6]; s. auch: Reisch 1998, 3; Gregorius 1998, 59). Es besteht auch kein Zweifel daran, dass die Menge an Lernstoff, die der Mensch heutzutage zu bewältigen hat, häufig als überfordernd aufgefasst wird und dass ein zunehmender Bedarf an Lerntechniken, die den Lernprozess verstärkt unterstützen könnten, zum Einsatz kommen sollte. Somit stellt die Mnemotechnik als ein Verfahren, welches das Gedächtnis durch Lernhilfen stärkt, bzw. durch bestimmte Merkmale, Sachverhalte oder Zusammenhänge Informationen einprägsamer und dadurch leichter erinnerbar macht (vgl. Berns/Neuber 1998), eine bereichernde Möglichkeit für die Lehr- und Lernpraxis dar. Die Tatsache jedoch, ob dieses Lernen schneller vor sich gehen kann als üblich, wie Lux (2004) behauptet, muss als eine Frage der einzelnen Technik, der Übung und des Lernmaterials und Lernziels angesehen werden[7] (vgl. auch Reisch 1998, 3).

2.1.1 Begriffsbestimmung

Die Mnemotechnik ist unter verschiedenen Bezeichnungen geläufig und wird oft auch als Gedächtniskunst, oder auch als die Kunst des Erinnerns bezeichnet (vgl. z.B. Wrede 1996). Zum einen existieren die aus dem Lateinischen stammenden Begriffe der Ars Memoriae bzw. der Ars Memorativa, zum anderen die eingedeutschten Begriffe der Mnemonik (von der gleichbedeutenden griechischen Bezeichnung *mnēmonikón*) und der Mnemotechnik, die von dem Wort *mnéme* - Gedächtnis abstammen (vgl. Kiefer 2004). In einigen jüngeren deutschsprachigen Arbeiten kommt der Terminus Mnemonik als ein übergeordneter Begriff vor (auch der häufig auftauchende Begriff Memoria bezieht sich ebenfalls meistens allgemein auf alle Phänomene, die im Zusammenhang mit dem Gedächtnis stehen). Ähnlich schlagen Berns und Neuber (1993a, 374) eine hierarchische Klassifizierung vor, indem sie die Mnemonik als einen übergreifenden, komplexen Theoriezusammenhang (des Zusammenwirkens des natürlichen und künstlichen

[6] anhand von Aussagen in „Auctor ad Herennium".

[7] Bei einzelnen Mnemotechniken kann es anfänglich zu einem Mehraufwand kommen, der sich jedoch auf Grund der Übung reduziert und ein besseres Aufwand-Leistungsverhältnis beim Lernen neuer Informationen ermöglichen sollte.

Gedächtnisses) darstellen, im Unterschied zur praxisorientierten Mnemotechnik. Die Mnemonik unterliegt somit ihrer Meinung nach der historischen Veränderung, und bindet währenddessen ständig neue Mnemotechniken an sich, indem alte entweder entwertet oder weiterentwickelt oder früher verworfene wieder aufgegriffen werden. In älteren Arbeiten wird jedoch zumeist der Begriff der Mnemotechnik benutzt, und zwar für *jede* Form von Gedächtniskunst. Daher wird auch in der vorliegenden Arbeit vornehmlich dieser Terminus verwendet, sowohl, wenn von der Ars Memoriae bzw. der Gedächtniskunst als Ganzem gesprochen wird, als auch, wenn einzelne Gedächtnistechniken erläutert werden. Eine Begriffsbestimmung der Mnemotechnik wirft auch die Frage nach der Begriffsbestimmung des Terminus *Technik* auf. Handelt es sich im Falle der Mnemotechniken tatsächlich „nur" um Lern*techniken* oder aber auch um komplexere Verfahren wie Lern*strategien*? Rampillon (2003, 340) versucht eine begriffliche Unterscheidung zwischen Technik und Strategie zu treffen und ordnet die Lerntechnik eher als eine Einzelmaßnahme, wie beispielsweise das Nachschlagen in einem Wörterbuch, ein. Eine Lernstrategie stelle hingegen eine systematische Bündelung mehrerer Einzelverfahren, eine Abfolge von Lernschritten, dar, die oft bei komplexeren Lernvorgängen auftreten (z.B. bei der Wörtererschließung: überfliegendes Lesen, Markieren unbekannter Wörter, Notieren etc.). Oft erweist sich aber eine eindeutige Unterscheidung zwischen Einzelverfahren und komplexen Verfahren als nicht möglich. Deshalb werden die Begriffe Lernstrategie und Lerntechnik in der Fachliteratur trotzdem häufig synonymisch eingesetzt. In den folgenden Kapiteln werden Lernstrategien bzw. Lerntechniken in Anschluss an Nold und Schnaitmann (1997, 136; 146) als mehr oder weniger komplexe Handlungssequenzen (Lernerverhalten) zur Erreichung eines Lernziels in Hinblick auf den Prozess der Informationsverarbeitung und -konstruktion (Aufbau, Speicherung und Abruf), verstanden. Diese können unterrichtsimmanent, unterrichtsbegleitend (z.B. durch Hausaufgaben) oder unterrichtsunabhängig eingesetzt werden. Es ist an dieser Stelle wichtig hervorzuheben, dass diese „zielführende Maßnahmen" (Herkner 1992, 355) bewusst, potentiell bewusst, aber auch unbewusst ablaufen können. Da eine Abgrenzung zwischen den Termini Strategie und Technik nicht immer möglich ist, werden diese Begriffe in den folgenden Kapiteln über Mnemotechniken synonymisch eingesetzt bzw. in dem Terminus *mnemotechnische Verfahren* zusammengefasst.

2.1.2 Historischer Überblick über die Entwicklung der Mnemotechnik

Die Mnemotechnik galt lange als eine geheime Kunst, „die für Gelehrte in Ermangelung externer Wissensspeicher den Schlüssel zur Weisheit bedeutete" (Wrede 1996, o.S.). Das erste Paradebeispiel der mnemotechnischen Vorgehensweise – der „Symonides – Mythos", auf den sowohl Cicero als auch Quintilian verweist, wird auf das

6./5. Jahrhundert v. Chr. datiert[8]. Dieses ist aber selber eher nicht als ein Ursprung zu begreifen, sondern als ein Verweis auf weitaus ältere Erfahrungen, die im Mythos allein nur tradiert werden. Nach dem 5. Jh. v. Chr. wird die Mnemotechnik zum festen Bestandteil der antiken griechischen Rhetorik, obwohl sie selbst außerhalb der Rhetorik entwickelt wurde (vgl. Goldmann 1989, 43ff). Daraufhin findet sie Eingang in Rom (2./1. Jh. v. Chr.), wo sie im 1. Jh. vor und nach Chr. ihren Höhepunkt erlebt und lange Zeit zum „ordentlichen Lehrplan des Rhetorikunterrichts" und dem Alltag der Gerichtsredner gehört (Blum 1969, 135ff). Für diese Zeit sind besonders die Werke von Quintilian „Institutio Oratoria", Ciceros „De Oratore" und die „Rhetorica ad Herennium" eines unbekannten Autors[9] maßgebend, die die Ars Memoriae - die Kunst eine Rede richtig zu erinnern – als einen der fünf Teile der Rhetorik aufzählen (sie nimmt in den Lehrbüchern jedoch den geringsten Teil ein). Danach verliert sie aber immer mehr an Bedeutung, so dass sie schließlich seit dem 5. Jahrhundert völlig ausgeklammert wird. Erst mit dem Auftauchen einzelner Fragmente antiker Schriften über die Gedächtniskunst (insbesondere des Auctor ad Herennium[10]) und der erneuten Auseinandersetzung mit dem Aristotelischen Gedankengut[11] lebt das Interesse an der Gedächtniskunst wieder auf und es entstehen viele Abhandlungen, die sich auf den Auctor ad Herrenium stützen (15. Jahrhundert). Das Mittelalter verschafft eine Eingliederung der Gedächtnislehre in die religiöse Praxis: Theologen wie Thomas von Aquin oder Albertus Magnus diskutieren Gedächtnis nicht mehr im Zusammenhang mit rhetorischen Abhandlungen, sondern es werden ihm eigene Traktate in einem neuen Geltungszusammenhang gewidmet (Kiefer 2004). Obwohl diese pragmatisierte Umorientierung von der rhetorischen Tradition abgeschnitten zu sein scheint, versteht sie sich dennoch dieser Tradition zugehörig, denn sie arbeitet immer noch mit dem von den römischen Rhetorikern übernommenem System der *Loci*[12] (ebd.). Das

---

8 Die antike Geisteswelt war der Auffassung, die erste Gedächtnishilfe wäre dem griechischen Dichter Simonides von Keos (557–467 v. Chr.) zuzuschreiben, Simonides jedoch erwähnt diese in keiner seiner Schriften. Goldman (1989, 45ff) hält die „Simonides-Legende" für eine Verknüpfung von historischen und mythischen Komponenten, an der viele Generationen mitgedichtet haben. Die Legende basiert auf der Geschichte des Untergangs des Adelshauses Skopaden, der historisch belegt ist und auf ca. 515 v. Chr. datiert wird: bei einer Feier sollen damals 200 Personen durch ein eingestürztes Dach lebendig verschüttet und durch Simonides identifiziert worden sein, indem er die Sitzordnung von 200 Gästen aus dem Gedächtnis rekonstruierte. Laut Goldman dient der Simonides-Mythos in erster Linie dazu, Simonides als Begründer der Mnemotechnik zu inaugurieren.

9 Da der Autor dieser Rhetorik unbekannt ist, wird auf ihn meistens als „Auctor ad Herennium" verwiesen.

10 Yates (1966, 67f) gibt an, dass die erste gedruckte Ausgabe dieses Werkes 1470 in Venedig erschien, und dass von diesem Zeitpunkt an, das erwähnte Werk die einzige Grundlage für die weitere Entwicklung der antiken Mnemotechnik gewesen ist.

11 Seine unabhängig von der Rhetorik entwickelte Gedächtnislehre (darunter insb. die Theorie über das Erinnern und Wiedererinnern in der Abhandlung „Über das Gedächtnis und die Erinnerung") soll auf spätere Mnemotechniken einen starken Einfluss ausgeübt haben (Kiefer 2004; vgl. auch Gregorius 1998, 53ff).

12 Mehr über das Funktionsprinzip des Locisystems und anderer Techniken s. Kap. 2.1.3 und die dazugehörigen Unterkapitel.

Mittelalter ist aber auch zugleich der Anfang einer Entwicklung von weiteren Mnemotechniken, die sich durch eine freiere Handhabung mit der antiken Mnemotechnik (insbesondere dem Loci-Stellensystem) auszeichnen, beginnend mit künstlichen Stellensystemen (Verwendung von Gedächtnisbildern, von Gegenständen in einer gewissen – z.B. alphabetischen oder numerischen – Reihenfolge, als mnemonische Stellen, z.B.: imaginäres Stellensystem, orientiert an den zwölf Sternzeichen des Tierkreises, das in Romberchs „Congestorium artificiosae memoriae"[13] von 1520 beschrieben wird)[14]. Ein neuer Kunstgriff ist auch die Verwendung von Personifizierungen für Wissensbereiche (z.B. Grammatik als weibliche Figur). In dem Zeitraum vom Ende des 16. bis zur zweiten Hälfte des 20. Jahrhunderts scheint die Mnemotechnik nur noch einen Aufschwung zu erleben, und zwar zu Ende des 16. und Anfang des 17. Jh., einer Zeit, in der sogar „Professoren der Mnemotechnik" durch die Länder ziehen, um ihre Kunst zu lehren. Sperber (1989, 28) meint jedoch, dies stelle eine reine Wiederholung des bisherigen antiken und mittelalterlichen mnemotechnischen Erkenntnisstands dar mit dem Kennwortsystem[15] als einziger Weiterentwicklung dieser Periode. Eine entgegengesetzte Meinung vertritt Kiefer (2004), der von einem neuorientierten Konstruktivismus der Renaissance im Umgang mit Mnemotechniken spricht. Um die von Gott erstellte Ordnung der Welt abzubilden, wurden in der Renaissance entweder Verfahren, wie die noch aus dem 13. Jahrhundert stammende Ars Combinatoria von Lull, die zum ersten Mal in der Geschichte der Mnemotechnik mit Bewegung arbeitet[16], weiterentwickelt, oder neue eingeführt, wie z.B. das Gedächtnistheater des Camillo, das verspricht, alle Dinge der Welt symbolisch darzustellen. Für beide Techniken ist es ausschlaggebend, dass sie das Wissen, das sie erinnerbar machen sollen, erst durch eine Kombination erzeugen. Die Gedächtniskunst der Renaissance speichert also sowohl Wissen wie sie auch Neues generiert. Der Betrachter kann durch eine Kombination von Elementen das zu erinnernde Wissen selbst erstellen und findet gleichzeitig darin das von Gott geordnete Universum wieder (Bolzoni 1991, 22). Dennoch räumt Kiefer ein, dass sich letztendlich zum Teil auch aufgrund der mystischen und teilweise magischen Ausrichtung der Gedächtniskunst ihre Bedeutung verringert.

---

[13] Yates (1966, 93) zufolge gilt Romberchs Werk als das umfangreichste und meistzitierte gedruckte Werk über die Gedächtniskunst dieser Zeit.

[14] Die Einwirkung der mnemotechnischen Loci wird besonders in der Literatur bzw. in den literarischen Bildern deutlich (Plett 1981, 312ff), so beispielsweise die mittelalterliche Konvention, Himmel und Hölle als Stellensysteme zu benutzen, die von Dante aufgegriffen wurde, der möglicherweise auch sein Inferno in der „Göttlichen Komödie" als ein komplettes Gedächtnissystem aufgefasst hat.

[15] Das Kennwortsystem basiert auf der Repräsentation von Ziffern durch Konsonanten, die mit neutral gehaltenen Vokalen zu Wörtern verbunden werden.

[16] Die Loci sind hier nicht wie in anderen Mnemotechniken statisch, sondern bestehen aus verschiedenen drehbaren Rädern, die eine Kombination ermöglichen (Yates 1966, 178ff). Im Unterschied zur klassischen Mnemotechnik wird nicht gegebenes Wissen memorisiert, sondern durch Kombination neuerzeugt.

Die neuerliche Wiederentdeckung der Gedächtniskunst und das Interesse an Mnemotechniken vollziehen sich erst Ende des 20. Jahrhunderts, größtenteils durch die experimentelle Erforschung des Gedächtnisses Ende des 19. Jh. ausgelöst. Später sind vor allem die Erkenntnisse aus den Bereichen der noch recht jungen aber sich dynamisch entwickelnden Psychologiezweige – der Gedächtnispsychologie und der Kognitionswissenschaft maßgeblich. Populärwissenschaftliche Bücher über das Thema Lernen, wie z.B. „Denken, Lernen, Vergessen" von Vester[17], gewinnen immer mehr an Popularität und entwickeln sich schnell zu Bestsellern. Auch diverse Lernratgeber (z.B. „Kopftraining" von Buzan[18]) finden eine immer größere Leserschaft. Das wieder entdeckte Interesse an Mnemotechniken schlägt sich nicht nur in der recht großen Anzahl an themenbezogenen Publikationen, sondern auch unter anderem in der Veranstaltung von Gedächtnistrainingskursen verschiedenster Art (darunter auch im wirtschaftlichen Bereich) und in der Organisation von Symposien (vgl. Kuhn 1993, 186), vor allem im englischsprachigen Raum (u.a. Gruneberg/Morris 1978; Gruneberg/Morris/Sykes 1988; Higbee 1977; Levin 1981; Paivio 1971; Sheikh/Sheikh 1985), nieder.

Doch die Mnemotechnik des 20. Jhdts. ist eher nachahmend orientiert: ein Blick auf heute gebräuchliche mnemotechnische Verfahren verdeutlicht, dass auch noch zur Zeit meistens solche Mnemotechniken genutzt werden, die sich bereits im 18. und 19. Jh. fest etabliert hatten, darunter insb. Schlüsselwort- und Zahlensysteme (vgl. Kuhn 1993). Auch die zahlreichen praxisorientierten Ratgeber für Laien, die dem Leser eine bessere Gedächtnisleistung in kürzester Zeit versprechen, befassen sich, wie Sperber (1989, 28) zutreffend beobachtet, kaum mit der Stärkung des natürlichen Gedächtnisses, „sondern befürworten viel mehr die Anwendung von Mnemotechniken zum Einprägen großer Mengen unzusammenhängender Daten und Fakten" (ebd.). Es werden bevorzugt Techniken zum Memorieren von Telefon- und Kontonummern, Familiennamen etc., vorgestellt, die in den meisten Arbeiten zum erneuten Male aufgezählt werden (vgl. z.B. Ashcraft/Benjafield/Harrington 2000).

Auch das wissenschaftliche Interesse schlägt eher eine deskriptive Richtung ein (Erforschung der historischen Entwicklung der Mnemotechnik) bzw. ist auf rein psychologisch orientierte Untersuchungsmethoden reduziert. Ein direkter Anwenderbe-

---

[17] Frederic Vester (geb. 1925 in Saarbrücken, gest. 2003 in München), Autor von Bestsellern über das Lernen, insb. „Denken, Lernen, Vergessen" (30 Auflagen bis zum Jahr 2002), „Phänomen Stress" (18 Auflagen bis zum Jahr 2002) und von buchbegleitenden preisgekrönten Fernsehserien. Autor zahlreicher Artikel, Schulfilme und Hörfunksendungen. (Quelle: Vester 2005)

[18] Tony Buzan (geb. 1942 in London) gilt als eine wichtige Persönlichkeit im Bereich der Lernkunst, ist Erfinder der Mind-Map-Methode und maßgeblich an der Entwicklung des Speed Reading beteiligt. Seine bisher mehr als 20 Bücher sind in ca. 50 Ländern erschienen, darunter der Bestseller „Kopftraining" (weltweit über 1 Million Mal verkauft). Weitere veröffentlichte Bücher: „Use your head" (1974), „Speed memory" (1974), „Make the most of your mind" (1977), Buzan/Dixon: „The evolving brain" (1978). (Quelle: Schlenther 1999–2005)

zug für Fachdidaktiken fehlt weiterhin. In den letzten 30 Jahren wurden zwar vermehrt Anstrengungen unternommen, diesen Bereich zu erforschen, ausschlaggebend für die Entwicklungen des Wissenstands über die Auswirkung von mnemonischen Strategien auf die Lerneffektivität sind aber immer noch vor allem psychologische Untersuchungen und entsprechende Publikationen aus dem englischsprachigen Ausland[19]. Einzelne Arbeiten, wie die von Sperber (1989), bzw. die ersten Versuche, Listen von fächerbezogenen mnemotechnischen Verfahren zu erstellen, wie sie bei Pohl (2004) zu sehen sind, bieten die wenigen konkreten und daher beachtenswerten Ausnahmen.

So wurden auch die Möglichkeiten des Einsatzes von Mnemotechniken in der Fremdsprachendidaktik bislang unzureichend erforscht und die folgende Aussage von Thompson aus dem Jahre 1994 verliert weiterhin nicht an Aktualität:

> „Almost a decade ago, a plea was made calling for research directed specifically at real-world use of mnemonic techniques /Ott, Blake und Butler 1976/. Little has been accomplished since then to call for changes in the research agenda for the decade to come. What is needed today, as was needed a decade ago, is a line of research which involves naturalistic observations in real environments where learners use spontaneously generated memorization strategies. The individual components of these strategies need to be examined in controlled studies to determine their unique contributions to successful memorization" (Thompson 1994, 54).

Das eigentliche Ziel wäre also, nicht nur in der Psychologie verankerte Forschung im Bereich der Mnemotechniken zu betreiben, sondern vor allem das Augenmerk verstärkt auch auf die konkreten Anwendungsfächer zu richten und die Leistungsfähigkeit von einzelnen Mnemotechniken in Hinblick auf das Erlernen von bestimmten Lerninhalten in konkreten Lehr-Lernsituationen, darunter auch innerhalb des Fremdsprachenunterrichts, wissenschaftlich zu erproben und zu dokumentieren.

2.1.3 Zu den einzelnen Techniken

Wie der historische Überblick bereits zeigte, haben sich zwar die Aufgaben bzw. die Anwendungsfelder der Mnemotechnik verändert (die Gedächtnisstützen aus der rhetorischen Tradition haben auf andere Bereiche übergegriffen und es hat sich eine beträchtliche Anzahl an Variationen von Gedächtnisstützen entwickelt), der Kern der meisten Techniken und die Regeln für die Funktionalität sind jedoch gleich geblie-

[19] vgl. dazu auch Sperber (1989, 30) Fußnote 45: Überblick über Literatur zum Stand der Forschung über Mnemotechniken und ihre Anwendungsfelder.

ben. So basieren die heutigen vielfältigen Mnemotechniken meistens auf einem der drei unten genannten Grundtypen, wobei die über Jahrhunderte gesammelte Erfahrung im Umgang mit Gedächtnisstützen insbesondere die immense Rolle des visuellen Speichers immer wieder bestätigen konnte, was dazu führte, dass die meisten Techniken dort ansetzen. Daher wird im Folgenden nur auf diese visuellen Mnemotechniken eingegangen – andere gedächtnisstützende Verfahrensweisen, die für diese Arbeit von geringer Bedeutung sind, so beispielsweise die Technik der Merkverse[20] oder die Verwendung von Akronym und Akrostichon, werden an dieser Stelle ausgelassen.

2.1.3.1 Assoziationslernen und die Verwendung von Ankern

Die Verwendung von Ankern bei Mnemotechniken kann am Beispiel der aus der Antike stammenden Locitechnik (im englischsprachigen Raum auch als „special mnemonic" bekannt) verdeutlicht werden, die mit großer Wahrscheinlichkeit die älteste Mnemotechnik darstellt, und zum Behalten von Begriffen bzw. Gedanken in einer bestimmten Reihenfolge, durch die Platzierung dieser an bekannten reellen (Haus, Klassenraum, Schulweg) bzw. imaginären Orten, dient. Danach werden die Stellen nacheinander in Erinnerung gerufen samt den mit ihnen verknüpften Begriffen (somit fungieren die Loci als Anker, die bestimmte Gedächtnisinhalte aktivieren). Die Verwendung eines solchen Stellensystems als Organisationshilfe für das Gedächtnis kann genutzt werden, um beispielsweise freie Reden zu halten (dies war auch die ursprüngliche Verwendung in der Antike[21]), oder sich Listen von nicht logisch oder natürlich zusammenhängenden Wörtern oder Begriffen in der entsprechenden Reihenfolge anzueignen. Signifikante Unterschiede in der Lernleistung mit der Locitechnik konnten in den Untersuchungen von Bower (1973), Groninger (1971) und De Beni und Cornoldi (1985) nachgewiesen werden. Auch Christen/Bjork (1976)[22] und Ross/Lawrence (1968) bestätigten, dass die Methode der Orte eine erwiesenermaßen sinnvolle Technik ist, um eine geordnete Abfolge von Items zu lernen.

---

[20] Eselsbrücken oder Merkverse basieren auf der gedächtnisstützenden Funktion von Reim und Rhythmus (z.B. Nakane´s Yodai – Mnemotechniken, die bei Higbee und Kunihira 1985 beschrieben werden, sind einige der wenigen Untersuchungen zu Eselsbrücken, deren Leistungsfähigkeit wissenschaftlich untersucht wurde).

[21] Diese Mnemotechnik (die Lehre, wie man Gegenstände der Rede zweckmäßig memoriert) wurde als der vierte Teil der antiken Rhetorik unterrichtet. Dabei galten die Regeln, dass Konkretes, Sinnliches, Leibliches besser memoriert werden kann als Abstraktes, Unanschauliches, Unkörperliches. Eine besondere Rolle kam dabei der Verbildlichung (z.B. durch Phantasiebilder) und der Lokalisation (Loci) zu. (vgl. u.a. Weinrich 1991, 133ff).

[22] Diese konnten aufzeigen, dass beim Lernen verschiedener Listen immer dieselben Orte verwendet werden können.

Die Locitechnik beruht ähnlich wie die meisten Mnemotechniken auf einem konstruktivistischen Ansatz: der Lernende muss selbst „eine Brücke" zwischen dem jeweiligen Ort (Loci) und dem gelernten Begriff bilden, indem er sie in eine Beziehung setzt, die durch weitere Merkmale, wie z.B. Bewegung, Lebhaftigkeit und/oder Emotion gekennzeichnet werden kann. Ein erfolgreicher Abruf wird durch den Assoziationsprozess ermöglicht. Somit ist die Locitechnik zugleich eine Assoziationstechnik. Das Assoziationsprinzip wird bis heute als wichtige Grundlage zur Erklärung von Lern- und Gedächtnisvorgängen herangezogen, da Ereignisse weder als unzusammenhängende Vorgänge wahrgenommen, noch so im Gedächtnis gespeichert werden: sie werden vielmehr in Zeit und Raum lokalisiert und innerhalb einer kausalen Struktur wahrgenommen und behalten (vgl. Zimbardo 1978, 192). Sie rufen auch Emotionen, Vorstellungen und andere Gedanken hervor. Die Tatsache, dass der Kontext, in dem eine Information wahrgenommen wird, in enger Beziehung mit der Speicherung und dem späteren Abruf im Gedächtnis steht, wurde bereits Teil der Ausführungen von Aristoteles in seiner Schrift „Gedächtnis und Erinnerung" und wird heutzutage unter der Bezeichnung „primäre Assoziationsgesetze" zusammengefasst (vgl. Ahlheim 1986, 41, 256): das Wiedererinnern eines Inhalts wird im Gedächtnis dadurch begünstigt, dass der Ablauf eines gespeicherten Erlebnisses erneut rekonstruiert wird, indem Eindrücke ins Gedächtnis gerufen werden, die diesem Inhalt ähneln (Ähnlichkeitsprinzip), oder dazu im Gegensatz stehen (Kontrastprinzip), bzw. eine räumliche oder zeitliche Nähe (Kontiguität) aufweisen (vgl. Weinrich 1991,133ff). Zimbardo (1978, 192) weist darauf hin, dass der Kontext der Informationsspeicherung nicht nur in einem engen Zusammenhang mit der gelernten Information steht, sondern genauer gesehen selbst auch immer Teil dessen ist, was gespeichert wird, und dass die Information nur dann aus dem Gedächtnis abgerufen werden kann, wenn ein Teil dieses Kontextes reaktiviert wird. Die experimentelle Lernpsychologie bedient sich bei den Untersuchungen solcher Lernvorgänge oft der „Paarassoziationen". Nach dem Lernen von Paaren von Objekten/Begriffen etc. wird die Lernleistung geprüft, indem auf die Darbietung des ersten Elements das dazugehörige zweite wiedergegeben werden muss. Paarassoziationslernen erfordert eine komplexe Lernleistung (gelernt wird die Zusammengehörigkeit von Objekten). Die Assoziation ist zugleich eines der zugrunde liegenden Verfahren der Mnemotechnik, wobei jeweils zwei oder mehrere Objekte zueinander in Beziehung gesetzt werden[23].

Zu den Locitechniken zählen auch jene, die die räumliche Anordnung („special grouping") als Ordnungsprinzip nutzen: „rearranging words on a page to form patterns, such as a triangle, appears to improve/immediate and delayed/recall (...) as opposed to just listing them in a column", behauptet Thompson (1994, 45) anhand

[23] Das Paarassoziationslernen wurde auch für die vorliegende empirische Untersuchung eingesetzt (s. Kap. 4).

der Untersuchungen von Bellezza (1981; 1983) und Decker/Wheatley (1982). Ein ähnliches Vorgehen wie die Locitechnik bietet die Geschichtentechnik (vgl. dazu u.a. Metzig und Schuster 1982; Boltwood und Blick 1970; Borges/Arnold/McClure 1976; Bower und Clark 1969), die, statt eine Reihe von Orientierungspunkten als Verknüpfungen zu nutzen, das Behalten der richtigen Reihenfolge der Liste von Begriffen durch die Einbettung in eine Phantasieerzählung ermöglicht. Um sich beispielsweise die Begriffe: Auto, Hund, Buchstabe, Gardine und Teekanne zu merken, könnte die folgende Geschichte erfunden werden:

Mein neues Auto wird von einem Hund gelenkt, der auf die Scheibe den Anfangsbuchstaben meines Nachnamens schreibt, und den Rest der Scheibe mit einer roten Gardine abwischt. Dafür wird er mit einer Teekanne belohnt.

Einen Beleg für die verbesserte Reproduktion mit Hilfe des Einsatzes der Geschichtentechnik liefern die Experimente von Bower und Clark (1969). Ihre Versuchspersonen lernten in einer vorgegebenen Zeit eine Liste von zehn unzusammenhängenden Substantiven, wobei die Versuchsgruppe zusätzlich die Anweisung erhielt, diese in eine Geschichte einzubauen. Eine Testung unmittelbar nach dem Lernen ergab bei beiden Gruppen eine Reproduktion von fast 100%. Jedoch nach einem weiteren Lerndurchgang von zusätzlichen 12 Wortlisten und einem anschließenden Test reproduzierte die Experimentalgruppe 94%, die Kontrollgruppe hingegen nur 14%.

Eine ähnliche Möglichkeit, assoziative Verbindungen aufzubauen, ohne dafür bereits existierende mnemotechnische Stellen zu benutzen, bietet das Aneinanderreihen – in diesem Fall werden die einzelnen Elemente einer zu lernenden Liste direkt miteinander verknüpft, ohne dafür ein Mittelobjekt zu benutzen – ein Verfahren, das, nach Angaben von Metzig und Schuster (1993, 73), z.B. durch Delin (1969), Mueller/Jablonski (1970) und Bugelski (1974) ebenfalls als sehr leistungsfähig bestätigt werden konnte. Die Begriffe aus dem oben genannten Beispiel für eine Geschichtentechnik könnten hier folgendermaßen aneinandergereiht werden:

Ich stelle mir ein Auto vor, das anstatt von 4 Rädern 4 Hundepfoten und vorne eine Schnauze hat, aus der beim Bellen viele kleine Buchstaben rausspringen, die aus einem Gardinenstoff zusammengenäht und in der Teekanne braun gefärbt wurden.

Die Locitechnik beruht also auf zwei wichtigen Prinzipien: einerseits erzwingt sie beim Lernen die Organisation einer ansonsten unorganisierten Liste, zweitens – damit die Verbindungen zwischen den Orten und den Items hergestellt werden können – muss der Lernende das Material elaboriert verarbeiten (zur Elaboration und tieferen Verarbeitung, s. Kap. 2.2.2) wobei er sich in diesem Fall der Assoziation bedient (vgl. Anderson 1988, 176). Elaboriert wird eine Information u.a. durch die Verbindung zum bestehenden Wissen oder z.B. durch Vorstellungsbilder. Elaborationsprozesse verbessern das Gedächtnis indem sie u.a. eine Organisation des Lernmaterials, die zur Steuerung der Abrufprozesse dienen kann, erzwingen, und die Zahl kontextueller Elemente erhöhen können (vgl. Anderson 1988, 182).

Zusammenfassend kann die Assoziation als eine besondere Art der Gedächtnisspur, eine „geistige Verbindung" zwischen zwei, bzw. mehreren Objekten charakterisiert werden, die *erst durch das Lernen entsteht.* Die Darbietung des ersten Objektes bewirkt den Gedanken an das zweite assoziierte Element. Für Experimente, in denen das Assoziationslernen untersucht worden ist, wurden oftmals sinnlose Silben (bzw. Paare solcher Silben) als Lernmaterial verwendet. Außerhalb der Laborsituation gibt es jedoch auch viele Situationen, wo das Einprägen einer Liste verschiedener, manchmal nicht besonders bedeutungshaltiger und wenig miteinander verknüpfter Elemente gefragt wird. Ein typisches Beispiel wäre das Vokabellernen, das Einprägen von Namen, Bezeichnungen etc. In all diesen Fällen kann die Merkfähigkeit verbessert werden, wenn die bedeutungsarmen Items miteinander in einer bedeutungshaltigen Assoziation verbunden werden.

2.1.3.2 Abwandlungen der Locitechnik

Die Schlüsselworttechnik (von Atkinson entwickelt und später auch unter den englischen Bezeichnungen: keywordmethod, pegmethod, hookmethod oder unter dem deutschen Namen als Kennworttechnik bekannt) unterscheidet sich prinzipiell nur in einer Hinsicht von der Locitechnik: anstatt von Orten werden andere Anker genutzt. Die Bezeichnung „Schlüsselwort" bezieht sich also nicht nur auf Wörter, sondern allgemein auf alle bekannten, gut eingeübten Begriffe, die möglichst eine klare Reihenfolge aufweisen und somit als mnemonische Stellen gelten können (z.B. das Alphabet oder das Zahlensystem)[24]. Es existieren aber auch einige Variationen der Kennworttechnik, die für Situationen genutzt werden, wo es nicht auf die richtige Reihenfolge ankommt, sondern einfach auf die Abrufbarkeit der entsprechenden Information – ein Fall, der beim Fremdsprachenlernen im Wortschatzbereich auftritt und von Sperber (1989, 42f) als „Kennworttechnik auf phonetischen und visuellen Ähnlichkeiten basierend" für den Erwerb neuer fremdsprachiger Vokabeln vorgeschlagen wird. Thompson (1994, 44) unterscheidet in diesem Fall zwischen „Pegs" (bzw. „Hooks") und „Keywords": ihrer Meinung nach gelten die ersten als unveränderbare Anker (die Pegs/Hooks bleiben gleich unabhängig von der zu lernenden Information und werden in das Gedankenbild eingefügt), die zweiten dagegen werden abhängig vom zu lernenden Inhalt neu geformt, und sind als einmalige Mittelwörter zu bezeichnen, so zum Bei-

---

[24] Atkinson und Raugh (1975; s. auch Atkinson 1975, Raugh/Schupbach und Atkinson 1977) wiesen eine hohe Effizienz der Schlüsselwortmethode beim FS-Lernen nach, wobei die Effizienz, ihrer Meinung nach, auch voraussetzte, dass die Schlüsselwörter aus dem Bewusstsein schwinden, wenn der Lernende mit der neuen Sprache vertrauter wird. Weitere Untersuchungen zur Schlüsselworttechnik s. z.B. Desrochers (1980), Paivio/Desrochers (1979), Levin/Shriberg und Berry (1983), Levin u.a. (1986), Dretzke und Levin (1990).

spiel bei Atkinsons (1975) und Atkinson und Raughs (1975) Keywordmethode zum Vokabelerlernen (z.B.: wenn man die deutsche Entsprechung für das englische Wort „*egg*" lernen möchte, kann man z.B. als Mittelbegriff das englische Wort „*eye*" wählen → man generiert anschließend *die Vorstellung von einem „egg" mit einem „eye"* und merkt sich auf diese Weise anhand der phonetischen Ähnlichkeit das deutsche Wort „*Ei*"). Ähnlich wie das Lernen mit Pegs, konnte auch die hohe Leistungsfähigkeit der Keywordmethode bestätigt werden, und zwar in einer ganzen Reihe von Untersuchungen, u.a. von Atkinson/Raugh (1975), Raugh/Schupbach/Atkinson (1977)[25], Pressley/Levin/Miller (1981)[26], Pressley/Levin/Delaney 1982[27] und Pressley 1977[28]. Langenmayr (1997, 650f) nennt noch weitere Untersuchungen, die die Überlegenheit der Keywordmethode gegenüber herkömmlichen Lernmethoden aufzeigen konnten, z.B. Godley/Fournet und Estes 1987, Condus/Marshall und Miller 1986 (Experimente mit Lernbehinderten), Miller/Levin und Pressley 1980 (Untersuchungen mit Kindern). In der vorliegenden Arbeit werden sowohl die Techniken, die Pegs/Hooks als auch Techniken, die Mittelbegriffe im Sinne von Atkinson benutzen, beide unter der Kategorie Schüsselworttechniken zusammengefasst.

Die beschriebenen Techniken stellen eine Basis der gängigsten Strategien dar, doch die Variationsvielfalt der Mnemotechniken gilt durch die verschiedenen Kombinations- und Abwandlungsmöglichkeiten der Benutzer als praktisch unbegrenzt. Es lassen sich immer wieder „Mischtechniken" beobachten, bei denen zwei oder mehrere Mnemotechniken zusammen verwendet werden, so z.B. durch eine Kombination der Geschichtentechnik mit der Locitechnik. Im Falle des Genuslernens von fremdsprachigen Wörtern könnte z.B. etwa eine räumliche Anordnung der Vokabel (real oder imaginär), bzw. die Zuweisung zu einem Loci, zusammen mit der Assoziationsmethode oder mit der Verwendung von farbigen Merkmalen genutzt werden. Dies zeigen die folgenden Vorschläge der Verfasserin für visuelle Mischtechniken zum Genuslernen im Deutschunterricht:

— *Beispiel für eine Mischtechnik: räumliche Assoziation (Nutzung eines reellen Raumes) + Farbe:* jedem der drei Genera wird eine Farbe (z.B. blau für maskulin, rot für feminin, und grün für neutral) und im Raum, wo gelernt, ein Platz zugewiesen (der Platz sollte insofern „markant" sein, dass keine Verwechslungsgefahr mit anderen Plätzen besteht. Als Plätze können z.B. drei verschiedene Wände des Raumes, drei Ecken etc. dienen). Anschließend, wenn neue Vokabeln eingeführt werden, schreibt man diese auf farbige Blätter oder mit farbigen Stiften (passend zu der gewählten Genusfarbe) und hängt an dem jeweiligen Platz auf.

[25] Verbesserung im kurzfristigen und langfristigen Behalten in mehreren Fremdsprachen (u.a. in Russisch und Spanisch bei amerikanischen Versuchspersonen).

[26] Verbessere Behaltensleistung völlig unbekannter Wörter in L1.

[27] Effektiveres Behalten von Wörtern sowohl in L1 als auch in L2 in Vergleich zu anderen Methoden, wie u.a. Synonymlernen, bedeutungs-kontextbezogenes Lernen.

[28] Leichteres Behalten von Wörtern bei Erwachsenen

Ähnlich könnte man auch die Tafel oder das Schulheft in drei verschiedene „Zonen" aufteilen und dort, demselben Prinzip entsprechend, die neuen Wörter eintragen.

Eine andere Möglichkeit wäre ein Bild zu schaffen, das hierarchisch von oben nach unten in drei verschiedene, einfach zu merkende Genus-Zonen aufgeteilt wird, z.B.

der Himmel
die Sonne
das Gras

Um das Bild zusätzlich einprägsamer zu gestalten, können im Bild erneut „genustypische" Farben benutzt werden, z.B. blau für maskulin (dies ist auch die Farbe, die automatisch mit dem Wort Himmel[29] assoziiert wird, das auch dem männlichen Geschlecht angehört), gelb/orange für feminin (die Farbe der Sonne, die ein weibliches Genus hat), und grün für neutral (grünes Gras, das sächlichen Geschlechts ist). Beim Lernen neuer Wörter könnten diese in die jeweiligen Zonen hineingeschrieben werden.

Diese Methode eignet sich aus Platzgründen (bei vielen Wörtern müsste das Bild besonders groß sein, bzw. es müsste jedes Mal ein neues Bild benutzt werden), ähnlich wie die zuerst genannte, eher zum Lernen von einer nicht besonders großen Anzahl an Wörtern, oder bei Vokabeln, deren Artikel man sich besonders schwer merken kann. Denkbar wäre aber auch, dass am Anfang, um die Lernenden mit der Methode vertraut zu machen, ein Bild benutzt wird, mit der Zeit aber die Lernenden dieses Bild im Gedächtnis als einen „imaginären Raum" speichern, und jedes Mal, wenn ein neues Wort samt Artikel eingeführt wird, sie dieses dort in der Vorstellung ablegen (und z.B. zusätzlich farbig markieren, oder sich eine Interaktion mit dem Mittelbegriff Himmel, Sonne oder Gras vorstellen).

Natürlich stellen diese Beispiele nur einen kleinen Teil von dem dar, was man in der Praxis an Mischtechniken einsetzen könnte. Diese werden sich abhängig von dem zu lernenden Inhalt, den Lernzielen, der lernenden Person und ihren Lerngewohnheiten und Präferenzen in ihrer Leistungsstärke von mal zu mal unterscheiden.

2.1.3.3 Kategorisierung/Organisation

Das Kategorisieren von mehreren Informationen in größere (übergeordnete) Einheiten nach besonderen Gesichtspunkten/Merkmalen: z.B. nach Oberbegriffen, Aussehen, Charakteristika, Genus, Farbe etc. (im Englischen als „grouping" bezeichnet) ist „ein Verfahren, dass so weit verbreitet ist, dass man es schon gar nicht mehr als Technik empfindet" (...) (Sperber 1989, 47). Das Kategorisieren ist ein zentraler Begriff bei der

[29] Natürlich können für die jeweiligen Zonen auch ganz andere Gegenstände/Objekte genutzt werden.

effektiven Speicherung und dem Abruf von Informationen und kann mit dem Funktionsprinzip einer Bibliothekskartei verglichen werden (Zimbardo 1978, 192): bei der Einordnung eines neues Werkes in die Bibliothek wird eine Reihe von Angaben getätigt (über Kategorien wie Autor, Titel, Erscheinungsjahr, Signatur etc., die somit später als alternative Zugangswege fungieren), die das Auffinden des Buches ermöglichen – durch eine bestimmte Organisationsstruktur kann das Gedächtnis systematisch nach Items abgesucht werden. Eine entsprechende Kategorisierung/Ordnung von Einzelinformationen unter bestimmten Gesichtspunkten (z.B. in Form von Begriffshierarchien) bewirkt eine bessere Reproduktionsleistung (s. z.B. die Untersuchungen von Bower u.a. 1969, Bousfield 1953, Thomson u.a. 1972, Forrester und King 1971). Der produktive Suchvorgang wird erst durch das Vorhandensein von Zugangsinformationen („Abrufsignalen") ermöglicht, denn der Abruf beginnt immer mit irgendeiner Anfrage an das Gedächtnis. Das Fehlen von Kategorien bewirkt, dass der Abruf chaotisch und zeitaufwendig verläuft. Da die meisten Informationen unter verschiedenen Gesichtspunkten klassifiziert werden können, besteht immer eine Reihe von Abrufsignalen. Untersuchungen zeigen allgemein, dass ein Reiz nur dann zu einem wichtigen Abrufsignal werden kann, wenn die Versuchsperson beide Informationen (das Abrufsignal und den Gedächtnisinhalt) als zusammengehörig betrachtet, z.B. beim Paarassoziationslernen (vgl. Zimbardo 1978, 193). Wie sehr schon die Aufteilung in Kategorien gedächtnisentlastend wirkt, zeigte eine Untersuchungsreihe von Bower u.a., bei der 112 Wörter in vier Durchgängen gelernt wurden (s. Abb. 1): die Versuchsgruppe, der das Vokabular kategorisiert dargeboten wurde, zeigte nach dem dritten und vierten Durchgang eine doppelt so hohe Behaltensleistung (65%) wie die Kontrollgruppe, der die Liste in willkürlicher Reihenfolge vorgelegt wurde. Insgesamt konnte sich die Versuchsgruppe nach nur einem Lerndurchgang von einer organisierten Liste (insgesamt 112 Wörter) an mehr als 70 (!) Wörter erinnern (zu Untersuchungen im Bereich des Lernens mit Kategorisieren s. z.B. Bower u.a. 1969; Cofer/Bruce/Reicher 1966; Cofer 1967; Craik/Tulving 1975):

	Durchgänge			
Bedingungen	1	2	3	4
organisiert	73,0	106,1	112,0	112,0
zufällig	20,6	38,9	52,8	70,1

Abb. 1:
Durchschnittliche Anzahl reproduzierter Wörter über vier Durchgänge im Experiment von Bower u.a. (1969)[30]:

[30] Tabelle angeführt in Anschluss an Anderson 1988: 173; siehe dort auch die Aufzeichnungen von strukturierten Baumdiagrammen zur kategorialen Unterordnung von Items.

In weiteren Versuchen konnte nachgewiesen werden, dass eine höhere Lernleistung bereits durch die Andeutung, nach welchen Kategorien eine willkürliche Liste geordnet werden könnte, möglich ist (Untersuchungen von Kulhavy, Haynes und Dyer 1975; Strand 1975). Auch Versuchspersonen, die nur die Instruktion hatten, Lernmaterial zu kategorisieren, ohne es lernen zu müssen, zeigten im Behaltenstest ebenso gute Leistungen wie Versuchspersonen, die die ausdrückliche Instruktion erhielten, dasselbe Material zu lernen. Diese Ergebnisse gelten nicht nur für Wortlisten, sondern auch für Texte und Bildinformationen (s. z.B. Ornstein/Trabasso und Johnson-Laird 1974).

Das Kategorisieren als eine Form von Elaboration (mehr zur Elaboration im Kap. 2.2.2) hilft nicht nur beim Einprägen, sondern ist auch im Hinblick auf den späteren Suchvorgang durch Abrufsignale im Gedächtnis sinnvoll[31] (Metzig/Schuster 1982, 127ff; Tulving und Pearstone 1966). Der Gebrauch von Kategorien beim Lernen erfüllt aber noch eine andere wichtige Rolle, und zwar die der Informationsreduktion. Die Aufnahme im Kurzzeitgedächtnis (siehe auch Kap. 2.2.1.2) wird durch die begrenzte und zur gleichen Zeit konstante Kapazität dieses Speichers (7+/-2 bedeutungsverschlüsselte Informationseinheiten) gesteuert. Diese kann nur durch die gezielte Gruppierung in größere Gedächtniseinheiten effektiver genutzt werden, wobei unter der Bezeichnung „Informationseinheiten", „Kerninformation" oder „Chunks" (Miller 1956) Gruppen von Objekten/Elementen verstanden werden, die miteinander unter irgendeinem für den Lernenden sinnvollen Gesichtspunkt in Verbindung stehen. Durch eine Organisationsform (die Bildung von zusammenhängenden Ober- und Unterbegriffen) erfährt eine größere Anzahl an Informationen eine Hierarchisierung. Sinnloses Material besteht dagegen aus vielen Chunks, die man nicht zu größeren Einheiten zusammenfassen kann. Deshalb werden sie im Gedächtnis getrennt verarbeitet (vgl. Zimbardo 1978, 198). Somit erscheint es nützlich in jedem Fall nach Kategorien zu suchen, die die Informationsmenge auf eins oder auf wenige Abrufsignale reduzieren könnten. Die enorme Lernsteigerung des Arbeitsgedächtnisses durch den Einsatz von Organisation von Lerninhalten konnte in diversen Untersuchungen nachgewiesen werden (vgl. Miller 1956).

Die Prinzipien des Chunking und des Kategorisierens, bzw. des Entwerfens einer hierarchischen Struktur und der bedeutungshaltigen Verschlüsselung durch Assoziation sind ausschlaggebend für die Funktionsweise der meisten Mnemotechniken, die bereits vorhandenes Wissen als Anker und Kontext für neue Kenntnisse benutzen. Daher konzentrieren sich die hier bereits erwähnten Mnemotechniken entweder auf die Strategie der Informationsreduzierung durch die Zuordnung von mehreren Inhalten zu einem Anker (z.B. beim Lernen von fremdsprachigen Artikel-Substan-

[31] Um eine möglichst optimale Speicherung der Kategorien zu ermöglichen, sollten nicht zu viele Oberkategorien gewählt werden (auch hier gilt die „magische Zahl 7" als Orientierungsgröße).

tivpaaren durch die Zuordnung mehrerer Wörter zu einer Kategorie des Genus = z.B. zum Genus „weiblich"), oder durch die Erhöhung der Bedeutsamkeit bei wenig sinnvollem Material (z.B. bedeutungslose Silben oder neue Vokabeln). Nun wird also sichtbar, dass auch Kategorien als Anker verwendet werden können. Somit lassen sich grundsätzlich zwei Arten von Ankern unterscheiden:

Arten von Ankern:

1) mit Bezug auf die Reihenfolge (Alphabet, Zahlen etc.)
2) ohne Bezug auf die Reihenfolge, aber mit Bezug auf ein Merkmal (z.B. visuell, phonetisch etc.), Kategorie (z.B. Genus, Farbe, Größe, Zugehörigkeit) etc.

Wie bereits erwähnt, steht bei den Mnemotechniken die Assoziation im Mittelpunkt. Diese entsteht durch die Verbindung eines Ankers mit dem Lerngegenstand in einem aktiven konstruktiven Denkprozess des Lernenden. Das Verfahren des Assoziationslernens vollzieht sich in drei Phasen (hier am Beispiel des Paarassoziationslernens):

1. Phase der Erstellung einer Beziehung:

Gegenstand + Anker = Assoziationspaar

2. Speicherung des Assoziationspaares

3. Phase des Abrufs:

durch Abruf des Ankers → Abruf des Lerngegenstands

Abb. 2:
Drei Phasen des Assoziationslernens

2.1.4 Fazit: Zum Entwicklungs- und Veränderungsprozess der Gedächtniskunst

Rückblickend kann an dieser Stelle gesagt werden, dass sich seit den ersten Aufzeichnungen über Mnemotechniken im antiken Griechenland bis zum Anfang des 21. Jahrhunderts sowohl ihre ursprüngliche Form als auch ihre Aufgaben gewandelt haben, und zwar in Form eines Prozesses, der sich weder als Kontinuum noch als konstante Entwicklung bezeichnen lässt, sondern von Brüchen und Rückbezügen gekennzeichnet ist (vgl. Kiefer 2004). Es ist ein Wechselspiel von Renaissanceperioden der Mnemotechnik und von jahrhundertelanger Stagnation, wo die Ars Memoriae nahezu erlischt. „Betrachtet man die Geschichte der *ars memoriae* wird deutlich, dass /heutzutage/die als klassisch geltende Mnemotechnik nur eine unter mehreren ist" (ebd.): da, wo früher in der Antike und im Mittelalter mangels der kostbaren und aufwendig hergestellten Aufzeichnungsmöglichkeiten (Papyrusrollen, Wachstafeln etc.) und Schreibutensilien, das Gedächtnis als einziger Informationsspeicher fungierte und die Ars Memoriae als Schriftersatz galt, wird heute mit Papier, Computer und anderen externen Wissensspeichern gearbeitet. Die Funktion der Mnemotechniken beruht heutzutage weniger auf der Speicherung der Reihenfolge von Informationen sondern auf der Hilfe bei der Aneignung von einer großen Anzahl an Informationen, die jederzeit abrufbereit sein sollten (beispielsweise bei der Verwendung von Grammatikregeln in einer Fremdsprache). Trotz der Veränderungen hat die Mnemotechnik aber auch viele ihrer ursprünglichen Strukturen bewahrt, so vor allem das Konzept der Loci als Anker (heutzutage wird deshalb auch oft von der Ankertechnik gesprochen, aus der wahrscheinlich auch die Schlüsselwortmethode abzuleiten ist), und die Hervorhebung der Rolle der Bildhaftigkeit/Visualisierung angesichts der seit Jahrhunderten vermuteten hohen Kapazität des visuellen Speichers, der angeblich alle anderen Speicher übertreffen soll.

2.2 Gedächtnispsychologische Grundlagen – Speicherkapazitäten und Modalitäten

Im Kapitel 2.1 „Mnemotechniken" konnte präzisiert werden, welche Lernverfahren als mnemotechnisch eingestuft werden und es wurde anhand von zahlreichen Untersuchungsergebnissen aufgezeigt, dass bestimmte Gedächtnistechniken eingesetzt werden können, um eine höhere Lernleistung zu erzielen, die die Leistung der „herkömmlichen" Lerntechniken übersteigt. Diese erhöhte Lernleistung (die bei „Gedächtnismeistern" durch Übung manchmal so weit perfektioniert wird, dass auch Unmengen an unzusammenhängenden Daten problemlos behalten werden können) ist auch oftmals der Grund dafür, warum viele Pädagogen solchen Lernmethoden mit großer Skepsis und Misstrauen begegnen – die verbesserte Lernfähigkeit wird als ein ungeklärtes und in Erstaunen versetzendes Phänomen abgetan, das eher in die Sphäre der Mystik gehört als in einen normalen Schulalltag. Auch noch heute beschäftigen sich viele Autoren mit Mnemotechniken – mit ihrer Entstehungsgeschichte, ihren Abwandlungen und ihren Anwendungen, kaum eine Arbeit analysiert jedoch tiefgehend die Gründe *warum* diese Verfahren das Lernen erleichtern, welche gedächtnispsychologischen Prozesse ihnen zugrunde liegen und wie diese Prozesse in verschiedenen Techniken zusammenfließen. Diese Fragen werden in Kapitel 2.2 behandelt. Als Erklärungsmodelle für die hohe Leistungsfähigkeit der Mnemotechniken werden gedächtnispsychologische Theorien und Modelle herangezogen und in breiteren Zusammenhängen erläutert. Es werden Antworten auf die Fragen gegeben, wie sich die Lernmodalität und die Merkmale von Inhalten auf die Speicherung im Gedächtnis auswirken und welche Formen einen leichteren Zugang und somit ein effektiveres Lernen von Informationen erlauben. Im Hinblick auf die empirische Untersuchung zum visuellen Lernen in Kap. 4 werden zuletzt auch die Aspekte des Lernens mit Hilfe verschiedener Wahrnehmungsorgane und das Einprägen von unterschiedlich kodierten Inhalten (verbale und nonverbale Informationen) diskutiert.

Im gesamten Kap. 2.2 wird auf eine große Anzahl an Forschungsergebnissen zurückgegriffen, um zu verdeutlichen, dass die Leistungsstärke mnemotechnischer Verfahren eine wissenschaftlich fundierte Basis aufweist und dass Gedächtnisstützen dadurch keineswegs als unseriöse „alternative" Lerntechniken zu bezeichnen sind.

2.2.1 Das Gedächtnis als Informationsverarbeitungssystem – das Mehrspeichermodell

Heute steht die Gedächtnispsychologie im Zeichen des Informationsverarbeitungsansatzes der kognitiven Psychologie: das Gedächtnis[32] wird als ein aktives Informationsverarbeitungssystem gesehen und geistige (kognitive) Prozesse stellen in erster Linie spezielle Formen der Transformation (Verarbeitung) von Informationen dar, wobei die folgenden Kapitel zeigen werden, dass sowohl die Wahrnehmung als auch die Verarbeitung von Informationen aus der Umwelt alles andere als passive Prozesse sind. Zimbardo und Gerrig (1996, 234) meinen, das Gedächtnis bezeichne nichts anderes als „unsere Fähigkeit, Informationen aufzunehmen, zu speichern (aufzubewahren) und bei Bedarf wieder abzurufen". Diese Prozesse vollziehen sich, so wird angenommen, in einem Gedächtnissystem, das aus mehreren Speichern besteht (Mehrspeichermodell):

> „/Die Forschung hat mittlerweile erkannt/, dass der landläufige Begriff ‚Gedächtnis' bzw. ‚Merken' eigentlich ein Oberbegriff für eine ganze Reihe von Speicherprozessen ist, die mit ganz verschiedenen Verlaufsgesetzlichkeiten aufeinander folgen, ehe ein neuer Inhalt tatsächlich dauerhaft verankert und so zum Gedächtnisinhalt geworden ist. Mit anderen Worten: es gibt kein Gedächtnis, sondern Gedächtnisse", so Guttmann und Bestenreiner (1991, 110).

Das Mehrspeichermodell des Gedächtnisses gehört heutzutage zu den am meisten verbreiteten, es gibt jedoch noch keine verbindliche Theorie des Gedächtnisses, die eine explizite Darstellung sämtlicher Fragen und Probleme erlauben würde. Die moderne Gedächtnisforschung ist bemüht eine übergreifende Theorie des Gedächtnisses

---

[32] Im Folgenden ist die Rede nur von dem Wissensgedächtnis (als Abgrenzung zu der Gedächtnisart „Habituation" und „Konditionierung" – vgl. Schulz 1994, 43).

vor allem in Anlehnung an die wissenschaftlichen Hauptbereiche: die Erforschung biochemischer Prozesse, klinische Untersuchungen und die kognitive Psychologie zu entwickeln. Da die Informationswahrnehmung sowohl in Gedächtnis- als auch Denkprozesse eingebettet ist und eine scharfe Trennung kaum möglich erscheint, vermeiden viele Psychologen die Verwendung von isolierten Ausdrücken wie „Denken“ oder „Gedächtnis“ und sprechen meistens ganz allgemein von der „Informationsverarbeitung“ (vgl. Herkner 1992, 60f). Beim Mehrspeichermodell dominiert die Aufteilung in drei verschiedene Speicher[33] (z.B. bei Atkinson und Shiffrin 1968), wobei besonders prägnant die grundsätzliche Trennung zwischen Kurz- und Langzeitgedächtnis ist[34]. Generell wird zwischen dem Ultrakurzzeitgedächtnis (UKZG; auch: „sensorischer Speicher“/„sensorisches Register“, oder im Englischen „sensory information storage“), dem Kurzzeitgedächtnis (KZG, „Arbeitsgedächtnis“, „working memory“), und dem Langzeitgedächtnis (LZG), von denen sich jedes durch mehrere Charakteristika, wie Kapazität, Speicherzeit und Informationsverarbeitungsmodus auszeichnet, unterschieden.

2.2.1.1 Merkmale des sensorischen Speichers (UKZG)

Das UKZG, das erstmals 1960 von Sperling ins Gedächtnismodell integriert wurde, verarbeitet alle Sinneseingänge (Bilder, Geräusche, Gerüche etc.) automatisch, ohne eine bewusste Einflussnahme des Menschen, und ohne dass die aufgenommenen Informationen in irgendeiner Weise kodiert, identifiziert, oder benannt werden[35] – sie verbleiben in ihrer ursprünglichen Form als wahrnehmungsartiges Rohmaterial (deshalb wird auch oft von einer photographischen Speicherung gesprochen, die es erlaubt, sehr viele Details und Einzelinformationen abzubilden[36]) (vgl. u.a. Herkner 1992,

[33] Im Folgenden werden die Bezeichnungen Gedächtnis und Speicher synonymisch verwendet.

[34] Oft anzutreffen ist auch die Differenzierung zwischen einem *aktiven* (abrufbereite Informationen; selbstständige/freie Reproduktion – „free recall“) und *inaktiven* Speicher (nur Wiedererkennung, Identifizierung eines bereits bekannten Reizes – „recognition“). Sowohl „free recall“ als auch „recognition“ Aufgaben werden in der modernen Gedächtnispsychologie oft zur Überprüfung der Gedächtnisleistung verwendet. Die Leistungen bei Wiedererkennungstests sind normalerweise höher als bei Reproduktionstests. Dies zeigt auf, dass sich Informationen im Langzeitgedächtnis befinden können, auch wenn sie nicht reproduzierbar sind. „Eine Wiedererkennungsfrage ist leichter zu beantworten als eine Reproduktionsfrage“, so Anderson (1988, 131), „da sie eine größere Zahl von Möglichkeiten (sprich Netzwerkverbindungen) eröffnet, um das Gedächtnis nach der geforderten Information abzusuchen.“

[35] Obwohl der UKZ-Speicher oft als prekategorial charakterisiert wird (da Informationen auf dieser Stufe möglicherweise nur eine sinnliche, vom Wahrnehmungsorgan abhängige Form haben), bestehen auch Vermutungen, dass eine Kategorisierung bereits in dieser Stufe auftreten könnte (Włodarski 1996, 58).

[36] So weisen z.B. Sperlings Experimente darauf hin, dass das visuelle sensorische Gedächtnis *alle* Informationen in ihrer visuellen Reizvorlage aufnimmt. Als Beleg dafür, dass Bilder im Gedächtnis wirklichkeitsgetreu gespeichert werden, gilt auch das Phänomen der eidetischen Bilder.

106). Die Verbleibdauer hängt wahrscheinlich u.a. von der Modalität eines Reizes ab und reicht von dem Bruchteil einer Sekunde bis zu mehreren Sekunden. Ergebnisse von Sperlings Experimenten zur Kapazität des visuellen sensorischen Gedächtnisses (Sperling 1960) zeigen beispielsweise, dass am Ende einer Sekunde im Gedächtnis nur noch die Informationen vorhanden sind, die die Versuchspersonen in der verfügbaren Zeit in eine dauerhaftere Kodierungsform bringen konnten. Das UKZG ist das erste Filterwerkzeug der Informationsverarbeitung und schützt vor einer Informationsüberlastung: innerhalb dieser kurzen Zeit werden aus unzähligen Reizen (hohe Speicherkapazität des UKZG![37]) durch den Einsatz von Aufmerksamkeitssystemen Merkmale nach ihrer Brauchbarkeit extrahiert (vgl. Schmidt/Thews 1997, 160; mehr dazu in Kap. 2.2.1.4 über Aufmerksamkeit). Es wird zwar angenommen, dass für jede Sinnesmodalität ein sensorisches Gedächtnis vorhanden ist: gesichert ist vorerst aber nur die Existenz eines ikonischen (sensorisch visuellen) und eines echoischen (sensorisch auditiven). Der Begriff „ikonisches Gedächtnis" stammt von Neisser (1967). Experimente zum Nachweis des ikonischen Gedächtnisses wurden z.B. von Sperling (1960; 1963) durchgeführt. Dabei konnte die hohe Speicherkapazität aber zugleich auch die Kurzlebigkeit der Speicherung im ikonischen Gedächtnis (schnelles Verblassen der Information) aufgezeigt werden (vgl. Zimbardo/Gerrig 1996, 238). Solange eine Information im sensorischen Speicher verbleibt, kann sie durch Prozesse auf höheren Ebenen verarbeitet werden, die in den folgenden Kapiteln erläutert werden.

2.2.1.2 Das Arbeitsgedächtnis (KZG)

Im Arbeitsgedächtnis (/Kurzzeitgedächtnis) verbleibt eine Information länger als im UKZG, aber auch hier variieren die Angaben wesentlich: gesprochen wird von ein paar Sekunden bis zu 20 Minuten (vgl. Sperber 1989, 62). Die Bezeichnung Arbeitsgedächtnis ist u.a. darauf zurückzuführen, dass es einen Übergangscharakter hat: Peterson und Peterson (1959) konnten nachweisen, dass Informationen rasch verloren gehen, wenn sie an dieser Stelle der Informationsverarbeitung nicht memoriert werden können. Daher gehört die erste Enkodierung für das explizite Einprägen von Erinnerungen zu den wesentlichen Funktionen des KZG, das Arbeitsgedächtnis steuert Abtast (Scanning) – und Orientierungsreaktionen und regelt somit die Richtung der Aufmerksamkeit.

Das Kurzzeitgedächtnis hat im Gegensatz zum sensorischen Register eine sehr begrenzte Kapazität von ca. 7+/-2 Informationseinheiten (die Millersche „magische Zahl 7", Miller 1956). Die Zahl dieser eindeutig identifizierbaren Einzelreize ist für

[37] In Untersuchungen konnte auch ermittelt werden, dass im UKZG mehr Informationen verfügbar sind, als berichtet werden kann (Anderson 1988, 49).

alle Sinnesgebiete gleich (vgl. Herkner 1992, 93). Durch Übung (erhaltendes/einfaches Wiederholen – „rehearsal", oder elaboratives Wiederholen, z.B. Chunking[38]) kann das Gedächtnis zur Aufnahme weiterer Informationen befähigt und für die Aufnahme ins Langzeitgedächtnis vorbereitet werden. Die Kapazität des KZG ändert sich nur mit der Bedeutungshaltigkeit des dargebotenen Materials, bzw. durch die eben erwähnte Summierung von Einzelreizen (Chunking). Im Arbeitsgedächtnis werden Informationen in zeitlicher Ordnung gespeichert, das Vergessen erfolgt durch das Ersetzen der Information durch neue Inhalte. Das KZG ist die einzige Stufe des Erinnerns, auf welcher Material bewusst verarbeitet wird, dazu gehört die Überarbeitung/Organisation/das Überdenken des Materials aus dem sensorischen Gedächtnis. Die Kodierung besteht im KZG jedoch nicht nur aus der Organisation des wahrgenommenen Materials, sondern auch aus einer automatischen, unbewussten Umkodierung von sprachlichen optisch wahrgenommenen Reizen in eine akustische Form: gesehene Buchstaben und Wörter werden in Vorstellungen der entsprechenden Sprachlaute transformiert. Im KZG wird aber nicht nur ausschließlich akustisch kodiert: nonverbale Reize, wie Bilder werden höchstwahrscheinlich semantisch gespeichert[39] (s. z.B. die Untersuchungen von Baddeley 1966a; 1966b).

Informationen im KZG können nur dann genutzt werden, wenn sie sich in einem aktivierten Zustand befinden. Es wird angenommen, dass jedes Item im KZG eine obere Grenze des Aktivierungsniveaus aufweist. Bei mehreren Items muss die Aktivierung unter diesen aufgeteilt werden, so dass sich die jeweilige Aktivierung pro Item verringert. Da der Aktivierungsgrad die Geschwindigkeit der Informationsverarbeitung bestimmt (Anderson 1988, 131), sinkt die Geschwindigkeit mit der zunehmenden Anzahl an Items, da auf diese ein begrenzter mentaler Energievorrat verteilt werden muss.

2.2.1.3 Das Langzeitgedächtnis (LZG)

Das Konzept der Aktivierung lässt sich auch auf den Abruf aus dem LZG übertragen: Informationen befinden sich im LZG normalerweise in einem deaktivierten Zustand und um sie abzurufen/ zu reproduzieren, müssen sie zuerst aktiviert werden. Die Aktivierung breitet sich, ausgehend vom aktivierten Teil des Gedächtnisses, entlang bestehender Verbindungen durch ein langzeitgespeichertes Netzwerk von Assoziationen zu anderen Teilen des Gedächtnisses aus, die dann abgerufen werden können. Auch hier bestimmt der Grad der Aktivierungsausbreitung (Sternberg 1969), wie schnell diese Informationen betrachtet und genutzt werden können. Wenn Informationen

38 Die Kombination von Einheiten zu größeren Einheiten.

39 Vieles spricht auch dafür, dass Informationen auch im LZG semantisch gespeichert werden.

einmal aktiviert sind, werden sie als Teil des KZG behandelt. Da der Aktivierungsprozess Zeit erfordert (vgl. Ratcliff und McKoon 1981), sollten Informationen, die sich bereits im KZG befinden, schneller abgerufen und reproduziert werden können als die, die noch im LZG sind. Ist ein bestimmtes Konzept einmal aktiviert, so werden aufgrund der Aktivierungsausbreitung auch einige weitere, assoziativ verknüpfte Konzepte aktiviert, z.B. der Kodierungskontext. Die Aktivierungsausbreitung stellt eine unbewusste assoziative Bahnung von Wissen dar und konnte durch zahlreiche Experimente der kognitiven Psychologie belegt werden (u.a. Meyer und Schvaneveldt 1971). Im LZG werden Informationen u.a. räumlich und zeitlich gespeichert – dies erfolgt im prozeduralen/impliziten oder deklarativen/expliziten Gedächtnis. Das prozedurale Gedächtnis umfasst Erinnerungen daran, *wie* Handlungen ausgeführt werden und wie wahrnehmungsbezogene, kognitive und motorische Fähigkeiten erworben, erhalten und genutzt werden (es stellt also eine Sammlung verschiedener Operationalisierungsvorgänge dar). Das deklarative Gedächtnis speichert Informationen über Fakten und Ereignisse. Tulving (1972) teilt das zuletzt Genannte zusätzlich in ein episodisches und ein semantisches (sprachlich/bildlich kodiertes Wissen) auf. Das episodische Gedächtnis speichert Erinnerungen an Ereignisse und autobiographische Aspekte (daher wird es auch oft als das „autobiographische" Gedächtnis bezeichnet) einschließlich einer zeit- und kontextbezogenen Kodierung. In diesem Register werden die Fakten einzeln gespeichert, eine Generalisierung findet nur im semantischen Gedächtnis statt. Das semantische Gedächtnis bezieht sich auf symbolisch repräsentiertes Wissen (Sprache) und die grundlegende Bedeutung von Wörtern und Begriffen, ohne einen raumzeitlichen Erfahrungskontext. Die Generalisierung von Einzelinformationen aus dem episodischen Gedächtnis (durch den Einsatz von Kategorisierungen, Klassifikationen, Erstellung von Thesen usw.) ist eine wichtige Funktion des semantischen Gedächtnisses. Untersuchungen zum semantischen Gedächtnis wurden bereits in den 60ern geführt (u.a. Collins/Quillian 1969). Es gehört mittlerweile zu den gesicherten Erkenntnissen der Gedächtnispsychologie, dass die Speicherkapazität des LZG praktisch unbegrenzt ist (Sperber 1989, 64 anhand der Arbeiten von Lindsay/Norman 1977 und Marschall/Freyer 1978). Dasselbe betrifft auch die durch zahlreiche Untersuchungen belegte Erkenntnis, dass Informationen im LZG eine unbegrenzte Lebensdauer haben (Lindsay/Norman 1977; Rohrer 1984, Vester 1975). Während im KZG Items sequentiell nach zeitlicher Ankunft gespeichert werden, erfolgt dies im LZG wahrscheinlich eher ihrer Bedeutung entsprechend – daher auch die zentrale Rolle der Organisation der Inhalte nach Bedeutung. Die Kodierungsstärke einer Wissensstruktur im LZG steigt mit dem Üben dieser Struktur (wobei sich allerdings der Übungseffekt mit der Zeit verringert[40]). Obwohl Informationen im Langzeitspeicher nicht verloren gehen, können sie sich doch im Laufe der

[40] Sichtbar beim Phänomen des sog. „Lernplateaus".

Zeit verändern (sie werden z.B. Bestandteil neuer Informationen, oder gehen vom aktiven ins inaktive Gedächtnis über). Da Gedächtnisspuren im LZG wohl lebenslänglich gespeichert werden, entpuppt sich das Vergessen vorwiegend als ein Problem des Findens von Gedächtnisinhalten (Gedächtnisspuren), und weniger als eine Auswirkung von Spurenzerfall oder Überlagerung (Interferenz) (vgl. Herkner 1992, 107). Eine Gedächtnisspur wird einfach oft nicht gefunden, obwohl sie unbeschädigt ist. Dass das Vergessen ein Problem des Findens ist, belegen z.B. die enormen experimentellen Unterschiede zwischen Wiedererkennen und Reproduktion von Gedächtnisinhalten. Problematisch scheint also vor allem der Zugriff auf bestimmte Wissensbestände, was wiederum das Problem der Organisation der vielfältigen Inhalte (das Bestreben des Gedächtnisses nach Ordnung!) in den Vordergrund der wissenschaftlichen Überlegungen bringt. Eine optimale Organisation schließt zwangsläufig einen effizienten und sinnvollen Speicherungsmechanismus ein. Die „Enkodierspezifität" (die Art und Weise der Enkodierung) beeinflusst ganz bedeutsam den Zugang zu den Gedächtnisinhalten: der entscheidende Faktor, der das Vergessen verhindert, ist Ordnung (Organisation). Im Netzwerkmodell[41] geht man davon aus, dass je vertrauter und je besser das Material organisiert ist, desto effektiver das Behalten und der Abruf, denn Inhalte werden entsprechend ihres Bedeutungsgehaltes zu verwandten Inhalten gespeichert und diese Speicherungssystematik erleichtert den späteren Suchprozess: „Der Weg zum Item /führt/über die mit ihm assoziierten Items (...)", so Kruppa 1983, 83. Dabei nimmt die Verknüpfung zu anderen Informationen eine wichtige Rolle ein:

> „Je größer die Assoziationsdichte, d.h. mit je mehr Informationen ein Item assoziiert ist, umso größer die Wahrscheinlichkeit, dass es gefunden und abgerufen werden kann" (ebd.).

Obwohl außer dem weit verbreiteten Netzwerkmodell auch eine Reihe anderer Modelle existiert (z.B. das Merkmalsmodell), so bleibt doch allen Konzeptionen gemein-

[41] Die Grundidee des Netzwerkmodells besteht darin, dass alle bedeutungsmäßigen Gedächtnisinhalte im Gehirn in Form von Sinneseinheiten (Propositionen) abgespeichert werden. Propositionen stehen miteinander in Verbindung, und sind eingebettet in ein unüberschaubares Netzwerk von Informationen (propositionales Netzwerk – bedeutungsmäßige, semantische Wissensrepräsentation). Beim Aktivieren einer Information werden auch benachbarte Informationen aufgerufen (spreading activation theory). Im Prinzip ist dadurch mit Hilfe von dem gezielten Einsatz von bestimmten Assoziationen jede Information auffindbar. Untersuchungen haben gezeigt, dass auch der Lernkontext selbst (Kodierungskontext) als Assoziation dienen kann um, eine Information abzurufen: je ähnlicher die Stimuli des Lernens denen des Abrufens sind, desto mehr Wege stehen zur Verfügung, um die gefragte Erinnerung zu reaktivieren, und desto besser die Abrufleistung (s. dazu Smith/Glenberg/Bjork 1978; Godden Baddeley 1975 – Ähnlichkeit des physikalischen Kontextes, Bower/Monteiro/Gilligan 1970 – Ähnlichkeit des emotionalen Kontextes). Diesem Modell nach werden im LZ-Gedächtnis vorwiegend integrierte und nicht unzusammenhängende Fakten gespeichert (keine hierarchische sondern eine vernetzte Struktur) – diese Speicherungsweise betrifft aber nicht das Auswendiglernen.

sam, dass sie „das LZG als ein *System* auffassen und nicht als bloße *Menge* isolierter, unzusammenhängender Einheiten" (Kruppa 1983, 82). Diese Gedächtnisse stehen zueinander in komplizierten Wechselwirkungen (Paulsen 2001, 50ff). Die folgende tabellarische Aufzeichnung (Abb. 3) verdeutlicht nochmals, dass jeder der genannten Speicher auf eine eigene Art und Weise Informationen speichert und abruft.

Speicher	Charakteristika
UKZG	-Reizaufnahme: Sinnesorgane (unbewusst) -Speicherung/Art der Kodierung: entspricht Sinneskanal -Spezifika: keine Bedeutungszuschreibung -Kapazität: sehr hoch/ unbegrenzt -Lebensdauer der Informationen: sehr schneller Zerfall -Weiterverarbeitung: durch Mustererkennung, Aufmerksamkeit
KZG	-Bewusste Verarbeitung, erfordert Aufmerksamkeit/Konzentration -Verarbeitungsart: auditiv/verbal, sequentiell -Kapazität: beschränkt auf 5-9 Informationseinheiten (Entlastung durch Bedeutungszuweisung/Chunking usw.) -Lebensdauer: einige Sekunden, bestenfalls einige Minuten -Zentraler Prozess: Aufmerksamkeit/Wiederholung
LZG	Bewusste/unbewusste Verarbeitung durch Einordnung in bestehende Strukturen (Organisation) -Struktur: propositionales Netzwerk -Kapazität: praktisch unbegrenzt -Lebensdauer: unbegrenzt

Abb. 3:
Wichtigste Charakteristika der UKZ-, KZ- und LZ-Speicher

Obwohl das Speichermodell eine Differenzierung in das Ultrakurzzeit-, Kurzzeit- und Langzeitgedächtnis vornimmt, so handelt es sich aber hierbei eigentlich um die Teilelemente eines Gesamtsystems und eine grundsätzliche Trennung ist nur in der

Modellvariante möglich (vgl. Włodarski 1996, 56, Arbinger 1984, 4f, Wode 1993, 79): erst wenn das Wissen aus dem Langzeitgedächtnis im Kurzzeitgedächtnis mit der dort gespeicherten Information und mit der sensorischen Information aus dem UKZG zusammentrifft, wird die Klassifikation einer „neuen" Information möglich (Einordnung neuer Inhalte in den bisherigen Wissensbestand). Aber nicht nur die Klassifizierung sondern auch die Erinnerung im LZG selbst, kann sich nur durch den Zugriff auf das KZG vollziehen, denn das LZG hat keinen direkten Ausgangskanal nach Außen:

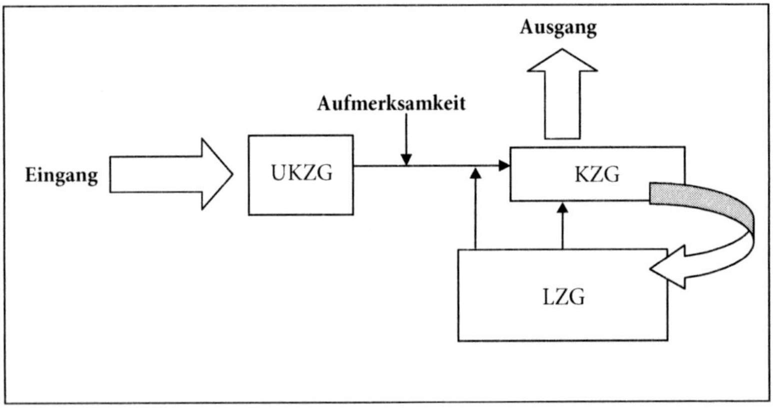

Abb. 4:
Schema des Mehrspeichermodells des Gedächtnisses
(Włodarski 1996, 60)

2.2.1.4 Die Bedeutung der Aufmerksamkeit für die sensorische Informationsaufnahme

In jedem Augenblick gelangt eine ungeheure Fülle sensorischer Informationen in unser Wahrnehmungssystem. Diese Flut muss vom sensorischen Gedächtnis bewältigt werden. Untersuchungen weisen darauf hin, dass, falls eine Information nicht sofort verarbeitet wird, sie sehr schnell verloren geht, wenn die Aufmerksamkeit nicht auf sie gerichtet wird. Wegen der hohen Komplexität mancher Objekte, können aber nicht alle Details gleichzeitig genau wahrgenommen werden („Enge des Bewusstseins" bzw. „begrenzte Kapazität der Informationsaufnahme und -verarbeitung"). Man muss sich nacheinander auf verschiedene Reize konzentrieren, bzw., wenn sehr viele Einzelreize vorhanden sind, und nicht alle gleichzeitig aufgenommen werden können, muss eine Reizauswahl getroffen werden (vgl. Herkner 1992, 33ff). Demnach spielt die Aufmerksamkeit bei der Auswahl von Informationen für die Steuerung der Informationsverarbeitung eine sehr wichtige Rolle (Selektivität der Aufmerksamkeit). Es gibt umfangreiche Untersuchungen zu der Frage, wie Versuchspersonen diejenige sensorische Information auswählen, der sie dann Aufmerksamkeit zuwenden (z.B. Moray 1959). Die Aufmerksamkeit kann aktiv vom Individuum gesteuert werden (Interesse, Konzentration auf bestimmte Objekte) oder einen passiven Charakter annehmen – im letzteren Fall handelt es sich um gewisse Reize, die automatisch die Aufmerksamkeit auf sich ziehen, so dass sie, unabhängig vom Willen, beachtet werden müssen (das so auftretende Verhalten wird als Orientierungsreaktion bzw. Orientierungsreflex bezeichnet – vgl. Schachl 1996, 36ff). Das Prinzip der Verarbeitung im UKZG beruht generell darauf, dass aus dem Reizangebot die wesentlichen Merkmale durch einen Vergleich mit bereits gesichertem Wissen analysiert und mit diesem zu einem neuen Bild synthetisiert werden. Man benötigt also Daten (physikalische Reize, Merkmale) und Erwartungen (Vorinformation, Einstellung, Zusammenhang/Kontext, Erfahrung). Wahrnehmen wird dadurch zu einem „Analyse-durch-Synthese-Prozess":

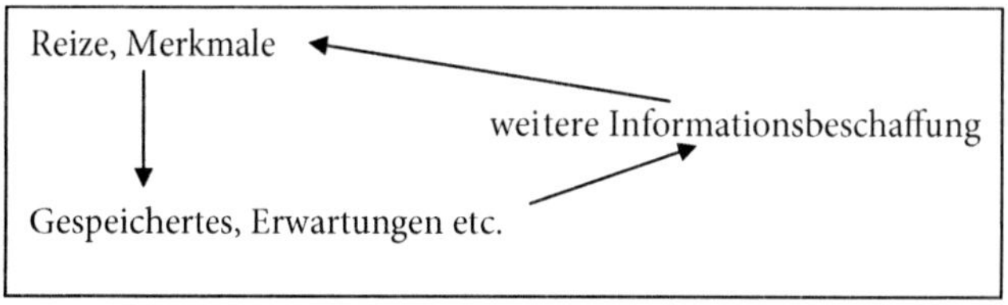

Abb. 5:
Merkmalsanalyse neuer Informationen und Vergleich mit Vorwissen bei der Verarbeitung im sensorischen Speicher (Schachl 1996, 38)

Das Lernen erfordert also eine fortwährende Informationsaufnahme. Dabei wird bestehendes Wissen durch die neu ankommende Information bestätigt (Assimilation), vor allem aber verbessert, erweitert und/oder auch verändert (Akkomodation). Deshalb kann man den Wahrnehmungsvorgang auch als ein ständiges Prüfen von Hypothesen bezeichnen (Schachl 1996, 40). Da das individuelle Vorwissen[42] die Aufmerksamkeitslenkung auf bestimmte Informationen bedingt, wird die Informationsaufnahme und -verarbeitung zu einem von der Individualität des wahrnehmenden Subjekts abhängigen Prozess. Die Aufmerksamkeit ist in ihrer Kapazität sehr begrenzt und kann nur auf äußerst wenige kognitive Prozesse zugleich gerichtet werden. Bei zwei getrennten Aufgaben muss die begrenzte Kapazität der Aufmerksam-

[42] Das persönliche Interesse hat einen großen Einfluss auf die Aufmerksamkeitssteuerung.

keit auf die konkurrierenden Prozesse verteilt werden (vgl. Anderson 1988, 52). Wie viel Aufmerksamkeit ein Prozess verlangt, hängt vom Grad seiner Geübtheit ab (es wird sogar vermutet, dass hochgeübte Prozesse überhaupt keine Aufmerksamkeit erfordern). Kognitive Prozesse können somit in: automatisierte (Aufmerksamkeit nicht nötig, laufen ohne bewusste Kontrolle ab) und kontrollierte Prozesse (Aufmerksamkeit nötig, Kontrolle durch das Bewusstsein; dazu die Untersuchungen von LaBerge/Samuels 1974, Shiffrin/Schneider 1977) eingeteilt werden. Die Aufmerksamkeit besitzt nicht die Kapazität, um zwei *beanspruchende* Aufgaben *simultan* auszuführen. Sind aber Aufgaben soweit geübt, dass sie keine übermäßigen Anforderungen stellen, so lassen sie sich auch gleichzeitig bewältigen (beispielsweise kann man zugleich Auto fahren und sich unterhalten). Die Kapazitätsgrenzen der Aufmerksamkeit sind die eigentliche Ursache für die Grenzen der Wiedergabeleistung: es gelangt die gesamte Information in das sensorische Gedächtnis, aber, damit sie behalten werden kann, muss jede Informationseinheit beachtet und in eine dauerhaftere Form übertragen werden (vgl. Anderson 1988, 54). Da die Aufmerksamkeit eine begrenzte Kapazität hat, kann nur ein kleiner Teil davon beachtet werden, und dieser wird auch später erinnert. Die restlichen Daten gehen dagegen verloren. Erwähnenswert ist an dieser Stelle die Theorie der unbewussten Reizanalyse, die besagt, dass auf sensorischer Ebene *alle* Reize verarbeitet werden. Beim Filterungsprozess gehen von der Aufmerksamkeit weniger bewusst aufgenommene Reize nicht verloren, sondern werden lediglich oberflächiger (weniger tief) verarbeitet (mehr dazu in Kap. 2.2.1.4 über die Bedeutung der Aufmerksamkeit bei der Reizfilterung).

2.2.2 Der Elaborationsgrad von Lerninhalten/ der Verarbeitungstiefenansatz von Craik und Lockhart

Innerhalb der kognitiven Lernpsychologie beziehen sich einige Konzeptionen der Informationsspeicherung nicht nur auf das Speichermodell sondern auch auf das Modell der Verarbeitungstiefe („levels" bzw. „depth of processing" von Craik und Lockhart 1972). Als Verarbeitungstiefe gilt die Intensität der kognitiven Operationen, die ein Individuum einsetzt, um eine Information zu lernen. Den Begriff kann man auch auf die Art bzw. Anzahl der Elaborationen[43] beziehen, die der Lernende jeweils generiert – in diesem Kontext spricht Anderson (1988, 160f) von dem Faktor „Elaborationsgrad

[43] Beim Lernen werden Informationen häufig durch zusätzliche redundante Informationen elaboriert, die die Reproduktion erleichtern, indem sie zusätzliche Abrufwege zur Verfügung stellen. Elaborationen sind also Erweiterungen/Anreicherungen eines zu behaltenden Items mit weiteren Informationen. In der Verarbeitungstiefentheorie wird angenommen, dass elaborativ verarbeitete Inhalte besser behalten werden, auch wenn sich diese Verarbeitung nicht auf die Bedeutung des Materials bezieht (vgl. Anderson 1988, 157f).

der Verarbeitung". Es wird generell angenommen, eine tiefere Verarbeitung verbessere die Gedächtnisleistung. Die Verarbeitungstiefe ist gering, wenn die Reize nur auf der sensorischen Ebene verarbeitet werden. Mit fortschreitender gedanklicher Entschlüsselung des Reizes nimmt die Verarbeitungstiefe zu, bis hin zu den auf das Verständnis folgenden kognitiven Informationsverarbeitungsvorgängen (vgl. Koschnick 2004). Zu Operationen zählen beispielsweise das Vergleichen zweier oder mehrerer Begriffe, das Bilden von Assoziationen/Verknüpfungen/Eselsbrücken oder die Organisation des Lernmaterials (z.B. die Assoziation eines Wortes mit anderen Worten, die Verknüpfung mit anderen Informationen, das Generieren eines mentalen Vorstellungsbildes etc.). Hobmair (2003, 134) geht davon aus, dass der Wissenserwerb und damit die Aufnahme und Speicherung einer Information nicht nur mit Hilfe eines Prozesses vollzogen wird, sondern dass mehrere Prozesse, wie Informationskodierung, Organisation (Ordnung und Gliederung von Inhalten), Wiederholung und die Elaboration hier ihre Anwendung finden. Eine Form von Elaborationen kann beispielsweise darin bestehen, Gedächtnisinhalte in eine hierarchische Organisationsform zu bringen bzw. sie in begriffliche Kategorien einzuordnen, die es ermöglichen, das Absuchen des Gedächtnisses zu strukturieren und Informationen effizienter abzurufen (wobei es empfehlenswert scheint, wenn der Lernende selbst eine Struktur entwickelt), oder ein System von gezielten Fragen/Anweisungen zur Bearbeitung eines Lernmaterials anzuwenden. All diese Operationen können zu höheren, komplexeren Tätigkeiten gruppiert werden, wie z.B. Handlungsalternativen entwerfen, Prognosen erstellen, logisch Schlussfolgern, Argumente finden, Sachverhalte bewerten usw. (vgl. Wirth 2002). Es wird angenommen, dass Lerntechniken, die z.B. die Bewusstmachung der Gliederung des Lernstoffes und das Generieren und Beantworten von Fragen umfassen, zu einer tieferen Verarbeitung der Lerninhalte anregen und zum besseren Behalten führen. In diesem Sinne wurden z.B. für die Arbeit mit Texten die SQ3R-Technik (Robinson 1961) und die neuere *PQ4R*-Technik (Thomas und Robinson 1972) entwickelt, die folgende Elemente umfasst: 1. *Preview:* Überfliegen des Textes, 2. *Questions:* Fragen formulieren, 3. *Read:* Sorgfältig lesen, 4. *Reflect:* Nachdenken, Verstehen, Beispiele erfinden, 5. *Recite:* Informationen erinnern, Fragen beantworten, 6. *Review:* Informationen zum gesamten Lerninhalt erinnern, Fragen beantworten. Analog dazu könnten ähnliche Techniken auch für den Einsatz in anderen Lernbereichen erstellt werden, z.B. beim Erlernen von neuen fremdsprachigen Substantiv-Artikelpaaren könnte folgendermaßen verfahren werden: 1) Nach neuem Wortschatz in einem Text suchen und diesen z.B. auf Karteikarten aufschreiben (Artikel + Substantiv) 2) Versuchen die Bedeutung selbst zu erschließen und im Wörterbuch kontrollieren, dann auf der Rückseite der Karte die muttersprachliche Bedeutung aufschreiben 3) das Wort nochmals im Text in Hinsicht auf den Verwendungskontext lesen 4) eigene Beispielsätze formulieren 5) Wörter mit Hilfe der muttersprachlichen Begriffe abfragen 6) Wörter in einer Aufgabe (z.B. Lückentext) üben. Wenn der Lernende sinnvolle gedankliche Beziehungen zwischen (und mit) den aufgenommenen Informationen herstellt, können die für das Lernen sonst erforderlichen Wiederholungen (innere Wiederholungen oder Mehrfachkontakte) verkürzt werden, denn die Einordnung der Informationen in das bestehende Wissen erleichtert die Informationsverarbeitung. Dieser Ansatz wird durch Experimente bekräftigt, in denen abhängig von der mentalen Beschäftigungsart/dem Bearbeitungsprozess mit dem Lernmaterial unterschiedliche Behaltensleistungen erzielt worden sind (Craik/Lockhart 1972; Tresselt/Mayzner 1960[44]), wobei sich gerade eine semantische Bearbeitung häufig als besonders effektiv gegenüber anderen Methoden (z.B. der Analyse von strukturellen Merkmalen) erwies (Schulman 1971; Moely 1977). All diese Experimente dienen als Beleg dafür, dass stärker elaboriertes und somit tiefer verarbeitetes Material zu besseren Gedächtnisleistungen führt. In mehreren Untersuchungen wurde zudem auch festgestellt, dass eine höhere Verarbeitungstiefe auftritt, wenn Versuchspersonen Elaborationen selbst produzieren (z.B. eigene Sätze generieren, sich eine beschriebene Situation bildhaft vorstellen etc.), und nicht nur vorgegeben bekommen (u.a. Bobrow und Bower 1969; Jacoby 1978; Slamecka und Graf 1978). Die bessere Leistung wird u.a. darauf zurückgeführt, dass diese die individuellen Eigenarten für das Wissen einer bestimmten VP widerspiegeln. Stein und Bransford (1979) konnten aber auch aufzeigen, dass auch die von Versuchsleitern in Untersuchungen vorgegebenen Elaborationen, vorausgesetzt ihre Auswahl erfolgte sehr sorgfältig, zu sehr guten Ergebnissen (manchmal sogar zu besseren als bei selbstentwickelten Elaborationen) führten. Demzufolge kommt es also letztendlich nicht darauf an, ob die Versuchspersonen oder der Versuchsleiter die Elaboration produziert, der entscheidende Faktor ist vielmehr die Art der Elaboration selbst. Die Verarbeitungstiefe wird auch wesentlich davon beeinflusst, inwieweit das Individuum zu einer gedanklichen Auseinandersetzung mit einem Reiz motiviert ist (Aktivierungskomponente) – das Interesse am Lerngegenstand führt nämlich zu einer Aufmerksamkeitszuwendung und wirkt sich auf den Filterungsprozess in den Gedächtnisspeichern aus (mehr zur Rolle der Aufmerksamkeit im Kap. 2.2.1.4). Eine Erhöhung der Verarbeitungstiefe kann im didaktischen Bereich erzielt werden, indem der Informationsempfänger dazu angeregt wird, sich gedanklich mit der Information auseinander zu setzen (u.a. entsprechende Stimulierungen durch die Form der Aufgabenstellungen!). Falls es nicht möglich ist, eine tiefere Verarbeitung zu gewährleisten, muss eine wiederholte Darbietung der Information erfolgen (Prinzip der Wiederholungen nach Ebbinghaus – mehr dazu siehe u.a. Brzezińska 2004). Es wird vermutet, dass dort, wo die Lernmotivation gering ist (häufiges Problem des Schulalltags) ein zielgerechter Einsatz von Bildern (diese verlangen vom Empfänger weniger gedankliche Anstrengungen als das Lernen von verbalen Inhalten, da sie weitgehend automatisch verarbeitet und daher möglicherweise besser gelernt werden

[44] In diesem Experiment wurden drei Gruppen von VP untersucht, die sich auf unterschiedliche Weise mit Wörtern beschäftigten: Gr. 1) Vokale anstreichen, Gr. 2) Wörter abschreiben, Gr. 3) Überprüfung, ob jedes der Wörter semantisch zur Kategorie „Wirtschaft" passt.

als Worte) gewinnbringend sein könnte[45] – die Verarbeitungstiefe ist dann zwar nicht hoch, jedoch kann das Individuum dazu motiviert werden, sich mit der Information wenigstens zu beschäftigen. Interessanterweise werden bei geringer Verarbeitungstiefe die zentralen Informationen einer Botschaft nicht viel stärker beachtet, als die zugleich dargebotenen nebensächlichen Informationen (wie Bildhintergründe). Dadurch kommt es beim Lernen mit geringer Verarbeitungstiefe zu einer stärkeren „peripheren" Beeinflussung. Es wird möglich, durch nebensächliche Informationen stärker auf die Wahrnehmung der Informationseinbettung (Kontext) einzuwirken, als beim Lernen mit großem Einsatz („Involvement"), bei dem sich die Empfänger jedoch nur auf die wesentlichen Informationen konzentrierten (vgl. Koschnick 2004).

Zusammenfassend kann gesagt werden, dass bestimmte Operationen des Individuums die Übertragung von Informationen aus dem KZG ins LZG fördern. Während die frühere Lernpsychologie die Zahl der Wiederholungen für entscheidend hielt, zeigen neuere Ergebnisse, dass „nicht sture, gedankenlose Wiederholungen (...) die Speicherung von Informationen /fördern/, sondern aktive ‚Bearbeitungen' des Lernmaterials" (Herkner 1992, 118), und dass sich „das Gedächtnis für eine bestimmte Information (...) experimentell verbessern /lässt/, wenn die Versuchsperson durch bestimmte Manipulationen veranlasst wird, das Material zusätzlich zu elaborieren" (Anderson 1988, 157). Dass gedankenlose Wiederholungen (oberflächliche Verarbeitung) keinen Lerngewinn bringen, konnten u.a. Craik und Watkins (1973) nachweisen. Wenn Material besser gelernt wird und stärker kodiert ist, kann es auch später schneller aktiviert und abgerufen werden (Loftus 1974). An dieser Stelle ist es auch wichtig darauf hinzuweisen, dass das Begreifen (tiefe Struktur) und das Behalten (manchmal eine oberflächliche Verarbeitung) zwei völlig unterschiedliche Prozesse sind. Beim Vokabellernen beispielsweise, können Wörter nur dann reproduziert werden, wenn sie behalten werden, eine Erschließungsstrategie ist nicht unbedingt notwendig. In vielen Anwendungssituationen ist ein tiefer gehendes Wissen oftmals gar nicht gefragt, sondern vielmehr die schnelle und sichere Reproduktion von Fakten und Lösungsmustern. Der Mnemotechnik wird oft gerade diese Tatsache angelastet: es wird argumentiert, dass sie zwar ein reines Faktenwissen ermögliche, aber ein Verstehen und Erkennen von Zusammenhängen grundsätzlich ausschließe. Sperber (1989, 92f) entkräftet in Anlehnung an Higbee und Kunihira (1985, 78f) diese Vorwürfe folgendermaßen: erstens setze ein Verstehen von Sachverhalten und Beziehungen ein Minimumwissen an Daten an Fakten voraus, zweitens könne die Automatisierung ab einem bestimmten Moment das Verstehen fördern und das Gedächtnis entlasten (die Aufmerksamkeit könne verstärkt auf die tiefere Verarbeitung gerichtet werden), drittens fördere eine Mindestfertigkeit mit dem Stoff umzugehen das Selbstvertrauen[46].

---

[45] Diese Theorie macht sich schon lange die Werbeindustrie zunutze, um die dauerhafte Speicherung von Markennamen zu sichern (vgl. Koschnick 2004).

[46] Für weitere Argumente s. Sperber (1989, 93f).

Deswegen kann es für Lernende auch durchaus erfolgreicher sein, weniger anstrengende Oberflächenstrategien einzusetzen. Entscheidend für die Lernhandlung ist letztendlich jedoch die Anforderung der zukünftigen Anwendungsgegebenheiten.

2.2.3 Die Lerntypentheorie: Haben Wahrnehmungspräferenzen einen Einfluss auf die Lernleistung?

Die Qualität des Gedächtnisses, die Merkfähigkeit, ist individuell sehr verschieden und hängt u.a. von der Anzahl der Wiederholungen und deren Zeitabstand, von der Konzentration und Aufmerksamkeit, dem Ermüdungsgrad, der Gefühlsbeteiligung und anderen inneren und äußeren Begleitumständen beim Lernen (z.B. Ruhe) sowie vom Interesse am einzuprägenden Wissensstoff und von der individuellen Einstellung zum Lernen selbst ab (vgl. dazu z.B. Schachl 1996, 45ff; Metzig/Schuster 1993, 208ff). Bereits bei der Wahrnehmung beeinflusst eine große Anzahl an Faktoren die Gedächtnisspeicherung: u.a. 1) die Reizmerkmale (Gestalt, Komplexität, Signalstärke etc.), 2) die Sensibilität des physikalischen Wahrnehmungsapparates, und 3) andere Faktoren innerhalb des Individuums, wie vorausgehende Lerngeschichte, motivationale und Persönlichkeitsfaktoren usw. (vgl. Zimbardo 1978, 218).

Es wird vermutet, dass auch die Art der sensorischen Informationsaufnahme für den Lernprozess von Bedeutung sein könnte, dass vielleicht eine Abhängigkeit des individuellen Lernerfolgs von der Berücksichtigung unterschiedlicher Wahrnehmungskanäle besteht. In der die Lerntypentheorie[47] betreffenden pädagogisch-didaktischen Literatur findet man unterschiedlichste Klassifizierungen von Lernenden und ihre unzähligen Abwandlungen (z.B. Vester 1975; Falk-Frühbrodt 2004; Schräder-Naef 1992, 27f), häufig wird die Einteilung in einen visuellen/optischen (lernt durch Sehen, Beobachten), auditiven/akustischen (lernt durch Hören und Sprechen), und kinesthätischen/motorischen/haptischen (lernt durch Handlung, Bewegungserlebnisse, Körperkontakt) Lerntypen aufgegriffen. Oftmals besteht aber keiner der genannten Typen für sich allein, vielmehr bilden eher Mischtypen die Mehrheit, die sich mehr oder weniger flexibel den jeweiligen Lerngegebenheiten anpassen (vgl. Stangl 2004a).

Die Befürworter der Lerntypentheorie glauben, dass ein Lerntyp einen Menschen mit der speziellen Begabung charakterisiert, über ein bestimmtes Sinnesorgan aufgenommene Informationen besonders gut zu behalten. Geht man von der Lerntypentheorie, also von einer Subjektivität der menschlichen Wahrnehmung, aus, so hat dies auch wichtige Implikationen für die Ermittlung der Effektivität verschiedener Lehrmethoden (vgl. Matczak 1982).

[47] Die Lerntypentheorie bzw. deren Popularisierung geht im Wesentlichen auf Vester (1975) zurück.

Die Abgrenzung der Termini *Lerntyp* und *Lernstil* fällt in der Fachliteratur oftmals spärlich aus. In der vorliegenden Arbeit bezeichnet der Begriff *Lerntyp* individuelle (sehr oft unbewusste!) Präferenzen (Dispositionen, Gewohnheiten) eines Lerners bei der Informationsaufnahme (und möglicherweise auch bei der weiteren -verarbeitung), die zum Teil durch beobachtbare Verhaltensweisen erschlossen werden können. Dagegen beziehen sich Lerntechniken bzw. -strategien auf spezifische aufgabenbezogene Handlungen (die Auswahl einer bestimmten Lerntechnik wird jedoch zumeist vom Lernstil beeinflusst; vgl. u.a. Schmeck 1988; Oxford 1990; Grotjahn 1998).

Die Bezeichnung *Lerntyp* bezieht sich in der vorliegenden Arbeit also ausschließlich auf die Bevorzugung einer Sinnesmodalität. Bei Lernstilen dagegen handelt es sich zumeist um relativ komplexe Konstrukte des Kenntnisgewinns, die mehrere Aspekte der Lernerpersönlichkeit und seiner Lernhandlungen umfassen. Lerntypen können von ihren Funktionen her selektiv (sie steuern wahrscheinlich die Aufmerksamkeit und somit die Auswahl der für einen bestimmten Lerner bedeutsamen Aspekte von Informationen im Hinblick auf die Weiterverarbeitung) und verhaltenssteuernd sein (sie können Handlungstendenzen bestimmen, führen zur Bevorzugung bestimmter Lerntechniken) (vgl. Grotjahn 2003a, 327).

Wahrnehmungsvorlieben entstehen höchst wahrscheinlich infolge des Zusammenwirkens von Anlage und Umwelt. Von großer Bedeutung ist die grundlegende Entwicklung und Beanspruchung des Wahrnehmungsapparates (das Ausmaß des Auftretens von notwendigen Außenreizen in der sensiblen Phase). Wenn beispielsweise den Augen zu wenige optische Reize geboten werden, kann sich eine normale Wahrnehmungsfähigkeit nicht entwickeln. Sinneskanäle bilden sich auch in der Leistungsfähigkeit zurück, wenn sie eine Zeitlang nicht stimuliert werden (vgl. Köckenberger 2002, 27). Włodarski (1996, 219) meint, die Vorliebe für die Wahl eines bestimmten Wahrnehmungsorgans sei schon bei Kindern sichtbar. Scheu (1977, 61ff) neigt dazu, diese Wahrnehmungspräferenzen u.a. der Erziehung zuzuschreiben. Seiner Meinung nach sei eine geschlechtsspezifische Behandlung bereits im Säuglingsalter zu beobachten: schon ab dem 3. Lebensmonat beginnt die Erziehung zum „Jungen-“ und „Mädchenstereotyp“ (Mädchen werden häufiger akustisch, Jungen stärker optisch stimuliert; Eltern fördern bei Jungen oft mehr die Muskelaktivität als bei Mädchen, dadurch wird die aktionale Komponente des Verhaltens häufiger geübt). Es existieren auch zahlreiche Hinweise zur Kulturspezifik von Lerntypen (Oxford/Anderson 1995; Reid 1995): japanische Lerner beispielsweise scheinen eher visuell orientiert zu sein, dagegen spielt die auditive Wahrnehmung bei arabischen und chinesischen Schülern eine wichtigere Rolle.

In der Literatur trifft man zahlreiche Vorschläge zur Identifizierung von Lerntypen an: es wird geraten konkrete Verhaltensweisen, Gewohnheiten und Vorlieben oder auch bestimmte Stärken und Schwächen beim Lernen zu erfragen, um so auf den jeweiligen Lerntyp zu schließen (diverse Vorschläge zu den Möglichkeiten Lerntypen zu erfassen werden in der Literatur angeboten: s. z.B. Grotjahn 1998; Mißler 1999; Reid 1995). Allgemein gesehen ist das Hauptziel der meisten Tests nicht, zu einer eindeutigen „Etikette" zu kommen, sondern vielmehr die Erkenntnis über den individuellen Charakter und darüber, dass Lerntypen und Lernstrategien „nicht einfach von anderen übernommen werden können, sondern dass sie dem individuellen Stil entsprechen sollten" (Schräder-Naef 2002, 32; vgl. auch Schachl 1996, 98). Dazu werden unter anderem solche Instrumente wie das Lerntagebuch, Fragebögen, Interviews, Unterrichtsbeobachtungen o.Ä. benutzt. Laut Grotjahn (2003a, 329) existiert auch eine Reihe von standardisierten Instrumenten (Myers-Briggs Type Indicator-MBTI, Learning Style Inventory von Kolb), ihr Einsatz erfordert aber eine entsprechende Schulung. Für den Einsatz im Unterrichtsalltag empfiehlt er die schriftliche Befragung nach dem Muster von Reid (1995, 196f) oder Ehrman (1996, 300ff). Auch Selbstdiagnostiktests sind anzutreffen (einen zu Eingangskanalpräferenzen enthält z.B. das Lehrwerk „Mit Erfolg zur Mittelstufenprüfung" von Hantschel und Krieger 1998, 6). Befunde aus Befragungen zu Lerntypen sollten aber generell mit Vorsicht genossen werden, und eher als sensibilisierende Konzepte bei der Beobachtung der entsprechenden Lerner im Unterricht betrachtet werden (vgl. Grotjahn 2003a, 330). Dies gelte, so Grotjahn (ebd.) bei den meisten Diagnostiktests (z.B. beim Fragebogen von Schullian und Bimmel 1999), da die Validität (Gültigkeit) und Reliabilität (Zuverlässigkeit) der Instrumente nicht systematisch überprüft worden sei. Erst dann, wenn Befunde aus unterschiedlichen Quellen konvergieren, könne man einigermaßen sicher sein, dass ein bestimmter Lernstil hinlänglich valide identifiziert worden sei.

2.2.3.1 Unterrichtliche Implikationen

Für das schulische Lernen ist die Tatsache, dass der Lernende über unterschiedlich gut funktionierende Wahrnehmungskanäle verfügt von wesentlicher Bedeutung. Lerntypen sind zwar (ähnlich wie Lernstile) wertneutral (es gibt keine inhärent besseren oder schlechteren Typen; vgl. auch Włodarski 1996, 220), nichtsdestoweniger gibt es jedoch Situationen, in denen ein bestimmter Lerntyp möglicherweise effizienter als ein anderer ist. Außerdem werden in unserem Bildungssystem eher die visuellen Lerntypen den Unterrichtsanforderungen am leichtesten gerecht, da die Nutzung von Tafel, Büchern oder Mitschreiben im Unterricht dominiert. Dagegen sind insbesondere die unterrepräsentierten haptischen Lerntypen in einem zumeist akustisch-visuell orientierten Unterricht benachteiligt (vgl. Stangl 2004a). Die Lerneffizienz eines Individuums im Unterricht kann auch dadurch beeinflusst werden, dass auch die Lehrenden die Darbietung der jeweiligen Inhalte oft ihrem eigenen Lerntyp nach und nicht dem Lerntyp der einzelnen Lernenden entsprechend gestalten.

Die zentrale Frage, die sich nun stellt, ist die, welche Rolle die Lerntypentheorie im Unterricht einnehmen sollte: Macht es überhaupt Sinn Lerntypen zu identifizieren und wenn ja, wie geht man anschließend mit diesem Wissen um? Unterrichtliches Ziel wäre zunächst einmal die Sensibilisierung und Erhöhung des Grades der Bewusstheit sowohl bezüglich der Individualität von Lerntypen als auch hinsichtlich deren spezifischer Möglichkeiten und Grenzen (vgl. Grotjahn 2003, 330; Schräder-Naef 2002, 92). Bedeutsam ist auch die Bewusstmachung der Stärken und Schwächen des eigenen Lerntyps und Anregungen zum Ausprobieren anderer Aufnahmemöglichkeiten (vgl. dazu auch Schachl 1996, 40). Durch ein entsprechendes Bewusstseins- und Verhaltenstraining können Lehrer ihren Schülern helfen, möglichst flexible, der Situation und dem Lerngegenstand angemessene Lernformen und Lernstrategien zu entwickeln:

> „Um allen Lernenden die Möglichkeiten zu geben verschiedene Lernstrategien anwenden zu können, ist ein vielfältiges Angebot erforderlich, das ganzheitliches und vertieftes Lernen zulässt.“ (Schräder-Naef 2002, 33)

Dies gilt sowohl in Bezug auf schulische als auch außerunterrichtliche Lernsituationen (vgl. Kinsella 1995, 187; Schachl 1996, 102; Simons 1996). Es scheint auch ratsam, gerade die bislang wenig berücksichtigten Wahrnehmungsmodalitäten zu üben und zu entwickeln, und nicht nur bei den bislang am besten ausgeprägten zu verharren. Von Relevanz ist dabei die grundsätzliche Unterscheidung zwischen dem Wahrnehmen und dem Lernen an sich: Die Basis für Lernprozesse des Gehirns bilden die wahrnehmungsmäßigen Eingaben über die Sinne (Inputs) und deren Verarbeitung im Gehirn. Nur gespeicherte Informationen können bei höheren mentalen Prozessen, wie Analyse, Synthese oder Sinngebung weiterverarbeitet werden (vgl. Brüggebors 1996, 15; 35). Die Erstverarbeitung von Millionen von Reizen durch unser Gehirn erfolgt in Bruchteilen von Sekunden, daher können die wichtigsten Daten nur durch die Hilfe einer Aufmerksamkeitssteuerung (diese ist bei jedem Individuum anders, denn sie interagiert mit dem Vorwissen) extrahiert werden. Alle Menschen erleben die Welt auf ihre ganz persönliche Art und Weise. Das gilt also auch für die Wahrnehmung, und somit für die Auswahl dessen, was in Erinnerung bleibt. Dennoch ist Wahrnehmen nicht gleich Lernen bzw. Verstehen. Sinnesdaten als solche haben zunächst keine ihnen innewohnende Bedeutung, sie haben einen „neutralen“ Charakter, erst der Lernende verleiht ihnen durch seine Interpretation eine Bedeutung. Je nach Beschaffenheit der Daten erfolgen die Interpretationen unterschiedlich. So liefern z.B. Bilder als analoge Repräsentationen von Wirklichkeit nur Informationen über visuell feststellbare Eigenschaften. Verstehen heißt also Sinnesdaten mit bestehenden Wissensstrukturen „einzufangen“ (Weidenmann 1994, 29), oder wie es Looß (2001, o.S.) ausdrückt:

„Verstehen (...) /ist/in erster Linie ein Bemühen um Bedeutung, womit die semantische Informationsverarbeitung einen zentralen Stellenwert bekommt."

Der Verstehensprozess vollzieht sich also erst dann, wenn Informationen richtig mit dem Vorwissen verknüpft werden, damit Schlussfolgerungen gezogen werden können. Lerntypen haben somit keine direkte Relevanz für die bedeutungsbezogene Wissensrepräsentation, finden jedoch (zusammen mit den davon abgeleiteten Lernstrategien) durchaus ihre Berechtigung, wenn es um das Einprägen und die Wiedergabe von reproduzierbaren Faktenwissen geht, das auswendig gelernt wird (vgl. Looß 2001).

Trotz der weiten Verbreitung der Lerntypentheorie (lerntypentheoretische Hinweise finden sich neuerdings auch in Didaktiken, pädagogischen Zeitschriften, teilweise in Lehrplänen und in Lehrerfortbildungsangeboten, in der Ratgeberliteratur für Schüler und Lehrer sowie auch in Schulbüchern unter Überschriften wie „Lernen mit allen Sinnen" oder „ganzheitliches Lernen" – vgl. Stangl 2004a), bleibt weiterhin wissenschaftlich ungeklärt inwieweit wahrnehmungsbezogene Lerntypen einen tatsächlichen Einfluss auf die Lernleistung haben – Looß (2001) meint sogar, in der Kognitionswissenschaft gäbe es bis heute keinerlei Belege für die Existenz solcher Lerntypen. Auch die Meinungen darüber, welche Bedeutung dieser Bereich im Fremdsprachenunterricht einnehmen sollte, sind geteilt[48]. Da die Lerntypen noch nicht ausreichend erforscht worden sind, wird eher geraten jegliche Hinweise, die auf die Veränderung des individuellen Lerntyps hinzielen, angesichts des Stands der heutigen Forschung, mit äußerster Vorsicht anzugehen (vgl. Włodarski 1996, 220).

2.2.4 „Mehrkanaliges Lernen" im Lichte der Untersuchungen zum Zusammenhang zwischen der mono- und multisensorischen Aufnahme und der Lernleistung

Das Gedächtnis besitzt die Fähigkeit Informationen sowohl verbal, als auch nonverbal zu speichern und diese zeitlich, räumlich und situativ zu fixieren. Dass das Langzeitgedächtnis nicht nur in der Lage ist, Informationen selber zu behalten, sondern auch einzelne Details über die Art und Weise, in welcher sie dargeboten wurden (Kontiguitätstheorie des Gedächtnisses[49]), belegen die Untersuchungen von Light u.a. (1973). Die Versuchspersonen konnten sich über mehrere Tage erinnern, sowohl in welcher Modalität (verbal, visuell etc.) sie eine Information wahrgenommen haben, als auch

[48] Götze/Kemme/Latzel (1979, 38) sind jedoch der Meinung, dass die Sprachlehrforschung in der Zukunft der Erforschung dieser Probleme besondere Aufmerksamkeit widmen sollte.

[49] Das gemeinsam Auftretende bleibt fest aneinander haften (vgl. auch Assoziationstheorie).

wie sie innerhalb der Modalität (durch eine männliche oder weibliche Stimme, durch Bilder, Zeichnungen etc.) präsentiert wurde.

Das Gedächtnis ist auch in der Lage zwei oder mehrere Informationen von gleicher oder unterschiedlicher Modalität beliebig zueinander in Beziehung zu setzen bzw. zu assoziieren (ein Geruch kann beispielsweise die Erinnerung an einen Platz hervorrufen).

Im Anschluss an Vester (1975) hegen Pädagogen vielfach die Überzeugung, es sei lernförderlich, wenn beim Lernen nicht nur ein Sinneskanal, sondern mehrere zugleich aktiviert würden:

> „Je mehr (...) Kanäle der Wahrnehmung benutzt werden (...), desto fester wird das Wissen gespeichert, desto vielfältiger wird es verankert." (Vester 1975, 51)

Die Möglichkeit, den kognitiven Lernvorgang durch möglichst viele Sinneskanäle zu unterstützen, wurde bereits sehr früh zum Thema – Hinweise findet man beispielsweise schon bei Comenius (1654/1960, 135)[50], der den Lesern zugleich entsprechende didaktische Anweisungen gibt:

> „Alles soll wo immer möglich den Sinnen vorgeführt werden, was sichtbar dem Gesicht, was hörbar dem Gehör, was riechbar dem Geruch, was schmeckbar dem Geschmack, was fühlbar dem Tastsinn. Und wenn etwas durch verschiedene Sinne aufgenommen werden kann, soll es den verschiedenen zugleich vorgesetzt werden."

In der Didaktik ist aus diesem Rat eine Summierungsthese geworden, der zufolge ein mehrkanaliges Lernen einem einkanaligen prinzipiell überlegen sei (vgl. Weidenmann 1994, 10ff). Diese These ist in lernpsychologischen Ratgebern Gang und Gäbe – so nennt z.B. Schachl (1996, 8) das „Ansprechen mehrerer Sinne" als eines der 10 Lerngebote. Auch in Fachdidaktiken und Schulbüchern tauchen in Zusammenhang mit den Lerntypen immer wieder die Begriffe „Lernen mit allen Sinnen", oder „ganzheitliches Lernen" auf. Auf die Annahme des mehrkanaligen Lernens stützt sich z.B. in der Fremdsprachendidaktik der Ratschlag, beim Vokabellernen verschiedene Eingangskanäle zu berücksichtigen. Als Argument für das mehrkanalige Lernen beruft man sich zumeist auf das Vernetzungsmodell, welches besagt, dass Informationen im Gedächtnis vernetzt strukturiert sind. Wenn Informationen nicht ausschließlich über die Wege „Auge" oder „Ohr" ins Gehirn gelangen, „werden sie mehrfach ‚vernetzt' und damit dauerhafter (...) gespeichert", meint Schachl (1996, 8). Daraus folgt die Annahme zur indirekten Aktivierung:

---

[50] Weidenmann (1994, 10ff) verweist auf die „Didacta Magna" des Comenius (Erste Auflage 1654) und benutzt den Nachdruck des Küppersverlages von 1960.

„Je mehr Begriffe miteinander vernetzt sind, desto mehr können auch mitaktiviert werden, wenn ein bestimmter Begriff aufgerufen wird." (ebd.)

Daraus folgt, dass nicht nur die Behaltensleistung besser ist, sondern auch der Suchprozess schneller abläuft, wenn eine effiziente Vernetzung gewährleistet ist (vgl. Klimesch 1988, 95ff). Einige Gedächtnistheorien gehen auch davon aus, dass die Bewahrung von Gedächtnisinhalten ähnlich wie bei einem Hologramm funktionieren könnte: Die Information wird durch die Überlagerung zweier oder mehrer Informationskreise gespeichert, z.B. durch Überlagerung vom Gesehenen und Gehörten, vom Gelesenen mit bereits Gewusstem etc. Auch diese Ansicht würde erklären, weshalb das Lernen leichter fällt, wenn mehrere Einganskanäle (Sinne) zugleich beteiligt sind (Hofstätter u.a. 1986, 117).

2.2.4.1 Monomodal vs. multimodal

Dass die besten Behaltensleistungen erzielt werden, wenn eine Information über beide sensorische Kanäle[51] aufgenommen wird, gilt für Kruppa (1983, 78) als erwiesen. Er begründet dies damit, dass z.B. die visuelle Kodierung des Informationsmaterials eine eventuelle fragmentarische Repräsentation im akustischen Sensorspeicher (Ultrakurzzeitgedächtnis) ausgleichen kann (Kruppa stützt sich dabei auf Untersuchungsergebnisse von Levy und Craik 1975). Ob dem tatsächlich so ist, und inwieweit sich der Verlauf und das Ergebnis des jeweils mono- bzw. multisensorischen Lernens in der Phase der Informationsaufnahme voneinander unterscheidet, soll an dieser Stelle anhand der Übersicht von Włodarski (1996, 291ff) über die empirischen Untersuchungen zu Speichermodalitäten ermittelt werden.

Zur Wahl der Sinnesmodalität in der Phase der Informationswahrnehmung muss als Allererstes gesagt werden, dass der Einsatz des jeweiligen Wahrnehmungskanals von der Art des Reizes abhängt; somit wird die Aufnahme wenigstens schon teilweise von der Informationsart vorbestimmt. Es ist auch möglich, ein und denselben Lerninhalt auf viele verschiedene Weisen darzubieten, sodass seine Aufnahme mit Hilfe unterschiedlicher Sinne erfolgen kann. Die Frage bezieht sich nun darauf, ob alle diese Wege der Informationsaufnahme dieselbe Lerneffektivität bewirken.

Man weiß heute, dass die sensorische Informationsaufnahme durch die individuellen Eigenschaften eines Lerners beeinflusst werden kann, so dass ein Sinneskanal zu einer besseren Aufnahme führen kann als ein anderer. Zugleich besteht jedoch auch eine gewisse Anzahl an allgemeingültigen, von der Lernspezifik unbeeinflussbaren Wahrnehmungsregeln, zu denen auch die Erkenntnis über die Existenz von

[51] optisch und akustisch

Verbindungen zwischen den Sinnen gehört (ein Objekt, dass nur mit Hilfe von einem Sinn aufgenommen wird, kann auch erkannt werden, wenn dieser ausgeschaltet wird, und an seiner Stelle ein anderer eingesetzt wird, z.B. ein visuell wahrgenommener Gegenstand kann zu einem späteren Zeitpunkt mit Hilfe des Tastsinns identifiziert werden)[52]. Leistungsdifferenzen im Lernzuwachs sind zwischen solchen Bedingungen, in denen derselbe Sinn in der Lern- und Abrufphase eingesetzt wird, und solchen, in denen das in der Lernphase eingesetzte Wahrnehmungsorgan nicht dem in der Abrufphase entspricht, zu beobachten (Włodarski 1964; 1985). Bei Untersuchungen mit Kindern stellte sich heraus, dass diese signifikant bessere Leistungen erzielen, wenn sie bei der Aufnahme und beim Abruf denselben Sinn benutzen dürfen, wobei der Einsatz des visuellen Sinnes bessere Ergebnisse erbrachte als der des haptischen (diese Diskrepanz verringert sich jedoch mit dem Älterwerden):

In der Lernphase eingesetzter Sinn:	In der Abrufphase eingesetzter Sinn:	Wiedererkennungsleistung:	
visuell	visuell	82,50	78,91
haptisch	haptisch	75,31	
visuell	haptisch	66,56	64,06
haptisch	visuell	61,56	

Abb. 6:
Informationserkennung beim Einsatz derselben Sinnesmodalität wie in der Lernphase vs. anderer Sinn bei Aufnahme und Abruf (Wiedererkennungsaufgabe)
(Włodarski 1996, 291)

Dieses Ergebnis bestätigt die Erkenntnisse über den positiven Einfluss bei auftretender Ähnlichkeit zwischen Lern- und Abrufsituation.

Falls ein Inhalt mit mehr als einem Sinn wahrgenommen werden kann, stellt sich nicht nur die Frage nach der Wahl des am meisten geeigneten, sondern auch nach der Anzahl der eingesetzten Sinne (mono/multisensorische Informationsaufnahme). Włodarski (1996) führt eine Untersuchung an, in der der Seh-, Hör-, bzw. Tastsinn jeweils allein, beziehungsweise zusammen mit anderen (zwei oder drei Sinne auf einmal) beim Lernen von verschiedenen Inhalten (bildlicher/verbaler Kode: unterschiedliche Figuren, Melodien, Wörter, Buchstaben, Texte) eingesetzt wurde. Bei drei- bis fünfjährigen Kleinkindern (als Lernmaterial wurden geometrische Formen verwendet) war das Lernergebnis bei der multisensorischen Aufnahme (zwei Wahr-

[52] Włodarski (1996, 290) beruft sich auf die Arbeiten von Krawkow (1948) und Sokołow (1954; 1959).

nehmungskanäle) besser. Dies kann dadurch erklärt werden, dass Kleinkinder eine größere Anzahl an sensorischen Signalen als ältere Kinder oder Erwachsene benötigen, um eine vollständige Repräsentation des Objektes zu bilden und sie in breitere Kategorien einzuordnen und optimal zu speichern (Gollin 1965). Im Vergleich zur haptischen Verarbeitung konnte erneut die Überlegenheit der visuellen Verarbeitung bestätigt werden:

Alter der Kinder	visuell	haptisch	visuell-haptisch
3	0,733	0,267	0,950
5	0,983	0,750	1,000[1]

[1] Signifikanter Unterschied nur bei der haptischen Wahrnehmung.

Abb. 7:
Werte bei Informationserkennung beim Einsatz derselben Sinnesmodalitäten beim Lernen und Abrufen (Włodarski 1996, 291)

Bei Experimenten mit Texten als Lernmaterial erwies sich jedoch eine monosensorische Aufnahme (visuell) als besser im Vergleich zur multisensorischen:

Informationsaufnahme	Messung 1	Messung 2
visuell	36,60	38,35
auditiv	24,05	25,52
audio-visuell	31,00	32,74

Abb. 8:
Lernen von Texten (Włodarski 1996, 292)

Es scheint also auch wichtig, welche Art von Information gelernt wird: bei dem erwähnten Experiment erhielten die VPn für die visuelle Aufnahme eine verschriftlichte Form, den VPn, die ihn auditiv aufnahmen, wurde er von einer Tonkassette vorgespielt (wodurch sie das Verarbeitungstempo an die Textschwierigkeit nicht individuell anpassen konnten). Es wird vermutet, dass in solch einer Situation möglicherweise eine zusätzliche auditive Darbietung, die nicht mit dem visuellen Input synchronisiert ist, als störend erlebt wird und die Perzeption erschwert.

Zusammenfassend kann festgestellt werden, dass sich bei der monosensorischen Aufnahme die visuelle Wahrnehmung als am effektivsten erwies. Ob eine multisensorische Aufnahme bessere Lernleistungen bewirkt als eine monosensorische, hängt, ähnlich wie im eben erwähnten Fall, von der Beschaffenheit des Lerninhalts ab. Für die Lernleistung scheint es am günstigsten, dieselben Sensoren bei der Aufnahme und beim Abruf einzusetzen. Insgesamt spielen in der Informationsaufnahmephase folgende Variablen eine wichtige Rolle:

1) individuelle Wahrnehmungspräferenzen und -dispositionen
2) Beschaffenheit des Lernstoffes (Kode: bildlich vs. verbal, Struktur: z.B. linear, hierarchisch etc.)
3) Lernziel: Verarbeitungstiefe
4) Verwendung derselben vs. unterschiedlichen Sinnesmodalitäten beim Einprägen und Wiedererkennen.

2.2.5 Zur generellen Präferenz der visuellen Informationswahrnehmung und Kodierung

Obwohl die Meinungen der Wissenschaftler geteilt sind, meinen viele Menschen aufgrund ihrer täglichen Erfahrungen, dass sie sich visuelle Informationen (vor allem Merkmale des Aussehens[53] und Rauminformationen) besonders gut merken können. Die offensichtlich besondere Rolle des Sehsinnes beim Lernprozess ist in der Wissenschaft schon seit längerer Zeit bekannt (vgl. z.B. Rubinsztejn 1962; Woodworth/Schlosberg 1963; Pieter 1970) und spielt auch insofern eine wichtige Rolle, als viele der Mnemotechniken eine visuelle Gedächtnisleistung abverlangen. Sehen gehört zu den zentralen menschlichen Wahrnehmungstätigkeiten. „Man sagt, der Mensch nehme die Hälfte seines Wissens über Bilder auf", so Raabe (1997, 150). Insofern ist auch das Fremdsprachenlernen „ohne ausreichende Verbindung mit visuellen Wahrnehmungen ungemein erschwert" (ebd.). Die Anzahl der bedeutungshaltigen Informationen, die mit Hilfe dieses Analysators aufgenommen werden können, ist enorm. Dies machen z.B. die Experimente von Shepard (1967), Standing/Conezio/Haber (1970) und Standing (1973) deutlich. Der Feststellung von Gegenfurtner (2003, 28), die Interaktion zwischen physikalischem Reiz und Sinnesorgan sei wohl beim Auge am effektivsten, ist angesichts des Wissenstandes über die sensorische Informationsaufnahme nicht viel entgegenzuhalten: der Sehsinn erlaubt – im Gegensatz zum Hören – eine gleichzeitige und nicht ausschließlich sequentielle Informationsaufnahme. Dies hat wichtige Auswirkungen auf den Datenverarbeitungsprozess, denn bei optischen Reizen kann sich das Gehirn mehr auf die aktuell vorgegebene Wahrnehmungssituation konzentrieren, während beim Hören das, was gerade empfangen wird, mit dem, was kurze Zeit vorher gesagt wurde, direkt bei der Aufnahme in Beziehung gebracht werden muss. Bei verbalen Lerninhalten, so wie sie üblicherweise in didaktischen Materialien vorkommen, kann der Lernende bei der visuellen Aufnahme den Zufluss von Informationen normalerweise selbst regulieren – abhängig

[53] hierzu gehört auch die Farbe.

von dem individuellen Tempo der Informationsverarbeitung: er liest langsamer oder schneller, abhängig vom Ziel und dem subjektiven Textschwierigkeitsgrad, er kehrt zu einigen Stellen zurück, falls dies nötig ist, er nimmt sie erneut auf, verifiziert sie und vergleicht sie mit anderen. Derselbe Lernende hat bei einer auditiven Informationsaufnahme wenige Möglichkeiten den Informationszufluss zu steuern, er muss das eigene Verarbeitungstempo dem Tempo, in dem die Informationen von Außen dargeboten werden, anpassen. Oft hat dies negative Auswirkungen auf die Tiefe der Analyse der Inhalte und resultiert in schwächeren Lernergebnissen. Eine signifikant höhere Leistung des visuellen Gedächtnisses gegenüber dem akustischen konnte u.a. in den Experimenten von Hake und Garner (1951) aufgezeigt werden. Die Bevorzugung des visuellen Sinnesorgans zur Informationsaufnahme kann auch unter dem Aspekt der Aufwandsökonomie (geringere Ermüdbarkeit der Aufmerksamkeit – vgl. dazu Herkner 1992, 34) betrachtet werden. Es wird vermutet, dass bildliche Daten vielleicht weniger gedankliche Anstrengungen verlangen, da sie möglicherweise weitgehend automatisch verarbeitet werden können und daher generell besser gelernt werden als Worte, die oft in der Kapazitätsfilterungsphase des KZG ausgesondert und nicht an das LZG weitergeleitet werden.

Als letztes wichtiges Argument für die Bevorzugung des Wahrnehmungskanals „Sehen" spricht die Tatsache, dass bei der visuellen Wahrnehmung Bilder als „Ganzheiten" repräsentiert werden (so wird z.B. ein Gesicht als ein ganzes Objekt erfasst und nicht als eine Sammlung der Einzelteile: Augen, Nase, Mund etc.) (vgl. Sperber 1989, 71). Durch diese Art von automatischem „Chunking" erhöht sich die Gedächtniskapazität und es können mehr Inhalte verarbeitet werden.

Damit das Bild vom Lernenden nicht einfach oberflächlich verarbeitet wird, schlägt Weidenmann (1994, 53) „Maßnahmen zur Sicherung der Bildwahrnehmung" vor. Die Aufforderung „Schauen Sie sich das Bild ganz genau an" erwies sich in Experimenten als relativ wirkungslos, positive Ergebnisse erreichte man dafür, indem man Lernende zur aktiven Beschäftigung mit dem Bild angewiesen hat, z.B. es zu beschriften, abzuzeichnen, zu ergänzen usw. Man könnte den Lernenden auch die Anweisung geben relevante Bildelemente farbig zu markieren. Solche Manipulationen des Bildmaterials erfordern offensichtlich „automatisch eine *sorgfältige* Wahrnehmung" (ebd.) [Hervorheb. der Verf.]. Es muss jedoch abermals darauf hingewiesen werden, dass auch dort, wo kaum eine elaborierte Verarbeitung stattfindet, ein bildliches Item Chancen hat, gespeichert zu werden, da bei einer geringen Verarbeitungstiefe die zentralen Informationen einer Botschaft nicht viel stärker beachtet werden, als die zugleich dargebotenen nebensächlichen Informationen, wie z.B. Bildhintergründe (vgl. dazu auch die Theorien über das inzidentielle Lernen – s. dazu beispielsweise Herkner 1992, 80).

Die genannten Vorteile der visuellen Informationsaufnahme (vor allem die schnellere Informationsaufnahme, die durch eine parallele Verarbeitung zu Stande kommt und die damit verbundene Ermüdungsreduktion, Motivationssteigerung, größere Kapazität etc.[54]), erklären einige der Gründe, weshalb, trotz individueller Unterschiede, dieser Sinneskanal oftmals bevorzugt eingesetzt wird[55] und weshalb die These geläufig ist, dass der Mensch eigentlich ein visueller Lerntyp sei (vgl. Włodarski 1996, 289; Zimbardo 1978, 169; 206). Diverse Untersuchungen aus dem kognitionspsychologischen Forschungsbereich (z.B. Steiner 1980) belegen zudem, dass auch visuelle Lern*strategien* die Behaltensleistung erhöhen können, obwohl bezüglich der zugrunde liegenden Ursachen noch unterschiedliche Modelle diskutiert werden (Kuhn 1993, 185). Schachl (1996, 102) empfiehlt deshalb:

> „Immer dort, wo Bildmaterial zur Verfügung steht, sollte es auf jeden Fall eingesetzt werden."

2.2.6 Das Lernen unterschiedlicher Symbolsysteme: verbale vs. nonverbale Inhalte im Lichte der Theorie der dualen Kodierung

Allgemein bekannt ist Lernenden das Phänomen, dass sie sich z.B. während einer Prüfung nicht mehr daran erinnern können, wie eine verbale (sprachliche bzw. numerische) Information genau gelautet hat, aber sie in der Lage sind detaillierte Angaben darüber zu machen, wo räumlich auf der Lehrwerkseite die jeweilige Information gestanden ist und wie sie abgedruckt wurde[56] (Größe/Farbe/Schriftart etc.) (vgl. Weidenmann 1994, 42). Die Speicherung und die Erinnerung an aufgenommene bildliche Inhalte (die Person hat zumeist „ein geistiges räumlich orientiertes Bild" von der jeweiligen Buchseite vor Augen) scheint sich somit von der Verarbeitung und dem Abruf von aufgenommenen Lerninhalten zu unterschieden, die im sprachlichen Kode (verbal) ausgedrückt werden. Die Trennung von Informationen ihrem Kode entsprechend (verbal vs. nonverbal)[57] findet Beachtung in der Theorie der dualen

---

[54] s. dazu auch die Lernvorteile visueller Medien in Raabe 1997, 151f.

[55] Erneut muss darauf hingewiesen werden, dass der ständige Einsatz eines bestimmten Sinnes zu dessen schärferen Ausprägung führt.

[56] Als ein weiteres Beispiel für dieses Phänomen fungiert das „schlechte" Namensgedächtnis (Personen werden leichter am Aussehen erkannt, es fällt jedoch schwer sich an den Namen zu erinnern).

[57] Bei der Diskussion um Lerntypen werden in der Literatur Symbolsysteme oft mit Sinneskanälen durcheinander gebracht: Schriftsprache kann z.B. über den visuellen Sinneskanal aufgenommen werden (z.B. von der Tafel), die Sprechsprache über den auditiven. Bei der Einteilung von Lehrmedien und Lehrmethoden hält es Weidenmann (1994, 13) deshalb für sinnvoll, nicht die Sinneskanäle zugrunde zu legen, sondern die Symbolsysteme, in welche die lernrelevanten Informationen jeweils verschlüsselt sind. Somit wird beim Lesen eines Textes mit Bildern darauf Bezug genommen, dass der Lernende zwei ganz unterschiedliche Kodes verarbeiten muss, nämlich Sprache und Bild. Es kann aber der Meinung von Weidenmann (1994, 12) nicht zugestimmt werden, dass es „psychologisch-pädagogisch gesehen unbedeutend" sei, ob

Kodierung („dual processing theory") Paivios (1971). In Anschluss an Paivio wird auch unter den Lernern manchmal eine Typisierung in Verbalisierer (diese lernen besser z.B. durch Texte) und Nichtverbalisierer (/Visualisierer, diese lernen besser mit Bildern) vorgenommen (vgl. u.a. Stangl 2004a; Anderson 1988, 80; Schmidt/ Thews 1997, 160; Włodarski 1996, 53). Vermutlich erfolgt die Kodierung schon bei der Übertragung sensorischer Informationen auf höhere Gedächtnisebenen: Daten werden entweder in sprachliche Formen oder auf nicht verbalen Wege umgesetzt (das imaginale, visuelle System verarbeitet Informationen zu einer gedanklichen Bilderwelt, dabei werden vor allem räumliche Beziehungen als Kontextreize gelernt)[58]. Sprache ist ein sequentieller Kode: die Zeichen und Sinneinheiten werden in einer bestimmten Reihenfolge präsentiert und auch so wahrgenommen. Zusammengehöriges oder Gleichzeitiges kann sprachlich immer nur nacheinander vermittelt werden (lineare Ordnung/Abfolge von Items). Ein Bild präsentiert alle Zeichen gleichzeitig (räumliche Struktur). Es liegt im Belieben des Betrachters, in welcher Reihenfolge er die Bildelemente wahrnimmt. Jedes Symbolsystem stellt deshalb an den Lerner spezifische Anforderungen (vgl. Weidenmann 1994, 12ff). Experimente, wie die von Santa (1977), lassen darauf schließen, dass einige Informationen, zum Beispiel geometrische Objekte, eher entsprechend ihrer räumlichen Position, während andere Informationen, zum Beispiel Wörter, in linearer Ordnung gespeichert werden[59]. In vielen Situationen scheint unser Gedächtnis eine weit höhere Kapazität für bildliche Informationen zu haben als für verbale. Viele Experimente demonstrieren dies in einer höchst eindrucksvollen Weise: in einer Untersuchung von Standing (1973) konnten sich die VPn an 73% von 10.000 Bildern erinnern. Bei Bahrick/Bahrick und Wittlinger (1975) erkannten die VPn 35 Jahre nach ihrem Schulabschluss 90% ihrer Klassenkameraden (auf Fotos), konnten sich aber nur an 15% der Namen erinnern. Zu ähnlichen Ergebnissen kam Nickerson (1968). Standing (1973) testete in einem weiteren Experiment den ungesteuerten Abruf für 200 gezeigte Bilder, Wörter und sinnlose Silben. Frei wiedergegeben werden konnten ca. 25 % der Bilder, 12% der Wörter und 5% der sinnlosen Silben. Die Wiedererkennung für dasselbe Material lag bei 87% für Bilder, 67% für Wörter und 24% für sinnlose Silben (vgl. auch Shepard 1967).

Ob wir in Sprache oder in Vorstellungsbildern denken ist weniger eine Frage der Persönlichkeit als vielmehr der Umstände (z.B. Eigenschaften der Aufgabe, die wir

---

beide über den Gesichtssinn dargeboten werden oder nicht, da, wie bereits aufgezeigt wurde, die visuelle Speicherung andere Charakteristika der Informationsaufnahme und Verarbeitung aufweist als die restlichen Sinnesorgane.

[58] Da vermutlich jeder dieser Speicher im Gehirn woanders lokalisiert ist, wird manchmal das verbale System grob mit der linken Großhirnhälfte, und das imaginale System mit der rechten in Verbindung gebracht.

[59] Dabei gilt der Positionseffekt (schnellerer Zugang zu den ersten und den letzten Elementen einer linearen Ordnung).

lösen sollen) (vgl. Satow 2002[60]). Außerdem existieren räumliche Vorstellungsbilder nicht getrennt von verbalem Wissen: sie sind nicht nur an visuelle Informationen geknüpft, sondern auch an sprachliche. Die Bildbedeutung kann auch Erinnerungen an passende Wörter auslösen (die Darstellung eines Buches lässt also eine Person eventuell das Wort „Buch" assoziieren).

2.2.6.1 Doppelkodierung

In Anlehnung an die Theorie der dualen Kodierung wird neuerdings auch die Hypothese der „doppelten Kodierung" in Erwägung gezogen, d.h., dass manche Lerninhalte vielleicht leichter erfasst und besser behalten werden können, wenn sie sowohl bildhaft als auch sprachlich-inhaltlich verarbeitet werden (vgl. Edelmann 1993, 247). Paivio unterscheidet also zwar zwischen zwei voneinander unabhängigen Kodierungssystemen, diese können aber durchaus miteinander verknüpft sein. Bei abstrakten Aufgaben ist die verbale Kodierung wahrscheinlicher, bei konkreten Situationen können beide Prozesse auftreten, aber hier ist die Bedeutung nicht (unbedingt) an Wörter gebunden (der Kode ist also nonverbal). Je konkreter eine Information, desto wahrscheinlicher findet sie eine bildhafte Kodierung (ebd.). Konkrete bildliche Mittel (wie Farbe) können also verwendet werden, um sprachliche Aussagen auf eine bestimmte Weise zu kodieren, die der Erinnerung entgegenkommt (vgl. Wiedenmann 1994, 39). Levin, Anglin und Carney (1987) haben in einem Experiment zum Lernen mit Texten und Bildern untersucht, ob ein bestimmter Bildertyp (Bilder mit Abbildungsfunktion, Organisationsfunktion, Interpretationsfunktion und Verwandlungsfunktion, z.B. Eselsbrücken) besser abschneidet als ein anderer. Als Spitzenreiter erwiesen sich die „Eselsbrückenbilder".

Für eine doppelte Kodierung (eine multiple Repräsentation) spricht darüber hinaus vor allem die Tatsache, dass es relativ wenige Lernvorgänge gibt, die ausschließlich eine Art der Informationsverarbeitung beanspruchen. Durch eine Mehrfachkodierung wird das Lernen wahrscheinlich dadurch verbessert, dass ein Objekt präziser und vollständiger erfasst wird und ihm dadurch leichter eine Bedeutung zugewiesen wird. Eine adäquate Einordnung in die Wissensstruktur sichert das Behalten (Düker/Tausch 1957). Daraus wird erneut ersichtlich, dass eine wichtige Rolle der Konkretisierung zukommt, denn erst diese erlaubt es, die Verarbeitung dahingehend zu verbessern, dass beide Verarbeitungssysteme zugänglich gemacht und genutzt werden können (Paivio 1971, 16ff; vgl. auch Mayer Wamos 1994, 29).

[60] Online-Publikation ohne Seitennummerierung, Aussage in Kap. 4 „Psychologie des Lernens", Abschnitt: „Lernen mit dem linken oder dem rechten Großhirn?"

2.2.6.2 Die Rolle des Konkretheitsgrades und der Bedeutungshaltigkeit von Informationen bei der Speicherung

Der Konkretheitsgrad (Visualisierbarkeit/Vorstellbarkeit von Informationen), und die Bedeutungshaltigkeit von Objekten können als ausschlaggebende Faktoren für die Einprägsamkeit von Informationen betrachtet werden und spiegeln sich in dem starken Bedürfnis vieler Lernender wieder, besonders neue Informationen so konkret und bedeutungsvoll wie möglich wahrzunehmen, um sie sich besser einzuprägen. Auch im Falle von scheinbar sinnlosen, abstrakten oder bedeutungsarmen Material (z.B. neue Vokabeln, die keine Ähnlichkeit zu bereits bekannten Wörtern aufweisen) versuchen VPn oft intuitiv durch unterschiedliche Operationen, z.B. durch Transformationen des Lerninhaltes, diesen bedeutungshaltig und konkret zu belegen (Clark und Paivio 1987, 10ff). Experimentell wurde die höhere Lernleistung bei zunehmenden Konkretheitsgrad des Lernstoffs u.a. von Lockhart 1969 und Bower 1972 aufgezeigt. Paivio (1971) konnte in mehreren Experimenten ebenfalls feststellen, dass Konkretheit und Bedeutungshaltigkeit sehr starke Korrelationen zu Behaltensleistungen (beim Abruf und beim Wiedererkennen) aufweisen. Um neue Inhalte einprägsamer zu machen, sollten sie also so konkret wie nur möglich dargeboten werden. Dies kann mit Hilfe unterschiedlicher Medien, z.B. Bilder, bzw. entsprechender Markierungen erreicht werden (vgl. Sperber 1989, 73ff).

In diesem Zusammenhang bietet sich die Definition der Bedeutungshaltigkeit von Noble (1952) an. Dieser vertritt die Meinung, dass die Bedeutungshaltigkeit nicht die Bedeutung (der Sinn) eines Wortes, sondern ein quantitativer Aspekt der Bedeutung, nämlich die Reichhaltigkeit an Assoziationen, die mit einem Wort verbunden werden, sei[61]. Bei seinen Experimenten wurden den VPn zahlreiche Wörter vorgegeben, samt Instruktion alle Wörter aufzuschreiben, die ihnen dazu einfallen. Die durchschnittliche Anzahl an Assoziationen pro Wort (pro VP) wird als Grad der Bedeutungshaltigkeit bezeichnet („m-Index von Noble"). Bedeutungshaltigkeit steht in einem engen Zusammenhang mit der (visuellen) Vorstellbarkeit (Konkretheit) von Informationen (Paivio 1971). Paivio entwickelte, ähnlich wie es Noble für die Bedeutungshaltigkeit tat, eine siebenstufige Skala als Maß für die Vorstellbarkeit von Wörtern. Die durchschnittliche Beurteilung eines Wortes (der Index I = Imagery = Vorstellbarkeit) informiert darüber, ob es bei der Mehrzahl der VPn schnell oder langsam und eher viele oder wenige Vorstellungen auslöst. Paivio hat den I-Index nur für englische Wörter ermittelt. Die Bildhaftigkeits-/Vorstellbarkeits- (I), Konkretheits- (C) und Bedeutungshaltigkeitswerte (m) für 800 deutsche Wörter ermittelten Baschek u.a. (1977). Bei Wörtern, die wahrnehmbare Objekte bezeichnen („konkrete" Wörter, wie *Haus, Tasche* etc.), ist

---

[61] Die Bedeutung einer Informationsgruppe, z.B. eines Satzes oder eines Bildes, kann in diesem Sinn auch als ein *Netzwerk* von Propositionen dargestellt werden.

der I-Index wesentlich höher als bei abstrakten Bezeichnungen (*Frieden, Meinung* etc.). Zahlreiche Experimente zeigen auf, dass je höher der I-Indexwert eines Wortes (also je mehr Assoziationen es evoziert), desto leichter kann es gelernt werden.

Diese Erkenntnis führt zu der Schlussfolgerung, dass für die Erleichterung und Förderung vieler Lernvorgänge, Vorstellungsbilder absichtlich hervorgerufen werden sollten (Beweise für die Sinnhaftigkeit eines solchen Verfahrens lieferte bereits Bower 1972). Paivio führt die günstigere Wirkung optischer Vorstellungen (anschaulicher Darbietungen von Informationen) auf die duale Kodierung zurück. Abstrakte, ohne den Einsatz von Imagery gelernte Wörter bzw. Wortpaare werden im LZG nur semantisch gespeichert, gut vorstellbare konkrete Informationen, bzw. Objekte, die mit Hilfe von Vorstellungsverfahren elaboriert werden, dagegen zweifach: semantisch und optisch (es werden zwei Gedächtnisspuren angelegt). Als zusätzliche Erklärung für die verbesserte Speicherung dient auch die Überlegenheit der visuellen Speicherung:

> „/Eine/optische Information wird vermutlich schneller gelernt und besser behalten als /eine/rein sprachlich-semantische Information." (Herkner 1992, 120)

Mehr dazu s. Kap. 2.2.5 und 4.1.

2.3 Fazit

In dem Kapitel 2 ging es um die Frage, weshalb einige Informationen besser als andere gelernt und behalten werden. Es konnte aufgezeigt werden, dass sowohl die Art des gelernten Materials als auch die Art des Lernvorgangs die Gedächtnisleistung beeinflussen. Zusammenfassend kann gesagt werden, dass sich das Gedächtnis durch den Einsatz bestimmter Manipulationen für eine bestimmte Information verbessern lässt, d.h. das Material wird besser gelernt, stärker kodiert und kann auch später schneller aktiviert/abgerufen werden. Das „bessere Lernen" wird durch eine bestimmte Anzahl an Faktoren beeinflusst, gedächtnispsychologisch gesehen gehören dazu u.a. die Tiefe der Verarbeitung, die Art der Elaboration (wichtige Rolle der Vorstellbarkeit/Konkretheit) und die Art des Informationskodes. Eine gute „Ordnung" der Inhalte im Gedächtnis (Bildung, Einordnung der Gedächtnisinhalte in eine hierarchische Organisationsform, in begriffliche Kategorien etc.), z.B. mit Hilfe von Elaborationsstrategien, bewirkt eine bessere Speicherung (tiefere Verarbeitung) und einen effektiveren Abrufmechanismus:

> „Wenn man das Lernmaterial besonders gut organisiert (...), beschleunigt und erleichtert man dadurch nicht nur den Lernvorgang, sondern man verfügt dann automatisch auch über gute Abrufmethoden", so Herkner (1992, 122).

Das Fehlen bewusst eingesetzter Elaborationsstrategien kann ausgeglichen werden, indem solche Wahrnehmungskanäle und Informationskodes genutzt werden, die „von Natur aus" eine effizientere Speicherung gewährleisten können: diese Möglichkeiten bietet vor allem die visuelle Wahrnehmung (sie ist bei der monosensorischen Aufnahme allen anderen Wahrnehmungskanälen überlegen) und der nonverbale (visuelle/bildliche) Kode. Das Gehirn nimmt bildliche Informationen automatisch als Ganzheiten auf, dafür sind keine bewussten kontrollierten Prozesse nötig und die Aufnahme verlangt somit weniger gedankliche Anstrengungen (Aufwandsökonomie). Das automatische Zusammenfassen von Bildern zu Informationseinheiten stellt einen natürlichen „Chunking"-Vorgang dar, und erlaubt eine, durch die begrenzte Kapazität des Kurzzeitgedächtnisses, ungehinderte Weiterleitung der Daten ins Langzeitgedächtnis. Der Einsatz des optischen Wahrnehmungsorgans und des bildlichen Kodes erlaubt dem Lernenden eine größere Lernfreiheit hinsichtlich Steuerung der Aufnahmezeit und Vorgehensweise (beliebige Reihenfolge der Betrachtung visueller Elemente, gleichzeitige und nicht sequentielle Aufnahme der Daten möglich). Diese Art des Lernens, obwohl (aufgrund des fehlenden Einsatzes einer bewussten Elaborationstechnik) als „Lernen mit geringer Verarbeitungstiefe" bezeichnet, kann ebenso gute Erfolge wie die elaborationsbedingte tiefe Verarbeitung leisten. Eine geringe Verarbeitungstiefe muss also keineswegs eine schlechtere Speicherung bedeuten. Die Möglichkeit, dass der gezielte Einsatz der visuellen Wahrnehmung für die Speicherung von bestimmten Informationen, die bildlich kodiert werden können, bessere Lernergebnisse hervorbringen könnte, als das Lernen mit Hilfe von einigen bewussten Elaborationen, ist, nach Meinung der Verfasserin, durchaus als realistisch zu bewerten. In allen Fällen sind im Vorfeld des Lernens die jeweiligen Eigenschaften der Daten zu erfassen, der Bedeutungs- bzw. Konkretheitsgrad, die Ähnlichkeit der Aufnahme- und Abrufsituation, und das Lernziel. Gehört die Beachtung komplexer Informationen (verbaler + nonverbaler Inhalt zur selben Zeit) zum Lernziel, so ist der Einsatz einer „oberflächlichen Verarbeitung" dadurch sinnvoll, dass sie eine stärkere „periphere" Beeinflussung (gleiche Beachtung der zentralen und dezentralen Informationen wie Bildhintergründe) mit sich führt. Dadurch wird es möglich, durch nebensächliche Informationen stärker auf die Wahrnehmung der Informationseinbettung (Kodierungskontext[62], der später, bei der Aktivierungsausbreitung beim Abruf assoziativ verknüpfter Konzepte mitaktiviert wird) einzuwirken. Es ist jedoch auch möglich die visuelle Aufnahme entsprechend zu steuern, so, dass entsprechende Elaborationen eingesetzt werden, die die Lerninhalte mit dem Ziel der tiefen Verarbeitung bearbeiten. Dies kann dadurch erzielt werden, dass Lernende zur aktiven Beschäftigung mit dem Bild angewiesen werden, z.B. es zu beschriften, zu ergänzen, farbig zu markieren usw. Eine solche Manipulierung des Lernmaterials führt dann zu

[62] im Sinne der Kontiguitätstheorie des Gedächtnisses

einer sorgfältigeren Wahrnehmung und Organisation neuer Informationen. Eine weitere Verstärkung der Behaltensleistung ermöglicht eine bildliche Konkretisierung der zu lernenden Inhalte (je konkreter eine Information, desto wahrscheinlicher findet eine bildhafte Kodierung statt) – abstraktes Material wird dadurch bedeutungshaltiger und konkreter, wenn es eine äußere Form bekommt (vgl. auch Funk/Koenig 1991, 87). Die Bedeutungszuweisung wird erleichtert, da eine Information präziser und vollständiger erfasst und in das bestehende Vorwissen eingegliedert werden kann und beim Abruf ein gezielter Suchprozess eingeleitet wird. Konkrete bildliche Mittel (wie z.B. Abbildungen, drucktechnische Methoden wie Hervorhebungen/Ordnungselemente wie Druckfarben bzw. farbige Druckunterlagen, Unterstreichungen, Grauraster, Umrahmungen etc.) können also verwendet werden, um sprachliche Aussagen (darunter z.B. abstrakte verbale Inhalte) auf eine bestimmte Weise zu kodieren (beispielsweise durch den Zugang zu beiden Verarbeitungssystemen), die der Erinnerung entgegenkommt. Die so erzielte Mehrfachkodierung (/Doppelkodierung[63]) verbaler Inhalte verbessert möglicherweise zusätzlich das Lernen. Angesichts der gedächtnispsychologischen Erkenntnisse und der dargestellten Untersuchungsergebnisse kann (in Bezug auf das schulische Lernen von Faktenwissen) die These, dass der Mensch eigentlich ein visueller Lerntyp ist, in vieler Hinsicht als richtig bewertet werden. Reinfried (1992, 256) geht sogar noch weiter und behauptet, es dürfte mittlerweile sogar als erwiesen gelten, dass der Einsatz von Bildern generell bei allen Altersgruppen das Behalten verbessere und nicht etwa verschlechtere. Dies meint er in Bezug auf das Lernen fremdsprachiger Vokabeln, in Anlehnung an Paivios Theorie der dualen Kodierung. Somit erhält auch die Empfehlung, beim verbalen Lernen immer dort, wo es möglich ist, mit bildlichen Mitteln zu arbeiten, eine theoretische Basis. Es ist aber darauf hinzuweisen, dass mit dem Einsatz bildlicher Mittel sehr vorsichtig und eher sparsam umzugehen ist – eine Bilderflut in vielen Lehrwerken, wie sie heutzutage oftmals anzutreffen ist, bewirkt zumeist nur eine Aufmerksamkeitsablenkung, der Einsatz visueller Stimuli, wie Farbe, verliert an Bedeutung, wenn ihre besondere Eignung für Ordnungsprozesse, Hervorhebungen, Hinweise auf die Zugehörigkeit zu Kategorien wenig überdacht ist, und keine eindeutige Überschaubarkeit vorherrscht:

> „Ein ‚Zuviel' solcher (...) Mittel hebt ihren Zweck, die Betonung einer Information, praktisch auf", so Funk und Koenig (1991, 75).

Weiters meinen sie, visuelle Elemente (vor allem Piktogramme) würden in den meisten Fremdsprachenlehrwerken oft ebenso abstrakt dargestellt wie die Regeln, die sie visualisieren sollen (ebd.: 86). Obwohl also visuelle Mittel sehr behilflich sein können

[63] Seit 1910 gilt die Ansicht, dass die kognitive Struktur der meisten Menschen beide Modalitäten (visuell und verbal) aufweist, wobei jedoch die eine oder die andere dominiert (vgl. Sperber 1989, 89).

grammatische Regeln zu erklären und besser merkbar zu machen, wird die Visualisierungsmöglichkeit (die Verbindung konkreter Bilder mit abstrakten Regeln) in den Lehrwerken generell äußerst selten genutzt. Die Fähigkeit der menschlichen Sinne und des Gehirns gleiche oder unterschiedliche Informationen in mehreren Sinnessystemen und Modalitäten aufzunehmen und zu verarbeiten, ist in die Mnemotechnik des Fremdsprachenunterrichts auf kreative Weise u.a. in Form von didaktischen Visualisierungen/Konkretisierungen unter Berücksichtigung systematischer Farbgebungen und Symbolisierungen von abstrakten grammatischen Regeln eingeflossen (vgl. Mayer Wamos 1994, 30)[64]. Wie bereits aufgezeigt, scheint eine Mehrfachkodierung durchaus sinnvoll und kann durch den konkretisierenden, veranschaulichenden Charakter des Bildeinsatzes hervorgerufen werden. Generell gesehen, basieren fast alle Mnemotechniken auf den in Kap. 2.2 beschriebenen gedächtnispsychologischen Erkenntnissen. Somit stehen sie im Einklang mit den aktuellen Theorien über die Informationsverarbeitung und weisen eine wissenschaftlich fundierte Basis auf. Wie bereits erwähnt, gibt es eine Fülle an unterschiedlichen Variationen einiger Grundmnemotechniken, die u.a. auch das auditive bzw. motorische Lernen ansprechen, die hier wenig Beachtung gefunden haben. Das Augenmerk galt eher dem visuellen Lernen – dies aus zwei Gründen: eine überwiegende Zahl der am meisten verbreiteten Mnemotechniken weist einen visuellen Charakter auf (reale Bilder bzw. Vorstellungsbilder wie das „Imagery"), nutzt die erhöhte Speicherkapazität der visuellen Wahrnehmung und Speicherung mit der Hilfe des natürlichen Chunking-Mechanismus, und setzt das Merkmal „Konkretheit" sehr stark ein. Zweitens sollte in diesem Abschnitt der Arbeit eine wissenschaftliche Basis für den empirischen Teil der Arbeit – die Untersuchungen zum visuellen Mittel „Farbe" als Gedächtnisstütze beim Lernen – geschaffen werden.

[64] Auch im Didaktisierungskonzept des Fremdsprachenunterrichts des Comenius (1960) stehen Wortschatz und Bild (verbale und nonverbale Inhalte) in enger Beziehung.

3 Das „der-die-das-Problem": Das deutsche Genus als Lehr- und Lernproblem

Die Wahl des richtigen Genus (bzw. des entsprechenden Artikels) bereitet nicht nur den Lernenden im Anfangsstadium des Deutschunterrichts erhebliche Schwierigkeiten, auch Fortgeschrittene haben trotz ihrer erweiterten fremdsprachlichen Kompetenz mit diesem Problem zu kämpfen und werden bis ins weit fortgeschrittene Stadium oft von Unsicherheit geplagt und durch Unterbrechungen in ihrem Sprechfluss gehemmt, wenn sie über den richtigen Artikel nachdenken müssen (vgl. Busse 1993, 5). Das Problem ist den Deutschlehrern durchaus bewusst:

> „Wohl jeder Lehrer des Deutschen als Fremdsprache weiß, welche Schwierigkeiten seine Schüler oder Studenten gerade mit dieser scheinbar so nebensächlichen Wortart Artikel haben." (Grimm 1992, 10)

Neben Kasus- und Numeruswahl erweist sich die Genusbestimmung der deutschen Substantive als der fehlerträchtigste Bereich der Grammatik und ist somit ein universelles stufenunabhängiges weitgehend ausgangssprachenunspezifisches[65] Lehr-und Lernproblem (vgl. Wegera 1997, 9; Götze/Kemme/Latzel 1979, 35; Menzel/Tamaoka 1995, 12; Götze 1984, 2; 41). Dies bestätigt auch die im Arbeitsbericht „Artikelwörter und Genusverdeutlichung in der deutschen Gegenwartssprache" von Götze (1984, 4) angeführte Statistik, der zufolge Lehrschwierigkeiten im Artikelbereich (darunter die Kennzeichnung des Genus) auf alle Unterrichtsstufen und auf eine Vielzahl von Ausgangssprachen verteilt sind:

> „Die Schwierigkeiten für Ausländer liegen größtenteils (...) im Artikelsystem der deutschen Sprache und sind damit keineswegs, wie landläufig angenommen wird, ein ausschließlich interferentielles Problem. Sie sind mindestens zu gleichen Teilen intraferentiell (in der Zielsprache selbst) wie interferentiell (zwischen Ausgangs- und Zielsprache) begründet."

Im Auftrag des Goethe Instituts wurde in den Jahren 1976–1979 ein Projekt durchgeführt, welches durch eine Umfrage unter Lehrern die häufigsten Schwierigkeiten bei

65 Mit nur einzelsprachlich bedingten graduellen Unterschieden.

der Vermittlung von Deutsch als Fremdsprache ermitteln, registrieren und klassifizieren sollte, um sie für didaktische Optimierungsmaßnahmen einsetzen zu können: Ziel des Projektes war es, „durch eine Umfrageaktion die wesentlichen Schwierigkeiten zu ermitteln, denen Lehrer im Fach ‚Deutsch als Fremdsprache' gegenüberstehen, wenn sie Schülerfragen zu beantworten haben oder (...) Regularitäten erklären sollen (...)" (Götze/Kemme/Latzel 1979, 5). Infolge dessen wurden Forschungsergebnisse theoretischer Bereiche (u.a. der Lernpsychologie) didaktisiert und sowohl Lösungsvorschläge zu den Problembereichen in Form von Publikationen in einer fortlaufenden Serie erarbeitet und veröffentlicht, als auch der hier angesprochene Abschlussbericht über das Projekt „Lehrschwierigkeiten im Fach Deutsch als Fremdsprache" abgefasst. Die Lehr- und Lernschwierigkeiten scheinen meistens dadurch begründet zu sein, dass: 1) ein Teil der wirksamen Regularitäten in dem benutzten Lehrwerk nicht hinreichend genug erklärt und beschrieben wird, 2) Ergebnisse neuerer Forschungen von den Praktikern nicht erarbeitet werden können, weil der Zugriff auf Informationsquellen fehlt bzw. die formalisierte Darstellungsweise zu große Schwierigkeiten bereitet, 3) der Lerner zwar über ein Regelwissen verfügt, ihm aber keine Anleitung zur adäquaten didaktischen Umsetzung geboten wird (Götze/Kemme/Latzel 1979, 5). Die festgestellten Schwierigkeiten sollten vor allem dadurch behoben werden, so die Autoren des Abschlussberichts, dass vorliegende Beschreibungen entsprechend ergänzt, neue Forschungsergebnisse aufgearbeitet und Anleitungen zur didaktischen Vermittlung gegeben werden.

In dem angesprochenen Bericht des Goethe Instituts über die häufigsten Lernprobleme beim Deutschlernen steht das Erlernen des richtigen Genus (insgesamt 749 Nennungen oder 17,73% der genannten Lernprobleme) neben anderen grammatischen Bereichen wie Passiv und Reflexivverben auf einer Liste von insgesamt 4225 registrierten und in 539 Subgruppen klassifizierten Lehrschwierigkeiten an einer der vordersten Stellen (Götze/Kemme/Latzel 1979: 18; 23; 27; auch in Götze 1984, 2). Auch in einer 1988 unter DaF-Lehrern durchgeführten Umfrageaktion von Sperber (1989) wurde das Genuszuweisungsproblem häufiger angesprochen als irgendein anderes. Weiters berichtet Wegera (1997, 9) von einer Studie von Wiegand (1985), in der Fragen zum Genus einen der häufigsten Gründe für die Konsultation von Wörterbüchern seitens der Lernenden darstellten: von den rund 3000 Fragen, die innerhalb dieser Untersuchung aufgezeichnet wurden, die von ausländischen Studenten an Wörterbücher gerichtet wurden, bezogen sich ca. 460 auf das Genus von Substantiven. Dengscherz (2005) führte 2005 unter 50 Deutschlernenden auf Mittelstufenniveau (davon 38 mit Muttersprache Ungarisch, weitere 12 Befragte mit anderen Muttersprachen) eine Umfrage zur subjektiven Einschätzung des Schwierigkeitsgrades der deutschen Sprache und ihrer einzelnen grammatischen Kategorien durch. Der Teilbereich Artikel erreichte auf einer Schätzskala von 1 (leicht) bis 5 (schwer) nach Präpositionen (durchschnittlich 3,66 Punkte) den zweithöchsten Rang (durchschnittlich 3,51 Punkte).

Das Genus scheint aber nicht nur den Deutschlernenden erhebliche Schwierigkeiten zu bereiten. Auch Lernende mit der Muttersprache Deutsch nennen das Genus als Hauptproblem beim Erlernen einer fremden Genussprache: dies ergab eine unter 218 österreichischen Französischlernenden durchgeführte Fragebogenerhebung zum Thema Wortschatzlernen (Hochfellner 1993, 50).

3.1 Die Heterogenität des Lehrproblems und andere Charakteristika des Problembereiches

Die Gründe für das Problem der Vermittlung der Genuszuweisung sind vielfältig. Eine 1977 im Rahmen des bereits erwähnten Projektes „Lehrschwierigkeiten[66] im Fach Deutsch als Fremdsprache" (Götze/Kemme/Latzel 1979) durchgeführte Befragungsaktion unter Lehrern ergab, dass Unterrichtende Lehrvorgänge nach folgender Abstufung als schwierig oder als unbefriedigend ansehen:

Typ I „Hauptprobleme"	Die Regel, nach der das sprachliche Phänomen „erzeugt" wird, ist dem Lehrer bekannt und wird auch vom Schüler leicht erfasst und abrufbereit gehalten, dennoch verstößt der Lerner- aus verschiedenen Gründen- bis ins fortgeschrittene Lernstadium ständig gegen die Regel.
Typ II	Die vom Schüler erfragte Regel ist dem Lehrer nicht bekannt, eine Regelfindung ist wohl auch kaum möglich, bzw. man kann nur Reihen mit Teilregeln mit geringer Reichweite geben. Das Fehlervorkommen ist frequent. Der Lehrer empfindet eine gewisse Hilflosigkeit.
Typ III	Die erfragte oder benötigte Regel ist dem Lehrer nicht bekannt. Eine Regelfindung erscheint möglich. Das nicht vorhandene Regelwissen blockiert die Erstellung sinnvoller Übungen.
Typ IV	Die Regel ist dem Lehrer nur mit einer bestimmten Reichweite bekannt, bzw. auch: sie wird (z.B. in Grammatiken) als weitreichend dargestellt und der Lehrer muss am Einzelfall feststellen, dass dies nicht stimmt. Eine Präzisierung erscheint möglich.
Typ V	Die Regel ist dem Lehrer bekannt, sie „funktioniert" weitgehend, ist aber schwer lehrbar (da zu komplex oder vom erforderlichen Begriffsapparat her zu viel Wissen voraussetzend).

Abb. 9:
Gründe für eine schwierige Vermittlung von Regeln im Deutschunterricht
(Götze/Kemme/Latzel 1979, 48f)

[66] Es kann in diesem Bereich zweifellos von einer Interdependenz zwischen Lehr- und Lernschwierigkeiten gesprochen werden.

Die Gründe für eine schwierige Vermittlung des Genussystems im Deutschen liegen sowohl im Problemtyp II, als auch im Problemtyp IV und V (in der Tabelle in Abb. 9 von der Verfasserin fett hervorgehoben). Die Ursache dafür, dass noch kein umfassendes, allgemeingültiges und zugleich lehrbares Regelsystem erarbeitet werden konnte, liegt in der Beschaffenheit des deutschen Genussystems, die in den weiteren Kapiteln näher diskutiert wird.. Die folgenden zwei Unterkapitel beschäftigen sich mit einigen zusätzlichen Aspekten des Lehr-Lernproblems.

3.1.1 Muttersprachenspezifische Neigungen

Obwohl die Schwierigkeit bei der Zuordnung des korrekten Artikels zum Nomen allgemein gesehen von der Muttersprache unabhängig auftritt, so variiert doch die Art der auftretenden Fehler je nach Beschaffenheit der L1 (vgl. Menzel/Tamaoka 1995, 12; Werner 1975, 36):

Merkmal der Muttersprache (L1) in Bezug auf Artikel zur Bezeichnung des Genus:	**Neigungen im Lernerverhalten:**
-*artikellose Sprache* (z.B. Japanisch, Türkisch, Persisch, Russisch, Indonesisch), bzw. Sprachen, in denen die Substantive zwar das Merkmal Genus aufweisen, dieses aber nicht durch Artikel, sondern z.B. durch eine entsprechende Endung der Verb- oder Adjektivformen verdeutlichen (z.B. das Polnische, zum Teil auch das Arabische)	- Weglassen des Artikels
-nur *ein Artikel* (keine Genusverdeutlichung), z.B. „the" im Englischen	-Artikelwahl nach dem „Streubüchsenprinzip" (willkürliches Verhalten bei der Artikelzuordnung)
-L1 mit genusverdeutlichenden Artikeln (diese können aber in einer geringeren Anzahl als im Deutschen auftreten, z.B. nur eine Unterscheidung zwischen männlich und weiblich, ohne Berücksichtigung des neutralen Geschlechts, wie z.B. „le" und „la" im Französischen; ähnlich im Spanischen und Italienischen)	-interferentielle Fehler (Genus des Wortes in L1 wird automatisch dem fremdsprachigen Äquivalent zugewiesen)

Abb. 10:
Merkmale von L1 in Bezug auf das Genus und Neigungen im Lernerverhalten beim Erlernen des Genus in der Fremdsprache (im Anschluss an Menzel/Tamaoka 1995, 12)

Die oben angeführten Neigungen stellen selbstverständlich nur eine stichwortartige Übersicht von typischen Verhaltensweisen bestimmter Lernergruppen dar. So treten z.B. interferentielle Fehler nicht bei allen Lernenden auf (Desrochers/Gelinas und Wieland 1989[67]).

Fehlerquellen beim Problemfeld „Genera" hängen auch mit der Art und Weise, wie eine Sprache erlernt bzw. erworben wird, zusammen. Rösch (2003, 132) nennt einen der Gründe für die häufig irrtümliche Verwendung des femininen Artikels (obwohl der überwiegende Teil der deutschen Substantive männlichen Geschlechts ist) unter DaZ lernenden Kindern und Erwachsenen ohne Grammatikvorkenntnisse: die Frequenz des seltener auftretenden weiblichen Artikels *die* wird durch den Gebrauch des gleichlautenden Pluralartikels erheblich erhöht. Rösch thematisiert ihrerseits nur den irrtümlichen Gebrauch des bestimmten Artikels. Ähnliche Gründe könnte aber auch die hohe Frequenz beim falschen Gebrauch des unbestimmten weiblichen Artikels *eine* haben. Da Kinder mit Deutsch als Zweitsprache in der Anfangsphase von ihren Mitschülern und Lehrern die neue Sprache vor allem auf der Basis des Gehörten erwerben, hören sie die oft benutzte, aber unbetonte und daher generell undeutlich ausgesprochene Akkusativendung *ein**en*** nicht, und stufen diese Artikel womöglich unbewusst als weibliche Artikelbezeichnungen ein.

Häufig stellen Deutschlernende den Lehrern auch die Frage, warum das Deutsche ein System mit jeweils drei unterschiedlichen Artikelformen hat, wo doch viele Sprachen, so z.B. das Türkische, Russische oder Indonesische völlig ohne bestimmte Artikel funktionieren und die Verständigung trotzdem problemlos verläuft (vgl. Götze 1984, 1). Besonders Lernende mit artikellosen Muttersprachen zeigen die Tendenz, die wichtige Rolle des Artikels im Deutschen zu unterschätzen und ihn wegzulassen, obwohl ihnen generell bekannt ist, dass dieser ein fixer Bestandteil der korrekten Syntax ist. Charakteristisch für diese Lernergruppen ist die Argumentation, dass der Artikel ja keinen Einfluss auf das Verständnis des Satzes habe, da das Substantiv bereits alle semantischen Informationen mit sich trage. Werner (1975, 35) bekräftigt dies mit den folgenden Worten:

> „Für jemanden, der Deutsch als Fremdsprache lernt, gehört das Genus, das fast in jedem Satz eine Rolle spielt, zum Beschwerlichsten und – wie man zunächst als Ausländer wohl sagen würde – Unsinnigsten unserer Sprache. Wie man etwa am Englischen sieht, kann die sprachliche Verständigung auch einwandfrei funktionieren, ohne ein solches grammatisches Geschlecht; und andere europäische Sprachen[68] zeigen wesentlich einfachere und offensichtlich sinnvollere Genus-Systeme."

---

[67] Ihre Untersuchungen zum potentiellen Interferenzeffekt (positiv und negativ) bei übereinstimmenden bzw. nicht übereinstimmenden Genus zwischen dem deutschen Substantiv und seinem französischen Äquivalent ergaben interessanterweise einen sehr geringen Interferenzeffekt (der Prozentsatz richtiger Antworten zum Genus betrug insgesamt 0,66 bei Übereinstimmung und 0,61 bei Nichtübereinstimmung).

[68] Werner (1975, 42f) meint damit z.B. das Italienische. Zu Genussystemen in anderen Sprachen s. auch Corbett (1991).

Obwohl also das Hauptkommunikationsziel durch das völlige Weglassen oder durch die inkorrekte Verwendung von Artikeln in den meisten Fällen nicht ernsthaft gefährdet ist, so empfinden die Muttersprachler diese Fehler doch als besonders störend und auffallend. Sie verleiten auch oftmals den Interaktionspartner (besonders im akademischen Bereich) zu intellektueller Unterschätzung seines Gegenübers (Menzel/Tamaoka 1995, 13).

3.1.2 Stufenunabhängigkeit und Schwierigkeiten infolge der kasusbedingten Formveränderung

Delisles (1985) konnte in einer Studie aufzeigen, dass Deutschlernende, trotz der bislang gesammelten Lernerfahrung, kaum selbst in der Lage sind eine sinnvolle komplexe Strategie für die Genuszuweisung zu abstrahieren, die der Genuszuweisungsstrategie der Muttersprachler ähneln würde. Den Beleg dafür lieferte eine Untersuchung mit fast 100 englischsprachigen deutschlernenden Studenten (sieben Gruppen, von einem Lernsemester bis zu drei Jahren Deutschunterricht ausgehend, zusätzlich weiterer Umgang mit der deutschen Sprache außerhalb der Deutschunterrichts). Delisles arbeitete mit 50 vor kurzem ins Deutsche übernommenen englischen Fremd- bzw. Lehnwörtern, und konnte feststellen, dass die meisten Lerner, auch im fortgeschrittenen Stadium, vorrangig an einer Strategie festhalten, die sich am natürlichen Geschlecht orientiert und nur in einem geringen Ausmaß formale Aspekte (wie Auslaut etc.) berücksichtigt. Deutsche Muttersprachler scheinen dagegen keine Schwierigkeiten zu haben Fremd- und Lehnwörter dem richtigen Genus zuzuschreiben, weil sie auf einem komplexen hierarchisch aufgebauten Regelgeflecht basieren, das aus formalen, phonologischen, semantischen und lexikalischen Aspekten besteht, die ihrer Priorität nach berücksichtigt werden.

Das Genuszuweisungsproblem erfährt eine zusätzliche Belastung durch die Vermittlung der übrigen Deklinationsformen des Artikels, da der Kasus eine Veränderung des Erscheinungsbildes der Artikel bewirkt. Dies betrifft insbesondere Fälle, wenn Lernende nur in der Zielsprache unterrichtet werden, und jegliche grammatische Erklärungen in Anfängergruppen (bzw. bei Kindern) aus Mangel an Sprachkenntnis nicht bzw. nur in sehr begrenztem Ausmaß gegeben werden können: spätestens wenn gesagt wird „in *der* Schule“ wobei der Lernende doch „*die* Schule“ gelernt hat, ist die Verwirrung groß (Rösch 2003, 132). Oft fällt es den Deutschlehrenden schwer, den Lernenden zu vermitteln, dass diese Formen nur Abwandlungen der drei Basisformen der Artikel im Nominativ sind.

Das Erlernen der rein grammatischen Deklination stellt für den Lernenden auch nicht so ein großes Problem dar, wie deren Verwendung aufgrund des Zusammenspiels zahlreicher Faktoren innerhalb eines Satzes, die dazu führen, dass die Konzentration auf mehrere Teilaspekte des Satzbaus (Satzstellung, Konjugation, Rektion, Deklination etc.) aufgeteilt wird: bei noch nicht automatisiertem Sprechen scheint es fast unvermeidbar, einen dieser Fehler zu machen (Rösch 2003, 136).

3.2 Das Genus – ein Paradefall von Regellosigkeit innerhalb der deutschen Grammatik? Zur Funktion und (arbiträren?) Zuweisung des Genus im Deutschen

Das Deutsche ist eine Genussprache, bei der das Genus eine substantivinhärente Kategorie bildet. Jedes Substantiv gehört einer der drei Genusklassen an: männlich bzw. maskulin (vom lateinischen „maskulinum"), weiblich bzw. feminin (vom lateinischen „femininum") oder sächlich (im Lateinischen „neutrum")[69]. Einerseits trägt das Genus an sich keine Bedeutung, im Endeffekt aber beruht – syntaktisch gesehen – eine sehr große Anzahl an Elementen, darunter insbesondere die Wahl der Artikelwörter, der Adjektivgebrauch und die Deklination, auf der korrekten Kenntnis des Genus (Gregor 1983, 11 f), denn in jedem Artikel sind außer dem Genus[70] auch noch zwei andere Arten von Informationen enthalten: der Kasus und der Numerus. Gregor (ebd.) bewertet die grammatische Kategorie Genus sogar als eine „Verkomplizierung der Sprache", da, wie er meint, „ihre Funktionalität in keinem Verhältnis zum morphosyntaktischen Aufwand steht" – vor allem dann nicht, „wenn man an die denkt, die Deutsch oder eine andere Genussprache als Fremdsprache lernen". Ist also das Geschlecht eines Substantivs dem Lernenden unbekannt, dann hat er kaum Chancen einen vollständigen Satz korrekt zu generieren (vgl. Durrell 1992, 148).

Die Genusverdeutlichung (die Wahl des grammatisch korrekten Artikels) stellt nicht ohne Grund den fehlerträchtigsten Bereich innerhalb der Artikelwörter dar (Götze 1984, 42), denn das Genus im Deutschen ist generell gesehen, *mit einigen Ausnahmen*, morphologisch oder semantisch am Substantiv nicht offen ablesbar (Menzel/Tamaoka 1995, 12f; Durrell 1992, 148; Wegera 1997, 11). Oft kommt auch die Auffassung zu Wort, die Verteilung der Substantive auf die drei Geschlechter sei im Deutschen arbiträr, so z.B. Meinert (1989) und Brugmann (1889), und im Prinzip undurchschaubar (Brinkmann 1962, 16), demzufolge sei auch die Wahl des richtigen Artikels allein einem unbestimmten „Sprachgefühl" der Muttersprachler zuzuschreiben. Götze (1984, 1) meint hierzu ebenfalls:

> „/es/scheint selbst für wohlwollende Betrachter des Problems eindeutig bewiesen, dass es sich beim Artikel in der deutschen Sprache nicht um ein System

[69] Ausnahmen bilden natürlich „schwankende" Substantive, die mehr als nur eine Genuszuweisung aufweisen und dadurch auch ihre Bedeutungen variieren (s. dazu Gregor 1983, 18; 47ff).

[70] vgl. dazu die Auffassung von Götze: seiner Meinung nach hat der deutsche Artikel keine genuskennzeichnende Funktion (die Genuskennzeichnung sei nämlich auch anders möglich), sondern lediglich eine genusverdeutlichende Funktion (Götze 1984, 12).

mit zumindest teilweise klar erkennbaren Regeln, sondern geradezu um einen Paradefall von Regellosigkeit innerhalb der deutschen Grammatik handelt", wenn er vergleicht:

- *der* Sand, Strand, Brand, Rand, Aufwand;
- *die* Hand, Wand;
- *das* Land, Pfand

Sowie, um die Verwirrung vollständig zu machen:

- *der/das* Band (mit Bedeutungsunterschied).

Nicht einmal der Zusammenhang von Genus und Sexus ist im Deutschen immer eindeutig. Die Diskrepanz zwischen dem natürlichen und dem grammatischen Geschlecht verdeutlichen die folgenden Wörter: *die* Frau, aber *das* Weib, *das* Fräulein, bzw. *der* Weisel (Bienenkönigin) und *die* Drohne (männliche Biene) (Beispiele teilweise übernommen aus Wegera 1997, 13).

Eine vorausgesetzte Regellosigkeit würde somit ein Auswendiglernen jedes einzelnen Substantivs mit seinem Genus erfordern, was in zahlreichen Publikationen als einzige Lernmöglichkeit angesehen wird: so u.a. bei Werner (1975, 42f), der über das Lernproblem Folgendes schreibt:

> „Wer Deutsch lernt, muß (...) zu jedem Substantiv das Genus einzeln lernen, ohne dass er es schon beim Lernen des phonologischen Ausdrucks mitgelernt hätte wie bei den meisten ital. Substantiven; er muß es als latentes Merkmal mitlernen."

Twain berichtet in seiner Schrift „Die schreckliche deutsche Sprache" (1977, 465) über seine Lernerfahrungen mit deutschen Genera folgendermaßen:

> „Jedes Substantiv hat ein Geschlecht, und in dessen Verteilung liegt kein Sinn und kein System; deshalb muß das Geschlecht jedes einzelnen Hauptwortes für sich auswendig gelernt werden. Es gibt keinen anderen Weg."

Um dies „fertig zu bringen" brauche man „das Gedächtnis eines Notizbuches", beklagt zudem Twain. Auch Durrell (1992, 148), Götze (1984, 13), Griesbach (1985, 22), Lohnes/Strothmann und Petig (1989, 22) empfehlen ein Auswendiglernen des Artikels mit dem Substantiv.

Trotz einer gewissen „Beliebigkeit" des deutschen Genussystems besteht angesichts der immer genauer erfassten Regularitäten zurzeit jedoch eher die Tendenz zur Ablehnung der These von der arbiträren Genuszuweisung. Menzel und Tamaoka (1995, 13) argumentieren nämlich, dass sich, wenn diese Behauptung tatsächlich richtig wäre, bei der Genuszuweisung zu Lehn- und Kunstwörtern[71] eine gleichmäßige Verteilung jeweils von 1/3 zu jedem Geschlecht ergeben müsste, die aber durch mehrere Untersuchungen nicht bestätigt werden konnte. Dagegen konnte die Tatsache belegt werden, dass Sprachbenutzer Genuszuweisungen offenbar nach einem bestimmten Regelsystem vornehmen (Köpcke 1982, 1ff). Untersuchungen, darunter sowohl die in L2 als auch mehrere innerhalb der Erstsprachenerwerbsforschung deuten aber auf einen sehr hohen Komplexitätsgrad dieses Systems bei Muttersprachlern hin (z.B. Köpcke 1982[72], Lang 1976[73]), welches nicht nur äußerst schwer zu beschreiben ist, sondern auch durch die Interaktion der einzelnen Bestandteile, die flexible Hierarchisierung und zahlreiche Ausnahmen kaum eine vollständige Anwendung in der DaF-Didaktik finden kann. Aufschlussreiche Ergebnisse bieten z.B. Experimente innerhalb der Erstsprachenerwerbsforschung von MacWhinney (1978, 66ff), die eine stufenweise verlaufende Entwicklung eines Regelsystems bei Kindern und das Auftreten von Übergeneralisierungen ab einem bestimmten Alter belegen, und die es erlauben auch bislang unbekannten Kunst- und Lehnwörtern das richtige Genus zuzuschreiben. MacWhinney (1978, 60) zeigte in Untersuchungen auf, dass Kinder mit einer genusinhärenten Muttersprache den Gebrauch der Artikel relativ früh lernen (im Alter von 2–3 Jahren), ohne dabei allzu viele Fehler zu machen. In der Früherwerbsphase werden die Substantive zusammen mit dem dazugehörigen Artikel als eine Einheit aufgefasst (Amalgamthese) und in der am häufigsten vorkommenden Form gespeichert, was oft auftretende Kasusfehler zur Folge hat. Erst später kommt es zur Berücksichtigung konsistenter morphologischer Regeln und der Speicherung der häufigsten Ausnahmen. Die nächsten Erwerbssequenzen bei muttersprachlichen Kindern umfassen Köpcke zufolge (1982, 139ff) die Entwicklung eines komplexeren Regelapparates, der auch weniger konsistente Regeln und ihre Konkurrenzfähigkeit, das Erkennen der Bedeutung einiger semantischer Kategorien für die Genuszuweisung und letztendlich den Erwerb der Hierarchisierungs- und Dominanzverhältnisse des Regelsystems einbezieht.

Zusammenfassend kann festgestellt werden, dass das deutsche Genussystem durch die folgenden Gegebenheiten seine besondere Schärfe als ein didaktisches Problem erhält (nach Wegera 1997, 11):

1) Den meisten deutschen Substantiven ist ein Genus zugeordnet, das entweder jedes Mal ein Auswendiglernen des jeweiligen Substantiv-Artikelpaares

[71] Lehn- und Kunstwörter eigenen sich besonders gut für die Erforschung der Mechanismen der Genuszuordnung, da sie nicht zusammen mit dem Substantiv als Einheit im Gedächtnis gespeichert sind, und daher automatisch als Systembestandteile klassifiziert werden.

[72] Köpcke ist zugleich der Meinung, dass die unterschiedlichen Herkunftssprachen von Lehnwörtern eine wichtige Rolle bei der Zuweisung eines Genus in L2 spielen (es werden andere Merkmale berücksichtigt, so beispielsweise im Englischen eher Bedeutungsassoziationen und im Französischen formale Kriterien).

[73] Den Ergebnissen von Lang zufolge überlagern semantische Regeln die formalen Kriterien (auch Lang benutzte für Untersuchungen Kunstwörter).

erfordert, um es später aus dem Gedächtnis abrufen zu können, oder durch die Anwendung von früher erlernten Genuszuweisungsregeln einer der drei Generagruppen zugeordnet werden kann.

2) Das Genus ist ein inhärentes Merkmal des Substantivs und ist vorwiegend nicht markiert und somit meistens nicht identifizierbar, sondern wird in der überwiegenden Anzahl der Fälle durch Artikelwörter, z.B. durch die bestimmten Artikel *der, die, das* (bzw. die unbestimmten Artikel *ein, eine, ein*) und ihre kasusbedingten Abwandlungen ausgedrückt.
3) Die Verteilung auf die drei Genera ist scheinbar arbiträr, eine umfassende Systematik ist für den Deutschlernenden auf den ersten Blick kaum erkennbar, trotzdem sind die drei Genera des Deutschen nicht ganz beliebig verteilt (es überwiegen Substantive männlichen Geschlechts) – es lassen sich vielmehr zahlreiche unterschiedlich motivierte Regularitäten feststellen (diese werden in den folgenden Abschnitten erläutert), deren Eignung als Lernregeln jedoch sehr unterschiedlich ist. Ausnahmen treten sogar in der Gruppe der sexusmotivierten Genusvergabe auf.
4) Die Kenntnis des Genus ist wichtig, da es auch die Flexion des attributiven Adjektivs, die Verwendung der Pronomen usw. mitbestimmt.

3.2.1 Komplexes Regelwerk und die Schwierigkeit der didaktischen Aufbereitung

Wie bereits erwähnt, existiert im Deutschen sehr wohl ein gewisses Regelwerk für die Genusbestimmung, obwohl es sicher nicht als umfassend und einfach eingestuft werden kann und weiterhin die Frage ungeklärt bleibt, wie groß eigentlich der so erfassbare Ausschnitt des Lexikons ist. Es existiert eine Reihe von semantischen und morphologischen Regularitäten (dazu gehören relativ eindeutige Regeln, wie z.B. die Suffixe *-ung*, *-keit* und *-heit* etc., die mittlerweile oft im Fremdsprachenunterricht vermittelt werden), deren sinnvolle Auswahl, nach Meinung vieler Didaktiker eine Lernentlastung bieten kann:

> „In principle every German noun has an arbitrary gender and (...) must be learned separately (...). In practice, though, there are many helpful regularities – in particular there is often a close link between gender of a noun, its structure (ie what suffixes it has) and its plural." (Durrell 1992, 148[74]; vgl. auch Menzel/ Tamaoka 1995).

[74] In einem nachstehenden Kapitel des Buches nennt Durrell die, seiner Meinung nach, wichtigsten Regeln samt häufigster Ausnahmen.

Auch Grimm (1992, 10) meint in seinem Ratgeber, in dem er eine systematische Darstellung der Regelfülle zum Gebrauch des deutschen Genus bietet, die Gesetzmäßigkeiten wären die sicherste und letztendlich wohl auch die ökonomischste Methode die Lernenden auch in solchen Äußerungen zum korrekten Artikelgebrauch zu befähigen, die sie noch nie zuvor gehört, gelesen oder gar selbst verwendet haben. Zu diesen Gesetzmäßigkeiten sollten nach Meinert (1989, 20; vgl. auch die didaktische Reduktion von Lernregeln bei Wegera 1997, 65ff) solche gehören, die: 1) *einfach* (im Sinne der Einfachheit der Formulierung, Verstehbarkeit, Möglichkeit der direkten Anwendung ohne die nötige Zuhilfenahme weiteren Regelwissens), 2) *eindeutig bzw. ausnahmslos* („bereits wenige Ausnahmen zu einer Regel schmälern ihren Nutzen als Lernregel erheblich", so Wegera 1997, 65) und 3) *weitgreifend bzw. ergiebig* sind: sie sollten jeweils einen Zugriff auf einen größeren Lexikonausschnitt erlauben. Dies trifft sowohl auf semantische als auch auf morphologische Regeln zu.

Gewisse Orientierungshilfen für die Genuszuweisung versuchen z.B. Götze (1984, 13f) und Busse (1993, 8ff) zu nennen. Trotzdem sind Abweichungen und Ausnahmen so zahlreich, dass sie oft die regelmäßigen Fälle zahlenmäßig überwiegen. Deswegen weisen sowohl Spitz (1965) als auch Busse (1993) und letztendlich auch Götze (1984) darauf hin, dass im Prinzip der Grundsatz gilt, dass zu jedem Substantiv der Artikel mitgelernt werden sollte:

> „Insgesamt dürften sich Nutzen und Schaden dieser Regeln zur Genusbestimmung nach semantischen und morphologischen Kriterien in etwa die Waage halten; gewisse Tendenzen sind allerdings erkennbar. Grundsätzlich aber gilt: Bei jedem Substantiv muß der Artikel gelernt werden." (Götze 1984, 16)

Andererseits sollte aber der Wert eines Regelwerks (auch wenn es nicht den Ansprüchen von Meinert gerecht werden kann) nicht unterschätzt werden, denn der liegt auch in seiner psychologischen Wirkung: es nimmt den Lernenden den „natürlichen Horror vor dem Chaos in der neuen Sprache" (Götze/Kemme/Latzel 1979, 49). Und so fasst Busse (1993, 8ff) in seinem Übungsbuch „Der, Die? Oder Das? Übungen zum Artikel" zum Problemfeld Artikel die wichtigsten Lernhilfen und Regeln zum Genus zusammen. Da das Problemfeld Genuszuweisung und Genusgebrauch ein kontinuierlicher Schwachpunkt auf allen DaF-Lernniveaus ist und die Arbeitsbücher zu bestehenden Lehrwerken viel zu wenige Übungsmöglichkeiten bieten, stellt das Übungsbuch von Busse eine interessante Möglichkeit zur Ergänzung des Unterrichts dar. Die Lernenden werden immer wieder aufgefordert, sich an den Artikel eines vielleicht längst bekannten Substantivs zu erinnern, ihn zu erfragen, nachzuschlagen, bzw. anhand von Lernhilfen und Regeln zu erkennen. In den einzelnen Übungen sind auch alle Nomen, deren Artikel nach einer Regel ermittelt werden kann, mit einem graphischen Zeichen versehen.

3.2.2 Die Behandlung von Genusregeln in Lehrwerken und in der Forschungsliteratur

Meinert (1989, 49) untersucht in einem Abschnitt seiner Arbeit („Die deutsche Deklination und ihre didaktischen Probleme"), welche Genusregeln oft eingesetzte Lehrwerke für die Grund- und Mittelstufe bieten[75]. Meinert stellt gleich zu Beginn seiner Analyse fest, dass, obwohl die Genusproblematik und der damit verbundene Artikeleinsatz eine zentrale Rolle im Deutschunterricht spielen und aus dem Blickwinkel der Lernenden dem Genus eine besondere Rolle zusteht, es überraschenderweise in der überwiegenden Zahl der Lehrwerke überhaupt keine Hinweise auf existierende Regeln gibt – es wird lediglich darauf hingewiesen, dass es im Deutschen drei verschiedene Genera gibt (vgl. auch Götze 1984, 42). Nur in vier der analysierten Lehrwerke (Häussermann u.a. 1982/83: Sprachkurs Deutsch 1, 3, 4; Schumann 1992: Mittelstufe Deutsch; Schulz/Griesbach 1990: Deutsche Sprachlehre für Ausländer; Wolff 1987: Maite lernt Deutsch) werden Genusregeln erläutert. Wegera (1997, 88) schließt an Meinerts Liste von Lehrwerken, die ebenfalls das Genusproblem unzureichend thematisieren bzw. gar nicht zur Sprache bringen, zehn weitere Kursbücher an. Als – seiner Meinung nach – einzige Ausnahme nennt er das Lehrwerk von Sander, Schmid und Wohlleben „In Deutschland leben. Deutsch für die Grundstufe" (1994). Dieses beinhaltet Wortlisten zur Wortschatzarbeit, in denen die Substantive immer mit dem entsprechenden Genus markiert werden. Im gesamten Lehrbuch befinden sich auch mehrere Unterkapitel mit der Überschrift „Der? Die? Das?", in denen einige wesentliche wortbildungsmorphologisch motivierte Regularitäten als Lernregeln präsentiert werden. Anschließend werden diese nochmals in einer Übersicht aufgegriffen. Der kurzen Liste der Ausnahmen von Meinert und Wegera kann auch das Lehrwerk „Passwort Deutsch 1. Kurs- und Arbeitsbuch" (Albrecht u.a. 2004) und „Tangram 1A. Kurs- und Arbeitsbuch" (Dallapiazza u.a. 2002) hinzugefügt werden. In beiden Lehrwerken wird das Thema Artikelzuweisung wenigstens kurz thematisiert: es taucht als Lerntipp eine knapp gehaltene Information auf, man solle die Substantive jeweils gleich mit dem entsprechenden Artikel lernen, zusätzlich werden in der anschließenden Grammatikübersicht jeweils einige morphologische und semantische Merkmale erwähnt. In Tangram 1A werden die Lernenden informiert, es gebe zwar einige Regeln für die Genuszuweisung, trotzdem seien viele Ausnahmen vorhanden. Im Endeffekt werden drei morphologische Regeln (Substantive mit der Endung *-e* sind meistens feminin, und mit den Endungen *-chen*, *-zeug* immer neutral) und drei semantische Regeln (Wochentage, Monate und Jahreszeiten sind immer maskulin) genannt (Dallapiazza u.a. 2002, 12; 31; G7§11). Die Tipps in Passwort Deutsch 1 (Albrecht u.a. 2004, 202) sind umfangreicher (in-

[75] Untersucht wurden ca. 14 Lehrwerke bzw. Lehrwerkreihen (für die genaue Übersicht aller analysierten Titel s. Meinert 1989, 49).

kludierte Hinweise auf die Häufigkeit des Auftretens) und betreffen fast ausschließlich Wortendungen (Wörter, die auf *-e* enden, sind meistens feminin, auf *-ie, -ion, -in, -ät, -ung* immer feminin, auf *-um* immer neutral, auf *-er* meist maskulin). Dagegen wird aber nur eine semantische Gruppe genannt (Wochentage – maskulin). Auch das Lernerbuch Eurolingua Deutsch von Rohrmann und Self (2001) gibt den Lernenden einige Hinweise zur Genuszuweisungsproblematik. In dem ersten Teil des Lernerbuchs, welches einen Überblick über Lerntechniken bietet, die dem Lernenden helfen sollen, den individuell angepassten Lernweg zu finden, werden zahlreiche Vorschläge (samt Darstellungen) zum Einsatz mnemotechnischer Hilfsmittel beim Genuslernen vorgeschlagen. Genannt werden auch einige (fast nur) morphologische Regeln (diese betreffen die Wortendungen *-ung, -heit, -keit, -tät, -schaft, -tion, -ei, -ur,* die immer den weiblichen Genus signalisieren, und die Endungen *-chen* und *-lein*, die immer auf das sächliche Geschlecht hinweisen). Nominalisierte Verben (z.B. *das Lieben, das Lernen*) sind immer sächlich (Rohrmann/Self 2001, 151; dieser Hinweis befindet sich auch in der Grammatikübersicht in Tangram 2B von Dallapiazza u.a. 2005, G 19 §11 und Tangram Zertifikat Deutsch von Dallapiazza u.a. 2004, G 23 §11).

Aber auch dort, wo Genusregularitäten explizit behandelt werden, lässt die Qualität der Darstellungen oft zu wünschen übrig. Meinert (1989, 49f) kritisiert die vier von ihm als Ausnahmen genannten Lehrwerke (Häussermann u.a. 1982/83; Schumann 1992; Schulz/Griesbach 1990; Wolff 1987) in Bezug darauf, dass die dort aufgeführten Genusregeln unterschiedlich ausführlich und zumeist sehr spät, z.B. in Häussermann u.a. im „Sprachkurs Deutsch" erstmals im vierten Band (Lektion 11), und leicht erweitert in Band fünf, erläutert werden. Phonologische, morphologische und semantische Regeln werden teilweise unkommentiert zusammen aufgelistet. Wenig konsequent zeigt sich auch Schumann (1992, 53ff), der zuerst in Lektion zwei über *Faustregeln* zur Genuszugehörigkeit von Substantivsuffixen spricht, aber unmittelbar nach deren Aufzählung den Lernern die Information „Ausnahmen sind möglich" vorhält. Zusammenfassend stellt Meinert (1989, 54f) fest, dass die Genuszuordnung von Nomen in einem Großteil der Lehrwerke (sowohl für die Grund- als auch für die Mittelstufe) überhaupt nicht thematisiert wird und wenn, dann normalerweise wenig ausführlich und sehr spät in der Grammatikprogression. Der überwiegend vorgestellte Regeltyp ist der morphologische (also bestimmte Suffixe); der semantische erscheint vor allem im Zusammenhang mit Tagen, Monaten, Jahreszeiten und alkoholischen Getränken sowie männlichen bzw. weiblichen Personen und Berufen. Die einzige phonologische Regel ist normalerweise die feminine Genuszuordnung bei *-e* im Auslaut. Diese auffällige Vernachlässigung der Genusbestimmung beim Nomen hängt wohl, so Meinert, mit der immer wieder ausgesprochenen Forderung zusammen, im Deutschen stets das Nomen zusammen mit dem Artikel zu lernen, da nur auf diese Weise das Genus „automatisch" mitgelernt werde.

„Nun zeigt ja die Erfahrung, dass das zwar ein guter Rat ist und der sicherste Weg zum Erfolg wäre, doch erfahrungsgemäß hält sich kaum ein Lernender daran", konstatiert Meinert (1989, 55).

Da die Kenntnis des richtigen Genus Konsequenzen für andere Elemente der Syntax hat,

„sollte man doch versuchen, die Genusregeln des Deutschen genauer zu untersuchen und auch für die Didaktik fruchtbar zu machen, um so eine wichtige Hürde für die gesamte Deklination etwas niedriger zu setzen" (ebd.).

Auch Wegera (1997, 9) bewertet die Lage als unzufriedenstellend: es besteht eine zu hohe Diskrepanz zwischen den Lernerbedürfnissen und Ansprüchen an eine Behandlung der Genuszuordnungsproblematik in Lehrwerken und der tatsächlichen Thematisierung dieses Problems seitens der Lehrwerkautoren. Er unterzieht zwanzig Deutschgrammatiken einer Analyse, wobei er als Grammatiken grammatikographische Darstellungen bzw. Grammatiken versteht, die speziell für den DaF- Unterricht konzipiert wurden bzw. dort häufig eingesetzt werden. Wegeras Analyse zufolge fällt die Berücksichtigung des Phänomens Genus in modernen Deutschgrammatiken entweder als zu „spärlich" oder als „wenig adäquat" aus, in allen Fällen aber als „unzureichend" (vgl. auch die frühere Analyse von zehn Deutschgrammatiken von Spitz 1965:36f, bei der 127 verschiedene formale und 35 semantische Merkmale für die Genuszuweisung aufgezählt werden, die kaum didaktisierbar sind).

Besonders bemerkenswert ist die Tatsache, dass viele dieser Grammatiken im Laufe der Jahre mehrmals überarbeitet worden sind, und einige davon mehr als zehn Auflagen aufweisen. Es hätte sich also durchaus die Möglichkeit ergeben, das Thema „Genuszuweisung" neu zu behandeln. Wegera bemängelt am häufigsten die fehlende methodisch-didaktische Aufbereitung. Die Darstellung des Genus wird meistens in Form von einer bloßen Auflistung vorgenommen. Kritisiert wird außerdem die ungenügende Gewichtung bzw. Motivation der zur Darstellung gewählten semantischen Kategorien: Regeln wie die zu der Endung *-ung* etc., die viele Tausend Lemmata betreffen, stehen unkommentiert neben solchen wie die zu *-ig*, die nur eine Handvoll Substantive umfassen. Solche Vorwürfe müssen u.a. gegenüber Bernstein (1990, 12ff), Schanen (1995, 102ff) und Hammer (1995) erhoben werden. Oft wird auch die Regel zu *-e* ohne die Nennung der zahlreichen Ausnahmen dargeboten bzw. es fehlen entsprechende Kommentare bei Regeln mit vielen Ausnahmen (z.B. Bernstein 1990, 128ff) oder die Darstellungen enthalten sogar sachliche Fehler. Bei ausführlichen Darstellungen, wie der von Nieder (1987, 83ff) fehlt eine systematische Übersicht und die erreichte Komplexität scheint schwer vermittelbar. Einige Grammatikautoren, wie Engel und Tertel (1993, 39) warnen geradezu vor dem Benutzen von Lernregeln, mit der Begründung, dass es zu viele Ausnahmen gäbe und dass durch die Regeln zu genusbestimmenden Wortendungen nur ein Teil der Nomina charakterisiert werde. Zu den am stärksten didaktisierten Konzepten zählt Wegera den Vorschlag von Meinert (1989), der sein Konzept auf Basis von Kritiken vorhergehender Darstellungen entwickelt und die Lernregeln in Hinsicht auf die Kosten-Nutzen-Rechnung analysiert hat.

Zu den am besten gelungenen didaktischen Reduktionen zählt Wegera die Grammatik von Reimann (1997, 92ff; zum Thema Genus s. dort die Seiten 92ff). Reimanns Darstellung stellt tatsächlich eine überaus gelungene, prägnant reduzierte Aufbereitung von Genuszuweisungsregularitäten dar. Auf nur zwei Seiten werden die wichtigsten semantischen und morphologischen Kategorien genannt, und mit Beispielen versehen. Auch eine kurze Einführung zur Sensibilisierung des Problembereiches „Genus" zu Anfang des Kapitels ist, im Gegensatz zu den meisten anderen Grammatikwerken, vorhanden. Reimann nennt folgende semantische Kategorien:

- männliches Genus: männliche Personen und männliche Berufsbezeichnungen, männliche Tiere, Wochentage/Monate/Jahreszeiten/Tageszeiten, Wetter/Himmelsrichtungen, Alkohol mit Ausnahme von *Bier)*
- weibliches Genus: weibliche Personen mit Ausnahme von *das Mädchen* und weibliche Berufsbezeichnungen+*in,* viele Pflanzen, Nomen, die vom Verb gebildet werden und ein *t* anhängen (z.B. *fahren→ die Fahrt*)
- neutrales Genus: Substantivierungen von Verben (im Infinitiv) z.B. *essen → das Essen* und von Adjektiven z.B. *gut→ das Gute*

Auch die wichtigsten morphologischen Genusregulariäten werden von Reimann auf eine übersichtliche Weise dargeboten. Sie nennt folgende Endungen, die *immer* auf ein bestimmtes Genus hinweisen: –maskulin: *-ismus, -ling, -or;* –feminin: *-ung, -heit, -keit, -schaft, -ion, -ei, -ur;* –neutrum: *-chen, -lein* und Endungen die *meistens* auf ein bestimmtes Genus schließen lassen (–maskulin: *-er,* –feminin: *-e,* –neutrum: *-um, -ment*). Reimann schafft es recht viele Regularitäten zu präsentieren und ihre Übersicht trotzdem leicht verständlich und lernerfreundlich zu halten.

Zusammenfassend kann an dieser Stelle festgestellt werden, dass, obwohl die Zuordnung des korrekten Artikels zum entsprechenden Substantiv eines der größten und am meisten „frustrierenden" Lernprobleme darstellt, trotzdem bislang weder seitens der Forschungsliteratur noch der Praxis des Deutschunterrichts eine „allgemein zufriedenstellende Lösung" angeboten wurde (Sperber 1989, 146). Auf den ersten Blick scheint zwar die Literatur zum Thema „Genus" relativ umfangreich zu sein, doch die meisten Arbeiten konzentrieren sich stärker auf die Frage zur Entstehung des Genussystems[76], wenige greifen dagegen die didaktischen Probleme auf. Ausweichmöglichkeiten auf benachbarte und zahlreicher erforschte Lernbereiche, wie z.B. auf die Wortschatzarbeit, die gezwungenermaßen das Artikellernen miteinbezieht, sind wenig hilfreich, denn auch

[76] u.a. Müller (1943), Ibrahim (1973), Frazer (1900), Fodor (1959), Euler (1991), Brugmann (1889). Weiters s. auch die neueren Untersuchungen zur „feministischen Linguistik" z.B. von Pusch (1984).

hier zeigt sich die Tendenz, die Darbietungsphase und die Ersteinübung völlig überzubewerten – dadurch wird der Blick auf die Langzeitspeicherung von Vokabeln verstellt, und Lern- und Gedächtnisstrategien finden kaum Beachtung (Hochfellner 1993, 4).

3.2.3 Didaktisch reduzierte Übersicht von Genuszuweisungsregeln

Eine Übersicht in Form von einer didaktisch reduzierten und zusammengefassten Liste von Genuszuweisungsregeln bietet die folgende Tabelle in Abb. 11 (nach Meinert 1989, 59 und teilweise überarbeitet von Menzel/Tamaoka 1995, 21). Die Regeln sind hierarchisiert – je weiter oben sich eine Regel befindet, desto „sicherer" ist sie (dieses Kriterium betrifft insbes. alle nicht-semantischen Regeln). In Klammern befinden sich Angaben zur Vorkommenshäufigkeit der Suffixe im Grundwortschatz (Angaben aus Wegera 1997, 85):

	MASKULIN	FEMININ	NEUTRUM
Semantische Kategorien	Tag Monat Jahreszeit Niederschläge alkoh. Getränke männl. Personen	weibl. Personen	Sprache Land Stadt
Mehrsilber	Lehr- **er** Feig- **ling** (300) Lux- **us** Mot- **or** (600)	Tasse- **e** Freund- **in** (1.400) Frei- **heit** / Wirksam- **keit** (3.500) Freund- **schaft** (900) Zeit- **ung** (10.000) Toler- **anz** Ess- **enz** Kol- **ik** (1.250) Revolu- **tion** Pie- **tät** (550) Glas- **ur** (500) Dos- **is**	Tisch- **chen** Tisch- **lein** Deriv- **at** Jogg- **ing** Kli- **ma** (300) Plutoni- **um** (1.300) Abonne- **ment** (200) Niv- **eau** Mott- **o** **Ge**- hirn
Einsilber	Kor- **b** Mun- **d** Ru- **f** Ta- **g** Druc- **k** Ty- **p** Ti- **sch** Rau- **ch** Rei- **s** Ru- **ß** Ha- **lm** (1+ Kons.)		

Abb. 11:
Didaktisch reduzierte Übersicht von Genuszuweisungsregeln

Alle phonologischen und flexionsmorphologischen Regeln verstoßen gegen das Gebot der Ausnahmslosigkeit, nur die semantisch motivierten Gruppen (mit sehr wenigen Ausnahmen) bilden für Lernende eine einfachere Lernhilfe. Deshalb ergibt sich in Bezug auf den deutschen Grundwortschatz infolge der Überprüfung von Regeln hinsichtlich ihrer didaktischen Tauglichkeit die nahe stehende Konsequenz für die Lernregeln (nach Wegera 1997, 67f; 84f):

- die am besten geeignete Regelart stellen die wortbildungsmorphologischen Regeln dar (z.B. leicht identifizierbare und klar segmentierbare Suffixe wie *-heit* und *-ung*). Der weit überwiegende Teil gilt ausnahmslos oder nahezu ausnahmslos und ist relativ einfach zu erkennen;
- die phonologischen Regularitäten eignen sich wenig, weil sie gegen das Gebot der Ausnahmslosigkeit und der Einfachheit verstoßen (vgl. auch Meinert 1989, 57), als einziger Sonderfall gilt der Auslaut *-e*, der zwar auch reich an Ausnahmen, dennoch in vielen Fällen brauchbar ist (zur genaueren Argumentation s. Wegera 1997, 84);
- die flexionsmorphologischen Regularitäten sind kaum ausnahmslos und die meisten verstoßen gegen die Forderung nach Einfachheit;
- unter den semantisch motivierten Regeln erfüllt nur ein geringer Teil die drei nötigen Voraussetzungen (Einfachheit, Ausnahmslosigkeit, Ergiebigkeit) für eine gut praktikable Lernhilfe in Bezug auf die Aneignung des Grundwortschatzes (GWS).

Für eine Übersicht über semantisch motivierte Regeln, die die Forderung nach Einfachheit, Ausnahmslosigkeit und Ergiebigkeit in Hinsicht auf den GWS erfüllen siehe Abb. 12.

Maskulin	**Feminin**	**Neutral**
Personen männlichen Geschlechts	Personen weiblichen Geschlechts	Metalle
Tageszeiten und natürliche Zeiteinteilungen	Grundzahlen	Städtenamen
Bezeichnungen für Menschen, Berufe und Ränge ohne Bezugnahme auf das natürliche Geschlecht		
Gruppe der Himmelsrichtungen, Winde und Niederschläge		
Bezeichnungen für Mineralien, Erden und Gesteine		

Abb. 12:
Übersicht über semantisch motivierte Regeln, die die Forderung nach Einfachheit, Ausnahmslosigkeit und Ergiebigkeit in Hinsicht auf den GWS erfüllen[77]

[77] Tabelle erstellt anhand der Angaben in Wegera (1997, 86f).

Da die semantische Kategorie „Länderbezeichnungen", die bei Meinert in der didaktischen Übersicht vorhanden war, nicht ganz unproblematisch ist (Ausnahmen wie: *der Irak, der Iran, der Sudan, der Libanon, die Ukraine, die Schweiz, die Bundesrepublik Deutschland, die Türkei, die Niederlande, die USA* – Liste aus Bęza 1994, 20), ist es nachvollziehbar, dass sie Wegera nicht in seine Liste eingegliedert hat. Ein plausibler Grund für das Fehlen von solchen Kategorien wie Tag, Monat, Jahreszeit (alle ausnahmslos männlichen Geschlechts und GWS-bezogen) und Sprachen (neutrales Geschlecht) ist nicht zu erkennen, besonders, wenn in Betracht genommen wird, dass solche Kategorien, wie z.B. Metalle oder Niederschläge ohne weiteres aufgelistet wurden. Der einzige Grund, der gegen eine Aufnahme von solchen Substantivgruppen, wie Tage oder Jahreszeiten, sprechen könnte, wäre eventuell das Merkmal Ergiebigkeit. Dies erklärt aber immer noch nicht, warum die Kategorie Sprache in der Liste fehlt. Auch alkoholische Getränke (mit nur einer Ausnahme: das Bier), Buchstaben, Bezeichnungen für physikalische und theoretische Einheiten, für chemische Elemente, für Töne und Tonarten, die Grundzahlen, Baum- und Blumennamen, übertragene Namen von Schiffen und Flugzeugen schließt Wegera in seine Liste nicht ein, teilweise mit der (besonders im Falle der alkoholischen Getränke, Zahlen und Blumennamen) eher zweifelhaften Begründung, diese seien für den Bereich des Grundwortschatzes nicht „relevant genug".

Trotz der Diskrepanzen zwischen Meinerts und Wegeras didaktischer Auflistung und der nicht immer erkennbaren Begründung für die Wahl der einzelnen Kategorien, lässt die Analyse der Regelmäßigkeiten der Genuszuordnung im Deutschen in den vorherigen Abschnitten durchaus die Behauptung zu, dass sehr wohl einige Regeln vorhanden sind, die man auch im Unterricht einsetzten könnte, und dass ein didaktisch gut ausgearbeitetes Regelwerk, das von Anfang an in die Deutschstunden einfließen würde, und früh und systematisch die Sensibilität der Sprachschüler wecken könnte, eine gewisse Lernentlastung böte[78].

3.3 Bewusste und unbewusste Strategien DaF-Lernender bei der Genuszuweisung

Wie verfahren Deutschlernende bei der Genuszuweisung im Anfangsunterricht bzw. beim Lernen von Genuszuweisungen? Welche Strategien werden von ihnen eingesetzt, wie bewusst verlaufen sie und welche Rolle spielt in diesem Prozess der Lehrende? Wie können bewusst machende Verfahren im Unterricht eingesetzt werden, um die individuelle Lerneffizienz von Lernenden zu fördern?

[78] Wie bereits im vorigen Kapitel zu Lehrwerken erwähnt, bietet (außer der wissenschaftlichen Fachliteratur zum Problemfall Deutscher Genus) nur eine DaF-Grammatik (Reimann 1997, 92f) eine überaus geglückte Aufbereitung von Genuszuweisungsregularitäten. In einer kurzen und prägnanten Weise bietet sie die wichtigsten, von Meinert und Wegera angesprochenen Regeln.

Mit diesen Fragen beschäftigen sich die folgenden drei Kapitel: in Kap. 3.3.1 werden die Ergebnisse einer 1993 an der japanischen Universität Saga durchgeführten Untersuchung zum Thema „Welche Strategien benutzen japanische Studenten bei der Genuszuweisung im Deutsch-Anfangsunterricht" (Menzel/Tamaoka 1995) erläutert, in Kap. 3.3.2 wird eine an der polnischen Universität Warschau von der Verfasserin dieser Arbeit durchgeführte Umfrage zu bewussten Lernverfahren zur Genuszuordnung sowohl im Anfangs- als auch im späteren Deutschunterricht erläutert, wobei auch der Frage nachgegangen wird, inwieweit Deutschlehrer (aus der Sicht der Lernenden) im Unterricht Genuszuweisungsstrategien anbieten. Diese zwei Untersuchungen ermöglichen es, einen Vergleich zwischen unbewussten und bewussten Strategien bei der Behandlung des Genus beim Deutschlernen zu ziehen. Im Anschluss daran beschäftigt sich das Kap. 3.3.3 mit dem Aspekt des Sprachbewusstseins. Thematisiert wird die Problematik der Sensibilisierung der Lernenden für Gedächtnisprozesse und Lerntechniken, die, der Meinung der Verfasserin nach, einen festen Bestandteil des Unterrichts bilden sollten.

3.3.1 Einfluss der Sprachkompetenz auf den internen Entwicklungsprozess von Genuszuweisungsverfahren

Wie verfahren also DaF-Lernende bei der Genuszuweisung: ist es eher Zufall, reines „Pauken" oder eine völlig andere Strategie, die die Genuswahl bestimmt? 1993 wurde an der japanischen Universität Saga eine Untersuchung mit 103 Studierenden im Durchschnittsalter von 19 Jahren vorgenommen, die Deutsch-Anfängerkurse (zwei Doppelstunden pro Woche) besuchten. Die Ergebnisse wurden mit dem didaktischen Ziel ausgewertet, bestehende Strategien bei der Genuszuweisung aufzuzeigen und nach Wegen zu suchen, den Lernenden zukünftig das Erlernen des deutschen Genus zu erleichtern. Die Hauptfrage der Untersuchung lautete: Welche Strategien benutzen japanische Studenten bei der Genuszuweisung im Deutsch-Anfangsunterricht (Menzel/Tamaoka 1995).

Ausgangspunkt der Untersuchung war die Frage, ob ein Zusammenhang zwischen der Korrektheit der Genuszuweisung und der allgemeinen Sprachkompetenz in Deutsch bestehe, also ob die Entwicklung der Genuszuweisungsfähigkeit ein integraler Bestandteil der Erweiterung der generellen Sprachfertigkeit sei. Um diese Frage zu beantworten, wurde das Verhältnis zwischen der Semesterendnote und den Ergebnissen einer Aufgabe zur Genuszuweisung verglichen. Die Auswertung zeigte auf, dass eine enge Wechselbeziehung zwischen Vokabelkenntnissen, korrekter Genuszuweisung und allgemeiner Deutschkompetenz besteht (für genaue Korrelationswerte bei den einzelnen Vergleichen siehe Menzel/Tamaoka 1995, 16).

Da die Untersuchung in Form von zwei Erhebungen erfolgte und dabei mit zwei Aufgabentypen gearbeitet wurde (bei einem Aufgabentyp sollte zu einem als Bild dargestellten Substantiv der bestimmte Artikel im Nom. Sing. hinzugeschrieben werden, bei dem anderen Wort war das Substantiv orthographisch als Wort dargestellt), konnte auch die Frage beantwortet werden, ob Unterschiede bei der Genuszuweisung zu Substantiven, die als Bild bzw. als geschriebenes Wort dargestellt wurden, auftreten. Der Wertevergleich bei der ersten Erhebung hat zwar keine signifikanten Unterschiede ergeben, dafür aber der bei der zweiten Messung, was offenlegt, dass das Genus den als geschriebenes Wort dargestellten Substantiven häufiger korrekt zugewiesen wurde als den Bildern. Menzel und Tamaoka (1995, 17) erklären dieses Ergebnis folgendermaßen:

> „Bei der Testvorbereitung werden die orthographische Darstellung des Wortes, seine Bedeutung und der Artikel im Nominativ Singular zusammen auswendig gelernt. Längerfristig gesehen scheint jedoch die Tendenz zu bestehen, dass der Artikel eher mit der orthographischen Darstellung als mit der Bedeutung des Wortes zusammen im Gedächtnis gespeichert wird."

Aus diesen Ergebnissen könnte man schlussfolgern, dass die Verbindung von orthographischer Darstellung und Artikel im Gedächtnis tendenziell stärker ist als die vom Bild und Artikel. Wie aber schon u.a. in Kap. 2.2.4.1 aufgezeigt wurde, ist dies jedoch eher nicht auf den Informationskode selbst zurückzuführen sondern auf das Phänomen der verbesserten Wiedergabe bzw. Wiedererkennungsleistung bei dem Auftreten einer Ähnlichkeit zwischen Lern- und Abrufsituation. Ein weiteres interessantes Ergebnis der Untersuchung: die Vergessensrate bei den Vokabeln lag weit höher als beim Genus – wenn Lernende das Wort vergessen haben, griffen sie auf semantische Assoziationen zurück und konnten so auch das richtige Genus zuweisen. Hätten sie das nicht getan, hätte sich, laut Menzel und Tamaoka, die Genuszuweisung im gleichen Maße verschlechtern müssen wie die verschriftlichte Nennung der Substantive. Dieses Ergebnis entspricht somit den Erkenntnissen aus der Erstsprachenerwerbsforschung, denen nach Muttersprachler in den ersten Erwerbsphasen semantische Kriterien erst dann zu Hilfe nehmen, wenn sie nicht auf auswendig gelernte Amalgame zurückgreifen können (vgl. MacWhinney 1978, 68ff). Da, wie die Untersuchungen aufzeigen konnten, die leistungsschwächeren Lernenden Vokabeln eher vergessen als die leistungsstärkeren Lerner, sind sie mehr darauf angewiesen, semantische Assoziationen als Strategien für die Genuszuweisung heranzuziehen. Aus diesen Ergebnissen wird ersichtlich, dass die Studenten in der leistungsschwächeren Gruppe aus Mangel an abrufbereiten auswendig gelernten Formen im vermehrten Umfang auf semantische Genuszuweisungsstrategien zurückgreifen.

Nach einer ausführlichen Analyse der Untersuchungsergebnisse kommen Menzel und Tamaoka zu dem Schluss, dass es sich bei der Genuszuordnung bei Anfängern nicht um reine Zufallsantworten handelt, denn in diesem Fall hätte die Summe der richtigen Antworten nur etwa 33% betragen. Der höhere Stellenwert sei wahrscheinlich dem Auswendiglernen zuzuschreiben, wobei die Studenten bei der Gedächtnisarbeit verschiedene Strategien anwendeten. Dabei scheint die Assoziation zum Wort (orthographische Darstellung) tendenziell stärker zu sein als zur Bedeutung des Substantivs (Überlegenheit des visuellen Speichers). Wenn das Wort aber nicht wiedererinnert werden kann, besonders im Falle von leistungsschwächeren Lernern, findet ein Rückgriff auf semantische Assoziationen statt. Die Verwertbarkeit morphologischer Anhaltspunkte ist für Anfänger zwangsläufig sehr limitiert, denn das Einsetzen solcher Strategien setzt voraus, dass ein ausreichender Input bereits vorhanden ist. Für die Genuszuweisung im Deutschen bedeutet dies, dass der Lernende bereits einen gewissen Bestand an Substantiven samt Artikel gespeichert haben muss, um daraus formbasierte Regeln ableiten zu können. Die Genuszuweisungsfähigkeit entwickelt sich bei den Lernenden als integraler Bestandteil ihrer allgemeinen Sprachkompetenz in Deutsch.

3.3.2 Bewusste Lernverhalten – Ergebnisse einer Umfrage zu Genuszuweisungsverfahren

Wie zu Anfang des Kapitels bereits festgestellt wurde, setzt jeder Lernende Lernstrategien ein – es stellt sich nur die Frage, welche davon bewusst, potentiell bewusst bzw. unbewusst verlaufen und welche Formen sie jeweils annehmen. Im Sommersemester 2004 wurde von der Verfasserin dieser Arbeit an der Universität Warschau eine Befragung[79] unter 76 polnischen DaF-Studierenden durchgeführt, deren Ziel es war zu ermitteln, welche Genuszuweisungsverfahren Deutschlernende kennen bzw. bewusst anwenden, um sich das Genus von neuen Wörtern anzueignen. Von Interesse war auch die Frage, inwieweit Deutschlehrende (aus der Sicht der Lernenden) im Unterricht Lernstrategien für die Genuszuweisung anbieten, seien es jetzt formale oder auch semantische Regelmäßigkeiten, mnemotechnische Verfahren oder noch andere Lerntipps.

Alle Befragten waren im Alter zwischen 19–26 Jahren (das Durchschnittsalter lag bei 21) und gaben an seit mindestens 4 Jahren Deutsch zu lernen und bereits von mehreren Lehrern unterrichtet worden zu sein. Auf die Frage, wo sie vor Aufnahme des Studiums Deutsch gelernt haben, antworteten sie (N=76) folgendermaßen[80] – s. Abb. 13.

Die meisten Befragten (25) haben bereits vor dem Studium Erfahrungen mit mehreren Lehrenden gesammelt, da sie Deutsch sowohl in der Schule, als auch privat (z.B. bei Nachhilfe), in einem (oder mehreren) Deutschkursen und oft auch im Ausland in Sprachkursen, auf Reisen, bei Austauschprogrammen etc. gelernt haben. 22

[79] Die Fragen wurden detailliert mündlich erläutert und die Befragten antworteten schriftlich.

[80] Die Frage wurde offen formuliert. Die Antworten wurden zu den in dem Diagramm in Abb. 13 aufgezeichneten Kategorien zusammengefasst.

Personen gaben an, die Sprache ausschließlich in der Schule und auch beim Privatunterricht gelernt zu haben. Da alle Studierende desselben Instituts waren (Institut für Angewandte Linguistik), konnte auch sichergestellt werden, dass die Befragten schon im ersten Studienjahr Erfahrung mit mehr als vier DaF-Lehrpersonen gemacht haben, da die obligatorischen acht Unterrichtseinheiten sprachpraktische Übungen pro Woche zu Studienanfang auf mehrere Dozenten entfallen.

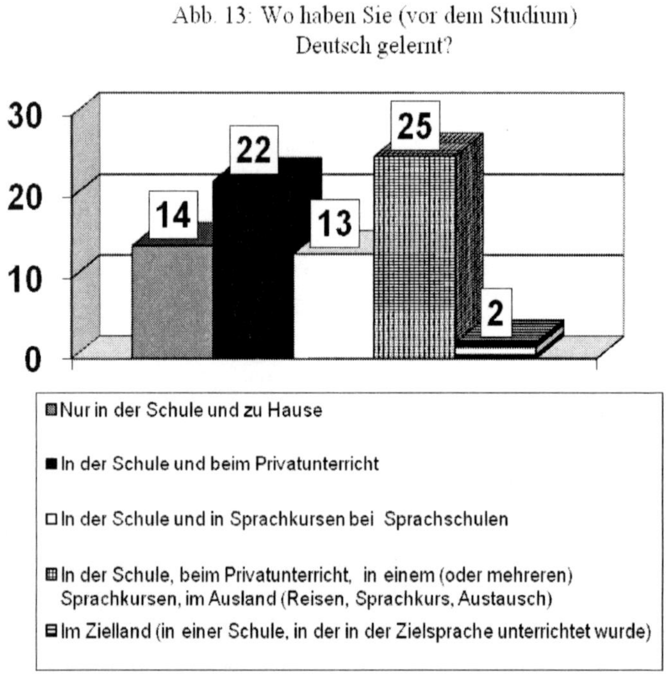

Abb. 13:
Wo haben Sie (vor dem Studium) Deutsch gelernt?

Das Interesse der Versuchsleiterin bei der Umfrageaktion betraf zum einen die Ratschläge, die seitens der Lehrenden erteilt werden, und zwar sowohl im Anfangsunterricht, wo das Genus zum ersten Mal eingeführt wird, als auch beim späteren Lernen in der Schule, bei Sprachkursen bzw. während des Studiums. Somit konnte festgestellt werden, ob, aus der Sicht der Lernenden, Lehrende beim Unterrichten Möglichkeiten anbieten, das Genuszuweisungsproblem leichter zu bewältigen und, falls ja, welche Ratschläge genannt werden. Zum anderen wurden die Befragten gebeten, ihre eigenen Genuslernverfahren aufzuschreiben. Es folgt eine Zusammenfassung der wichtigsten Ergebnisse (s. auch Abb. 14):

• Frage 1): *Lernvorschläge zur Genuszuweisung im Anfangsunterricht:*
Die Befragten wurden gebeten sich an ihren Anfangsunterricht zu erinnern und zu berichten, ob der damalige Lehrer das Genuszuweisungsproblem angesprochen hat und Ratschläge für das Lernen gegeben hat. Die Umfrage ergab, dass nur in 26% der Fälle (entspricht 20 Antworten) Lehrende Ratschläge zum Genuslernen erteilten. In 74% der Fälle (entspricht 56 Negativantworten) boten Lehrende im Anfangsunterricht keinen Lernvorschlag. Bei der Angabe: „Nein, kein Vorschlag zum Genuslernen im Anfangsunterricht" schrieben viele Befragte hinzu:

> „Einfach nur auswendig lernen, aber der Lehrer hat nicht gesagt wie/man muss Pauken, Pauken, Pauken/der Artikel wurde mit dem Substantiv nur auf die Tafel geschrieben und man musste es lernen/ich habe immer gehört es gibt keine Strategie/der Lehrer hat leider nichts gesagt."

Einige Befragte gaben auch an, dass sie am Anfang selbst versucht haben, eine Regel bzw. eine Methode zu abstrahieren, dies jedoch erfolglos. Die hohe Anzahl an negativen Antworten lässt keine Zweifel offen, dass Lehrende im Anfangsunterricht Lernenden kaum Strategien anbieten, die das Erlernen der Genuszuweisung erleichtern könnten, es wird zumeist der Ratschlag erteilt, „einfach auswendig zu lernen".

Bei den „Ja-Antworten" haben DaF-Lehrende meistens folgende Strategien des Lernens empfohlen[81]:

Strategie/Ratschlag	**Anzahl der Nennungen**
Bestimmte Vergleiche und Regelmäßigkeiten (ohne nähere Angaben)	1
Es gibt Strategien/Regeln, die es vereinfachen können (ohne nähere Angaben)	2
Natürliches Geschlecht	1
Viele Wörter haben dasselbe Genus wie im Polnischen	1
Erstellen von Gedächtnisbildern, z.B. Assoziation mit Feuer für das sächliche Geschlecht	1
Markieren der Wörter mit Farben („der" – blau, „die"- rosa und „das"- grün)	1
Semantische Gruppen (Schiffe2[1], Flüsse1, Seen1, Winde1, Jahreszeiten1)	3
Endungen/Präfixe (-heit4, -ung4, -schaft1, -lein1, -keit1, ge-...1, -e1): *6 Endungen/Präfixe, die insgesamt 13-mal erwähnt wurden*	13
Nennungen zusammen:	23

[1] Die Zahlen hinter den Kategorien geben an, wie oft die jeweilige Gruppe erwähnt worden ist.

Abb. 14:
Übersicht über die positiven Beiträge zu Lernvorschlägen der Lehrer im Anfangsunterricht

[81] In einigen Beiträgen wurden mehrere Methoden genannt, so ergaben 20 positive Antworten insgesamt 23 Nennungen.

Am häufigsten wurde den Lernenden der Ratschlag erteilt, auf die Wortendung zu schauen (12 Nennungen). Auch wenn angenommen werden kann, dass vielfach im Unterricht mehrere Endungen erwähnt wurden, haben sich besonders einige eingeprägt, denn spontan nannten die Befragten vor allem die typischen Wortendungen für das weibliche Geschlecht (*heit/keit/schaft/ung/e*). Drei Befragte gaben an über semantische Kriterien informiert worden zu sein (auch hier ist die Wahl der spontan genannten Gruppen interessant – erwähnt wurden Schiffe, Flüsse, Seen, Winde und Jahreszeiten). Jeweils mit nur einer Nennung sind solche Vorschläge, wie das Erstellen von Gedächtnisbildern oder das Benutzen von Farbmarkierungen vertreten.

• Frage 2): *Lernvorschlag seitens der Lehrperson im späteren DaF-Unterricht:*

Mit Hilfe dieser Frage sollte festgestellt werden, inwieweit im fortgeschrittenen Fremdsprachenunterricht Lehrpersonen Auskunft über (weitere) Möglichkeiten des Erlernens der Genuszuordnung geben. Nur drei Personen gaben an, sowohl im Anfangsunterricht, als auch später Ratschläge von Lehrern bekommen zu haben, dagegen meinten 15 Personen, dass sie erst im späteren DaF-Unterricht Tipps erhielten, wie man die Genuszuweisung anders als nur durch „Pauken" erlernen könne. Die 18 positiven Angaben resultierten in den folgenden 26 Nennungen (s. Abb. 15):

Strategie/Ratschlag	**Anzahl der Nennungen**
Formale Kriterien: Nomen, die von Verben abstammen sind immer „das" (z.B. das Fahren)	1
Natürliches Geschlecht	1
Strategie der Assoziation der Artikelendung „r", „e" oder „s" mit demselben Buchstaben im polnischen Wort (Anwendung vor allem bei „schwankenden Substantiven")	2
Ratschläge/Lerntipps ohne nähere Angaben	4
Semantische Gruppen (Staaten1, Blumen1, Alkoholbezeichnungen1, Zeitbezeichnungen1, Wetter1, geographische Namen1, Flüsse1, Autos1)	7
Endungen/Präfixe (-heit6, -keit6,- schaft2, - ismus1, -ung3, -(i)e2, -tät2, -er2, ge-...1)	11
Nennungen zusammen	26

Abb. 15:
Übersicht über die positiven Beiträge zu Lernvorschlägen der Lehrer im späteren DaF-Unterricht

Auch hier überwiegt der Tipp sich einige Regeln zu Wortendungen für die Genuszuordnung zu merken (zehn Nennungen mit insgesamt neun Angaben zu Endungen). Es wurden auch acht semantische Gruppen genannt (bei den Angaben zum Anfangsunterricht waren es aber nicht viel weniger: fünf).

Rechnet man nun sowohl die Vorschläge, die im Anfangsunterricht gegeben wurden mit denen aus dem späteren Deutschunterricht zusammen, so ergibt sich die folgende Übersicht über Lerntipps zur Genuszuordnung (Abb. 16):

Strategie/Ratschlag	**Anzahl der Nennungen**
Formale Kriterien: Nomen, die von Verben abstammen sind immer „das" (z.B. das Fahren)	1
Erstellen von Gedächtnisbildern, z.B. Assoziation mit Feuer für das sächliche Geschlecht	1
Markieren der Wörter mit Farben („der" – blau, „die"- rosa und „das"- grün)	1
Viele Wörter haben dasselbe Genus wie im Polnischen	1
Strategie der Assoziation der Artikelendung „r", „e" oder „s" mit demselben Buchstaben im polnischen Wort (Anwendung vor allem bei „schwankenden Substantiven")	2
Ratschläge/ Lerntipps ohne nähere Angaben	7
Semantische Gruppen (Staaten1, Blumen1, Alkoholbezeichnungen1, Zeitbezeichnungen1, Wetter1, Winde1, Seen1, geographische Namen1, Flüsse2, Autos1, Schiffe 2, Jahreszeiten1)	**10**
Endungen/Präfixe (-heit10, -keit7,- schaft3, - ismus1, -ung4, -(i)e3, -tät2, -er 2, -lein1, ge-...2)	**24**
Nennungen zusammen	49

Abb. 16:
Übersicht über die positiven Beiträge zu Lernvorschlägen der Lehrer im Anfangs- und im späteren DaF-Unterricht

Die Umfrage zeigt, dass Lehrer generell gesehen häufiger *keine* Lernvorschläge zur Genuszuordnung erteilen: sowohl in Bezug auf den Anfangs- als auch auf den späteren Unterricht wurde die Frage, ob eine Lernstrategie vermittelt wurde oder nicht, jedes Mal ca. 20-mal bejaht, mehr als 50 Antworten fielen negativ aus. Falls aber Ratschläge gegeben werden, dann beziehen sich diese überwiegend auf die Regeln, die Wortendungen betreffen (insgesamt 24 Nennungen), oder auf semantische Gruppen (10)[82]. Andere Lerntipps kommen nur vereinzelt vor.

• Frage 3): *Lernvorschläge der Lernenden zur Genuszuweisung:*

Die Befragten wurden gebeten zu berichten, welche Verfahren sie benutzen, um sich mit dem Lernproblem Genus auseinanderzusetzen (s. dazu Abb. 17). 29 Befragte gaben an, sie hätten keine Strategie/Technik bzw. sie würden keine Tipps kennen, um

[82] Beide Gruppen wurden in der tabellarischen Übersicht hervorgehoben.

sich das Genus anzueignen. Diese Personen verfahren beim Lernen einfach, indem sie „pauken", „auswendig lernen" oder „nur im Gedächtnis wiederholen". Obwohl bei Frage 1 und 2 die Befragten angaben, insgesamt nur wenige Lösungsvorschläge seitens der Lehrenden bekommen zu haben (und diese bezogen sich fast nur ausschließlich auf formale bzw. semantische Kriterien), so ergab die dritte Frage eine große Fülle an unterschiedlichen Vorschlägen seitens der Lernenden selbst (s. Abb. 17). Die meisten Befragten scheinen hauptsächlich auf drei Lernverfahren zurückzugreifen: auf die Wiederholung (12 Nennungen), das Lernen mit Farben (12) oder auf verschiedene Assoziationsformen (insgesamt 21 Angaben zu subjektiven Assoziationen, Assoziationen mit Buchstaben und mit geschlechtsspezifischen Merkmalen). In acht Nennungen wurde die Assoziation mit dem Buchstaben erwähnt. Das in der Tabelle angeführte Beispiel (*das/der Verdienst*) zeigt, dass sich diese Technik als besonders nützlich bei schwankenden Substantiven erweist. Auch der Bezug zur Muttersprache[83] (Kontrastivmethode) wurde von einigen Befragten explizit angesprochen.

Zusammenfassend kann folgendes festgestellt werden: die Umfrage bestätigte erneut, dass Lehrende den Lernenden selten konkrete Lernvorschläge für den Bereich der Genuszuweisung erteilen. Die Begründung ist, wie früher aufgezeigt werden konnte, mit großer Wahrscheinlichkeit durch die Komplexität und schwere Vermittelbarkeit des Lernproblems bedingt, auch Lehrbücher bieten Lehrern kaum Unterstützung. Im Endeffekt nennen Deutschlehrer meistens nur semantische und formale Kriterien, sonst erteilen sie den Ratschlag „einfach auswendig zu lernen" – und zwar im Anfangsunterricht als auch bei fortgeschrittenen Lernern. Es kann zwar mit großer Wahrscheinlichkeit angenommen werden, dass auch andere Vorschläge im Unterricht genannt wurden, diese haben sich jedoch den Befragten offenbar wenig eingeprägt. Zugleich muss festgehalten werden, dass die Befragten eher das Gefühl vermittelten alle neuen Vorschläge zum Artikellernen gerne willkommen zu heißen, da sie bislang immer wieder feststellen mussten, dass auch ihre eigenen Strategien nicht immer optimal funktionierten. Anhand der Aussagen der Befragten wurde während der Umfrage auch deutlich, dass viele Lernende solche formalen Kriterien wie z.B. Endungen für so offensichtlich halten, dass sie nur „nebenbei" erwähnt werden und kaum bewusst als Lernstrategie wahrgenommen werden. Daher muss angenommen werden, dass sich hinter einem bestimmten Teil der Negativantworten (bei der Frage zu Lehrerratschlägen) auch positive Antworten verbergen, die sich auf eben diese formalen Kriterien beziehen. Trotzdem ergab die Befragung ein eindeutiges Ergebnis, und zwar, dass Lernende, angesichts des Mangels an sinnvollen Ratschlägen im Unterricht, zumeist selbst Strategien entwickeln, um sich das Genus einzuprägen: Bei der Frage nach eigenen Lernvorschlägen gab die Mehrzahl der Befragten (47 Personen) positive Antworten, nur 29 mein-

[83] Sinnvoll wäre auch ein Vergleich mit anderen Sprachen.

Eigener Lernvorschlag:	Anzahl der Nennungen
Keine Strategie: *„Nein, ich habe keine Methode/Strategie/Technik etc.“*, bzw. keine Angabe, oder als Angabe *„pauken/auswendig lernen/ reines Wiederholen im Gedächtnis“* aber ohne genauere Details	29
Wiederholung: (mehrmals) mündlich laut den Artikel wiederholen, um sich das Lautbild einzuprägen (4 Angaben), bzw. sich (mehrmals) das Wort mit dem Artikel aufschreiben (im Heft/Ringbuch/auf einem Blatt) (7 Ang.) oder unterstreichen und erneut lesen (1)	12
Mit Farben markieren (6) (der- blau/schwarzgrün, die- rot/rosa, das- grün): Die Artikel in drei Farben (auf Blättern) aufschreiben (2), unterstreichen (3), in einer Tabelle mit drei Spalten farblich notieren (1)	12
Subjektive Assoziation des Artikels mit einem Wort/Bild, sich das Wort samt Artikel bildlich vorstellen (7), bzw. das Wort mit anderen Wörtern assoziieren, vergleichen, Ähnlichkeiten finden (2); Assoziation (keine näheren Angaben) (2)	11
Assoziation mit Buchstaben: Den Artikelbuchstaben –s, -e, -r mit dem letzten bzw. demselben Buchstaben im deutschen bzw. im polnischen Wort assoziieren, z.B. der See- jezioro; Verdienst: 1)das= auf polnisch zasługa; 2) der= zarobek ; r Ahorn (7)	8
Endung des Wortes	6
Kontrastivmethode: Bezug oder Vergleich mit der Muttersprache (Übereinstimmung des Genus oder Kontrast)	4
Semantische Kategorien	3
Räumliche Anordnung: Aufschreiben in drei verschiedenen **Spalten in einer Tabelle** (auf einem Blatt) (ev. zusätzlich in 3 Farben markieren)	3
Wort in verschiedenen Verbindungen/Situationen gebrauchen: sich den Artikel in ganzen (kurzen) Sätzen im Akkusativ merken (1), neue unbekannte Wörter übersetzen (1), sich mit Kommilitonen gegenseitig abfragen (1)	3
Assoziation mit geschlechtsspezifischen Symbolen: sich Bilder vorstellen, die mit einer Frau, einem Mann, oder einem Kind verbunden sind, bzw. dass ein Wort z.B. weiblich aussieht.	2
Das Genus (nicht den vollen Artikel) neben dem Wort eintragen	1
Insgesamt: 92 Antworten, davon 29 negativ und 63 positiv.	92

Abb. 17:
Vorschläge der Lernenden zum Erlernen des Genus

ten, sie hätten keine andere Strategie als „pauken“. Obwohl also Lernstrategien im schulischen Bereich kaum angesprochen werden, greifen die meisten Lernenden bewusst auf unterschiedliche Verfahren zurück, wenn sie auf den Problembereich Genus stoßen. Dieses Ergebnis bestätigt die in der Forschungsliteratur vorherrschende Position, dass bei Lernenden eine starke Bereitschaft vorhanden ist, ihre Lernprozesse selbst zu organisieren (Edelhoff/Weskamp 1999). Oft betrafen die genannten Methoden nur einen gewissen Ausschnitt des Lernproblems (z.B. nur die Anwendung von Lernstrategien, wenn Artikel von „schwankenden Nomen" samt Bedeutung gelernt werden). Am häufigsten greifen die Lernenden jedoch auf die Strategie „Wiederholung mit Hilfe von verschiedenen Lernhilfen" (aufschreiben, laut vorsprechen etc.) und auf den Einsatz von Farben zurück. Viele verwenden unterschiedliche Assoziationstechniken, obwohl diese meistens subjektiv sind, nur bei schwierigen Wörtern eingesetzt werden und kaum eine systematische Verwendung finden. Die Lernenden scheinen sich bei der Wahl der Strategien eher intuitiv führen zu lassen, kennen selten andere Techniken und verbleiben offenbar bei der, die sie schon kennen, unabhängig davon, in welchem Ausmaß sie sich letztendlich als effektiv erweist.

Um die Ergebnisse dieser Umfrage in einem breiteren Kontext darzustellen, sei an dieser Stelle auf die Gemeinsamkeiten hingewiesen, die sich durch den Vergleich mit einer Fragebogenerhebung zum Thema Wortschatzlerntechniken, die 1992 von Hochfellner (1993) unter 218 Französisch Lernenden österreichischen Schülern[84] und 34 Französischlehrern durchgeführt wurde, ergeben haben. Obwohl die Befragung von Hochfellner in erster Linie die Wortschatzaneignung betraf, können einige Erkenntnisse aus dieser Studie auch für das Artikellernen im Deutschen genutzt werden, da das Genus ein integrales Element des Wortschatzes ist[85]. Insbesondere verdienen die gewonnen Einsichten hinsichtlich Lerntechnik (Einprägungsweise) und Notizerstellung (Ordnung der neuen Wörter nach bestimmten Merkmalen) Beachtung. Einen wichtigen Punkt stellt auch die von Hochfellner festgestellte Diskrepanz zwischen den Lehrerantworten und den Schülerangaben hinsichtlich der Vermittlung von Lerntechniken dar, denn ähnlich wie bei der Fragebogenerhebung der Verfasserin, gaben die meisten Befragten an, selbst Strategien entwickelt zu haben und nur in geringem Ausmaß von den Lehrenden nützliche Hinweise hinsichtlich Lernmöglichkeiten bekommen zu haben.

Erstes wichtiges Ergebnis der Befragung von Hochfellner ist, dass, um die Kenntnisse in der Fremdsprache zu erweitern, die Lernenden zu Hause vornehmlich das Lernen von Vokabeln wählen (195 Nennungen[86]), erst dann folgen Bereiche wie Grammatik (129), Konversation (24), Übersetzungen (22) und Schreiben/Lesen (beide insgesamt weniger als 20 Nennungen). Die Beschäftigung mit den neuen fremdsprachigen Wörtern scheint also auch außerhalb des schulischen Unterrichts von allen anderen fremdsprachlichen Aspekten am intensivsten zu erfolgen (siehe dazu die genauen Angaben bezüglich Lernhäufigkeit in Hochfellner 1993, 47f). Der überwiegende Teil der Befragten verwendet zum Vokabellernen ein Vokabelheft

84 An der Befragung nahmen Schüler von dreizehn Gymnasien, einer Handelsakademie und einer Höheren Lehranstalt für wirtschaftliche Berufe teil die sich im 1-5 Lernjahr befanden.

85 So auch im Französischen, da es sich auch um eine Genussprache handelt.

86 Bei dieser Frage wurden Mehrfachantworten erlaubt.

(36%) oder Vokabellisten im Schulbuch (14%) bzw. beide. Vokabelkarteien und Ringbücher werden trotz ihres lernpsychologischen Nutzens nur vereinzelt verwendet. 75% ordnen die Vokabeln überhaupt nicht, nur 7% kategorisieren nach Sachgebiet/Wortart (4%) oder Lektion (2%), nur vier Personen gaben an ihre Vokabeln nach Geschlecht zu ordnen, obwohl sie vorher selbst feststellten, das Genus bereite ihnen beim Wortschatzerwerb die meisten Schwierigkeiten[87] (Hochfellner 1993: 50ff). Die Frage, wie neue Vokabeln eingeprägt werden, ist, ähnlich wie bei der Umfrage der Verfasserin, in gewisser Hinsicht problematisch, da das Einprägen teilweise völlig automatisiert verläuft und deshalb auch nicht unbedingt bewusst ist. Trotzdem zeigte sich auch hier eine recht große Varietät an Einprägungsstrategien, die vom stillen Lesen bis zu einer Kombination aus mehreren Lerntechniken, z.B. stillem Lesen+ Schreiben+ Eselsbrücken reichen.

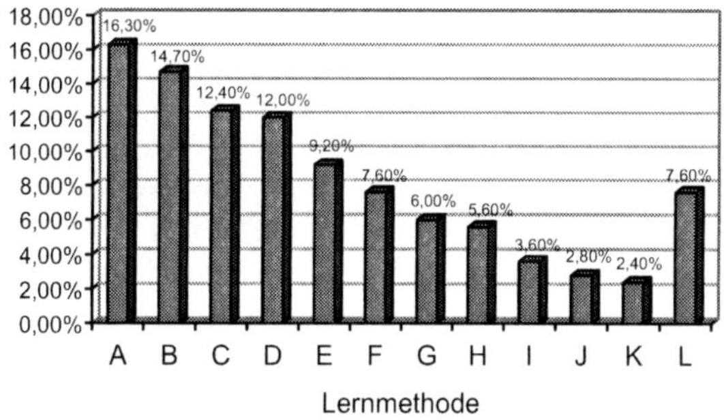

A: Stilles Lesen B: Lautes Lesen+ Schreiben C: Stilles Lesen+ Eselsbrücken [1] D: Stilles Lesen+ Schreiben E: Lautes Lesen F: Lautes Lesen+ Schreiben+ Eselsbrücken G: Stilles Lesen+ Schreiben+ Eselsbrücken	H: Lautes Lesen+ Eselsbrücken I: Stilles Lesen+ lautes Lesen+ Eselsbrücken J: Stilles Lesen+ lautes Lesen K: Schreiben L: Sonstige

[1] Besonders solche, die durch die Verknüpfung zur Muttersprache entstehen.

Abb. 18:
Einprägen von Vokabeln
(Hochfellner 1993, 60)

[87] Als Schwierigkeiten wurden u.a. auch lern- und gedächtnispsychologische Aspekte, wie z.B. die Anzahl der zu lernenden Wörter, das langzeitige Behalten, das Fehlen von Eselsbrücken, die eine gedächtnisstützende Funktion erfüllen könnten, genannt.

Betrachtet man aber die Ergebnisse, die bei dieser Frage zum Vorschein kamen, so wird der große Unterschied zu den Lerntechniken sichtbar, die die Befragten bei der Studie der Verfasserin nannten: ohne Zweifel beeinflusst die Form der Fragestellung (halbgeschlossene Fragen, also Antwortvorgaben + Kategorie: „Sonstiges" bei der Fragebogenerhebung von Hochfellner gegenüber offenen Fragen bei der Befragung der Verfasserin) die Antworten. Die Problematik der Form der Fragestellung ergibt sich aus dem Umstand der bewussten bzw. unbewussten Verwendung von Lernstrategien.

Weiteres Interesse widmete Hochfellner der Frage, von wem die Befragten Tipps und Hilfestellungen für das Lernen bekommen haben und welche Rolle dabei die Lehrer spielten, da es in erster Linie zu ihren Aufgabenbereichen gehört, diese Art von Kenntnissen zu vermitteln. Das Ergebnis fiel an dieser Stelle vielleicht etwas überraschend aus, dennoch ergab auch die Studie der Verfasserin ähnliche Resultate: rund 66% der Befragten gaben an, von sich aus, ohne die Hilfe von einer anderen Person, eine eigene Lerntechnik entwickelt zu haben. Der Erfahrungsaustausch zwischen Lehrern und Lernenden wie auch unter den Lernenden selbst fiel sehr gering aus:

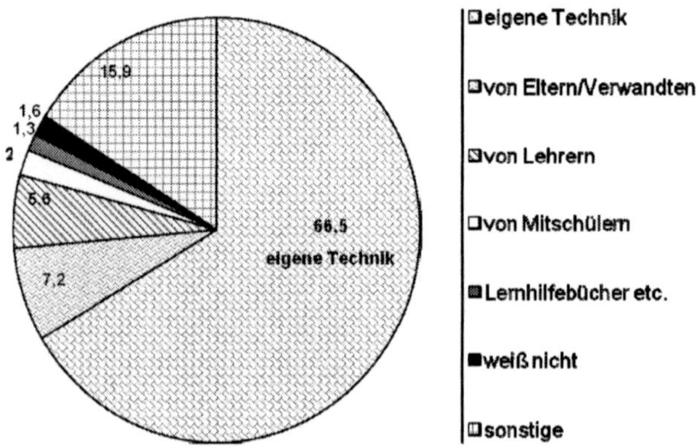

Abb. 19:
Von wem hast du Informationen darüber, wie man Vokabeln lernt, bekommen? (in %)
(Hochfellner 1993, 64)

Fraglich ist natürlich, in welchem Maße den Lernenden überhaupt bewusst ist, wer ihnen Lerntipps gegeben hat: es ist durchaus denkbar, dass in einigen Fällen Schüler von Lehrern doch Informationen bekommen haben, im Laufe der Jahre aber daraus ihre eigene Technik entwickelt haben und jetzt gar nicht mehr an diese Ratschläge denken. Andererseits kann auch der Fall auftreten, dass den Lernenden zwar bewusst ist, wer ihnen einen bestimmten Lerntipp gegeben hat, sie es aber nicht für notwendig halten, die Person zu nennen, weil deren Tipps in der letztendlich von ihnen verwendeten Technik keinen Niederschlag gefunden haben (Hochfellner 1993, 65f).

Bei der *Lehrer*umfrage von Hochfellner gaben 23 der insgesamt 34 Lehrer an, ihren Schülern geraten zu haben, beim Fremdsprachenlernen möglichst viele Eingangskanäle zu berücksichtigten (wobei auch hier die Frage halbgeschlossen formuliert worden ist, was höchstwahrscheinlich die Antworten in großem Maße beeinflusst hat). Eselsbrücken, Verbindungen zu anderen Sprachen bzw. zu bereits bekannten fremdsprachigen Wörtern wurden 15-mal erwähnt. Die Lehrer gaben an, Schüler relativ oft anzuweisen, Vokabeln in regelmäßigen Intervallen zu lernen. Im Gegensatz zu den Schülerantworten meinte die Hälfte der Lehrer (16), sie übten den Vorgang des Einprägens zunächst in der Unterrichtsstunde. Die negativen Antworten (18) wurden damit begründet, dass das Einprägen der Vokabeln den Schülern bereits von anderen Sprachen bekannt sei, dass individuelle Unterschiede bei jedem Schüler das gemeinsame Lernen von Techniken in der Schule unsinnig mache[88], oder dass die Zeit dafür nicht ausreiche.

Die Frage, *womit* und *wie* Lehrer Schülern empfehlen Vokabeln zu lernen, ergab Folgendes: 28 Nennungen entfallen auf das traditionelle Vokabelheft, wobei am häufigsten empfohlen wird, die Wörter in Form von Vokabelgleichungen samt Anwendungsbeispielen zu notieren. Die Lernkartei wird nur 11-mal erwähnt. Die Anzahl der Befürworter und der Gegner des Ordnens von Vokabeln nach bestimmten Kriterien hält sich die Waage (18 zu 16). Falls geordnet wird, dann meistens nach Sachgebieten und Wortfamilien (wie die Angaben der Schüler zeigen, befolgen aber nur wenige diesen Rat). Der größte Widerspruch zwischen Lehrer- und Schüleraussagen betrifft jedoch, wie bereits angesprochen, die Vermittlung von Lerntechniken seitens der Lehrer: Schüler gaben die Lehrperson nur selten als Informant an und behaupteten, die benutzten Strategien selbst entwickelt zu haben, Lehrer hingegen meinten sie würden Lernmethoden im Unterricht behandeln. Obwohl einige Lehrer mit Sicherheit keine lerntechnischen Anregungen im Unterricht geben, so sind jedoch immer noch genug solche vorhanden, die es tun, auch wenn diese Strategien nicht immer der Forderung nach hoher Effektivität standhalten können. Wieder einmal kann vermutet werden, dass es Schülern nicht mehr ganz bewusst ist, dass sie Ratschläge erhalten haben und wer der „Informant" gewesen ist, oder sie halten es aus einem unbekannten Grund nicht für nötig diese Ratschläge zu nennen.

Trotz einiger möglicher Verzerrungsfaktoren weicht das Ergebnis von Hochfellners Umfrage aber nicht wesentlich von dem der Verfasserin ab: in beiden Untersuchungen wird die Diskrepanz zwischen Lehrer- und Lernerangaben in Bezug auf die

[88] In der fachdidaktischen Diskussion besteht heutzutage weitgehend Einigkeit darüber, dass nicht das Lehren von universell „guten" Strategien sondern eine autonomiefördernde Strategievermittlung als Auswahlangebot für die Lerner im Mittelpunkt stehen sollte. Das Ziel wäre, dem einzelnen Lerner zu helfen, aus dem präsentierten Strategienspektrum die zum jeweiligen Lerntyp und der Aufgabe passenden Strategien bewusst auszuwählen, auszuprobieren und zu evaluieren (vgl. Tönshoff 2003, 333).

Quelle der benutzten Strategien deutlich. Es kann davon ausgegangen werden, dass das Resultat von Hochfellners Studie, auch wenn sie nicht immer Anspruch auf volle Validität und Reliabilität erheben kann, doch gewisse Zustände in Hinsicht auf die Situation der Lernstrategienvermittlung zutreffend aufzeigt.

3.3.3 Sprachlernbewusstheit und eine autonomiefördernde Strategievermittlung

Wie die Untersuchungsergebnisse aus dem Bereich der Genusaneignung in den Kapiteln 3.3.1 und 3.3.2 gezeigt haben, spielen Lernstrategien bereits zu Beginn des Fremdsprachenunterrichts eine bedeutende Rolle: Lerner sammeln diverse Erfahrungen in Hinsicht auf das Auftreten von Lernproblemen und die Möglichkeiten ihrer Bewältigung. Das Wissen um Lernstrategien ist in die Entwicklung der Lernforschung/Lernpsychologie, der Hirnforschung und der Diskussionen um den Konstruktivismus, um *language awareness* und die Lernerautonomie eingebettet und muss daher auch stets in diesem breiten Zusammenhang betrachtet werden. Zu beachten ist vor allem die Tatsache, dass die Erforschung von Lern/Gedächtnistechniken bzw. -strategien in den Kognitionswissenschaften, insbesondere der kognitiven Psychologie, die sich mit der menschlichen Kognition, also den Fähigkeiten der Wahrnehmung, des Lernens und Denkens beschäftigt, verankert ist und eng mit dem bereits erwähnten konstruktivistischen Lernansatz zusammenhängt:

> „Alle Teildisziplinen der kognitiven Psychologie begreifen den Menschen als ein autonomes kognitives System, dessen zentrale Aufgabe darin besteht, Informationen aus der Umwelt aufzunehmen und in kognitive Strukturen umzuwandeln (...). Die Verarbeitung der Informationen gelingt ihm auf der Basis einer hoch komplexen kognitiven Ausstattung, die zum einen aus einem Inventar an Strategien besteht, welche die Verarbeitungsprozesse steuern, und zum anderen aus vielschichtigen Wissensspeichern, in welchen die verarbeiteten Informationen organisiert und strukturiert gespeichert werden. Das Lernen wird als ein Prozess der Wissensintegration und Wissensreorganisation verstanden (...). Die Informationsverarbeitung ist (somit) ein Prozess der Konstruktion (...)" (Wolff 2003, 323).

In diesem komplexen Zusammenhang ist auch die Sprachlernbewusstheit zu betrachten. Diese betrifft das Wissen über Lern-, Denk-, und Problemlösestrategien[89] sowie die Fertigkeit, diese anzuwenden (Gnutzmann 2003, 337). Metakognitive Verfahren betref-

[89] Elementare, die Informationsverarbeitung bzw. Handlungsausführung selbst unmittelbar betreffende Strategien werden als kognitive Strategien bezeichnet.

fen also die Planung, Überwachung und Evaluation der Informationsverarbeitung bzw. Handlungsausführung, was eine höhere Eigenständigkeit (Autonomie) des Lernens ermöglicht. Die Verfügbarkeit „eines Arsenals adäquater Lernerstrategien" spielt sowohl beim schulischen als auch beim autonomen Lernen im Sinne eines lebenslangen Lernens eine Schlüsselrolle (Tönshhoff 2003, 332f). Die Frage, wie die strategische Kompetenz von Lernern in Bezug auf höhere Effizienz des Lernens gefördert werden kann, stellt seit geraumer Zeit auch einen wichtigen Interessenbereich der Fremdsprachendidaktik dar, wobei gerade der hohe Stellenwert bewusst machender Verfahren durch zahlreiche empirische Untersuchungen zur Effektivität der Strategievermittlung belegt werden konnte (vgl. dazu u. a. die Beschreibungen von zahlreichen Untersuchungen bei Metzig und Schuster 1993). Auch die Tatsache, dass Lernende „eine starke Bereitschaft aufweisen, ihre Lernprozesse selbst zu organisieren", legt es nahe, dass „gezielte Maßnahmen seitens der Lehrenden in Form von Bewusstmachung von Lernstrategien, als konstruktiv und hilfreich eingeschätzt werden" (Gnutzmann 2003, 339). Der Lehrer tritt im bewusst machenden Prozess in die Rolle eines Lernhelfers bzw. Lernberaters. Die Erkenntnis der kognitiven Psychologie, dass Wissenserwerb ein autonomer Konstruktionsprozess ist, an dem das subjektive Lernerwissen großen Anteil hat, führt also wichtige didaktische Konsequenzen mit sich, und zwar dass das Vermitteln von einer reichen Auswahl an unterschiedlichen Lerntechniken und Strategien eine wichtige Rolle spielt. Lerntechniken können bestimmten Lernzielen zugeordnet werden, dazu gehört unter anderen die Kenntnis von den einzelnen Eigenschaften von Lernhilfen und ihren Anwendungsmöglichkeiten (z.B. Merktechniken, Visualisierungs-, Gliederungs-, Strukturierungstechniken, die Fähigkeit der Evaluation von eigenen instrumentellen Arbeitsverfahren usw.). Die Menge für den Fremdsprachenunterricht nützlicher Techniken kann nicht festgelegt werden, denn nur die Kreativität der Lehrenden und Lernenden setzt hier die Grenzen.

Das zunehmende Wissen um die Bedeutung von Lernstrategien bzw. -techniken macht sich langsam auch in Deutschlehrwerken bemerkbar (ein sehr gutes Beispiel dafür ist das Lernerhandbuch „Eurolingua Deutsch" von Rohrmann und Self 2001[90]; auch andere Lehrwerke, wie „EM" von Perlmann-Balme und Schwalb 2000, „Genial" von Funk u.a. 2002 oder „Planet" von Kopp und Büttner 2004[91] gliedern Lerntechniken von Anfang an in den sprachlichen Lernprozess ein).

Durch das Sprechen über Lerntechniken auf Metaebene in der Schule wird außer dem Bewusstsein für selbstständige Lernanlässe auch ein Gefühl der größeren Sicherheit beim Umgang mit der Fremdsprache entwickelt. Dies betrifft besonders solche Lerntechniken, die Lösungsalternativen für besonders problematische Bereiche einer

[90] Erste Auflage bereits 1996 erschienen.

[91] Beispielsweise regt das Arbeitsbuch zu Planet 1 die Lernenden nach jedem vierten Kapitel zu einer Auseinandersetzung mit unterschiedlichen Lernstrategien/Techniken an, indem es in einer Kapitelreihe mit der Überschrift „Lernen lernen" verschiedene Vorschläge und Übungen zu Lernweisen, Wiederholungsmöglichkeiten und Techniken der Festigung der Fremdsprache bietet.

Fremdsprache (z.B. das deutsche Genus) anbieten. Die Lernenden können ihre Lernkompetenz steigern, indem sie ihr individuelles Lernen überprüfen und dabei ggf. ihre Lerntechniken ändern, variieren, durch andere ersetzen bzw. ergänzen oder auch bestätigen (Rampillon 2003, 342f). Im schulischen Bereich kann das Einrichten einer gemeinsamen Lerntippkartei, die Gestaltung einer Lernecke im Klassenraum oder einer Lernwerkstatt hilfreich sein (ebd.). Eine metakognitive Reflexion folgt manchmal bereits unmittelbar nach einer einzelnen Übung oder Besprechung, sie kann aber auch erst nach längeren relevanten Lernabschnitten erfolgen. Neuere Lehrwerke und Lernmaterialien bieten manchmal sogar durchgängig Lerntechniken an (s. z.B. das bereits erwähnte Lehrwerk „EM“ Hauptkurs von Perlmann-Balme/Schwalb 2000: u.a. die Seiten 21; 25; 44), die Auswahl und die Art der Behandlung nimmt jedoch meistens eher willkürliche und zufällige Formen an. Den Sammlungen fehlt vor allem eine systematische Aufgabentypologie zur Vermittlung von Lerntechniken und Lernstrategien, wie sie Tönshoff (1992; 1997) gefordert und Rampillon (2000) entworfen hat. Eine solche Typologie sollte Aufgaben zur Sensibilisierung für die eigenen Lernvorgänge, zum ersten Kennen lernen einer Lerntechnik, Aufgaben zum Sammeln und Vergleichen einer Lerntechnik mit anderen Techniken, Aufgaben zum Erproben und Evaluieren verschiedener Lerntechniken und Aufgaben zum selbstständigen Einsatz von Lerntechniken enthalten. Außer der Lehrwerke bieten zahlreiche Lerntechnikratgeber Gelegenheiten zur Entwicklung der eigenen Lernbewusstheit.

Bei Strategievermittlungsverfahren ist besonders auf individuelle Unterschiede der Lernenden zu achten (Metzig und Schuster 1993, 208). Durch Fragen im Unterricht kann ermittelt werden, auf welche Art die Lernenden bislang bestimmte Bereiche der Fremdsprache gelernt haben. Auf solch einer Grundlage könnte eine systematische Vermittlung von Lerntechniken in den Unterricht Schritt für Schritt eingebaut werden. Bergemann (2005, 19) betont, dass das Üben von Techniken nicht auf das häusliche Lernen verschoben, sondern immer wieder auch im Unterricht stattfinden sollte, da Lerntechniken durch gezielte und nicht zufällige Übungen trainiert und gegebenenfalls vom Lehrenden hinsichtlich ihrer Korrektheit überprüft werden müssen. Wichtig ist auch, dass durch die Erprobung im Unterricht, die Lernenden ein breiteres Forum für den Erfahrungsaustausch gewinnen, sich gegenseitig anregen und an Problemlösungen arbeiten können (ebd.). Dies ist in sofern wichtig, dass die Lerner am häufigsten Lerntechniken von Mitschülern akzeptieren und gegebenenfalls auch übernehmen (Untersuchungsergebnisse von Rampillon und Reisener 1995, 7).

In diesem Sinne sollte auch der Umgang mit mnemotechnischen Verfahren in den Unterricht einfließen: der Lehrende sollte lernfördernde Vorschläge für die Auseinandersetzung mit konkreten sprachlichen Lernproblemen anbieten und den Raum zur Erprobung schaffen. Aufgrund der individuellen Unterschiede von Lernenden sollte aber darauf geachtet werden, dass neue Strategien tatsächlich nur als Vorschläge, und nicht als verpflichtende Maßnahmen eingesetzt werden und dass die Lernenden mit der Zeit das Bewusstsein dafür entwickeln, mit welchen Verfahren sie am besten zurechtkommen und diese dann entfalten (vgl. dazu auch Metzig und Schuster 1993, 210; Weinrich 1991, 147).

Somit werden in den nächsten Kapiteln Mnemotechniken vorgestellt, die für das Lernen von Genuszuweisungen hilfreich sein können. Auch hier werden die Techniken als Vorschläge verstanden, die zum eigenen Erproben und Experimentieren gedacht sind. In diesem Kontext sollten auch die anschließenden Beispiele aus Lehrwerken betrachtet werden.

3.4 Das Auswendiglernen vs. die Vermittlung des Genus mit Hilfe von Mnemotechniken

Im Hinblick auf Meinerts Kosten-Nutzen-Rechnung bei der Prüfung von Genuszuweisungsregeln (Meinert 1989) haben sich einige Regeln ergeben, die eine Lernentlastung für die Lernenden bieten können – diese wurden im Kap. 3.2.3 am Beispiel der Lösungskonzepte von Meinert und von Wegera vorgestellt und betreffen hauptsächlich formale und semantische Kriterien. Ein einheitliches didaktisches Konzept fehlt jedoch weiterhin und die vorgeschlagenen Regelwerke umfassen lediglich einen Teilbereich des deutschen Wortschatzes. Die bisherigen Versuche das komplexe Regelsystem zur deutschen Genusbestimmung für den gesamten Wortschatz durch ein hierarchisch aufgebautes System zu vereinfachen und gedächtnisentlastender zu machen, erwiesen sich als wenig erfolgreich, so auch der kaum lernentlastende Versuch von Spitz (1965, 41f), der lediglich zu einer immer noch mindestens 40 Kategorien umfassenden Liste (22 formale und 18 semantische Kategorien) führte[92].

Angesichts der Vielfalt der Regeln des deutschen Genussystems und seiner lernökonomisch bedingten Begrenzungen kapitulieren die Pragmatiker letztendlich und raten schlicht und einfach, sich den Rest der Genuszuordnungen des durch Regeln nicht erfassten Wortschatzes anzueignen, indem der entsprechende Artikel gleich mit dem Substantiv mitgelernt wird. Wie Sperber beobachtet (1989, 149), erteilen diesen Ratschlag, der auch in der Forschungsliteratur weit verbreitet ist und sogar vom Goethe-Institut befürwortet wird, explizit bzw. implizit fast alle gängigen Lehrwerke und Lehrer (und das schon seit der Renaissance – vgl. Kelly 1969, 46). So spricht zum Beispiel Meinert über die Alternativen, die von den Regelmäßigkeiten nicht erfassten Substantivgruppen zu lernen, nur an einer Stelle (Meinert 1989, 58f). Er geht auf die in „Maite lernt Deutsch" (Lektion 1, S. 16) vorgeschlagene Methode ein, Farben anzuwenden. Die einmal für die Genera gewählten Farben sollten bei allen neuen Nomen beibehalten werden, um, wie er sagt, „auf diese Weise eine minimale mnemotechni-

[92] Als Vergleich die 60 formalen und 25 semantischen Kriterien im Duden (Drosdowski 1984, 200–208).

sche Hilfe“ zu leisten. Er meint damit sogleich eine systematische Behandlung dieses Grammatikphänomens induzieren zu können, die dann durch die Behandlung der Genusregeln ausgebaut werden könnte. Levin (1981, 65f) sieht ein großes Potential in der Möglichkeit beim Erlernen vom Wortschatz Mnemotechniken einzusetzen:

> „Although there are some suggestions to the teacher as how to teach vocabulary, there is little guidance to the learner who asks: „How do I memorize (...) better?“ It is in this area that mnemonic devices seem to hold the most promise (...).“

Mangels zusätzlicher Ratschläge, wie den nun gelernt werden sollte, wird der Schüler vor die Möglichkeit gestellt, entweder die Paare auswendig zu lernen, oder, was oft der Fall ist, nach eigenen Lernverfahren zu suchen. Diese individuelle Suche der Lernenden nach neuen Lösungskonzepten resultierte bislang in einer Reihe interessanter Alternativen zum bloßen Auswendiglernen. Dank einzelner Arbeiten wie der von Sperber (1989), auf die in den folgenden Kapiteln detailliert eingegangen wird, wurden diese Vorschläge dokumentiert und fließen bereits vereinzelt in die Fachliteratur als auch langsam in die Lehrwerke ein.

3.4.1 Mnemotechnische Genusvermittlung

Die Beschaffenheit des deutschen Genussystems hat also zu zwei unterschiedlichen Ansichten in Bezug auf die Vermittlung des Genus geführt, die sich hinsichtlich der Lernökonomie deutlich unterscheiden, einander aber auch ohne weiteres ergänzen können. Der Lernende hat die Möglichkeit:

1) das Genus gleich mit dem neuen Substantiv (als Paar) auswendig zu lernen (z.B. durch ständige Wiederholung)
2) das Genus des Substantiv zu lernen, indem andere Strategien als nur das reine Auswendiglernen verwendet werden (z.B. Anwendung von Regeln, Einsatz von Mnemotechniken), wobei in jedem einzelnen Fall eine Prüfung der Deskriptionsregeln bzw. mnemotechnischer Hilfsmittel hinsichtlich ihrer Eignung als Lern- und Merkhilfen durchzuführen wäre (Meinert 1989, 20[93]).

Die Untersuchungen von Menzel und Tamaoka (1995) haben gezeigt, dass Lernende unbewusst eher die Tendenz aufzeigen nach bestimmten Strategien zu verfahren und nach einer Systematik zu suchen, als die Zuordnung nach dem Zufallsprinzip durchzuführen. Da aber nur ein bestimmter Teil des deutschen Wortschatzes mit Hilfe eines grammati-

---

[93] Meinert (1989, 21) verweist auch auf den psychologischen Wert von Regeln, „die den Sprachschülern das Gefühl vermitteln, dem Genus im Deutschen nicht vollkommen machtlos gegenüberzustehen, sondern wenigstens eine gewisse Anzahl von Regeln, Faustregeln und Anhaltspunkten zu besitzen“.

schen Regelwerks erfasst werden kann und das bloße „Auswendiglernen", welches von allen gängigen Lehrwerken und Grammatiken vorgeschlagen wird, wohl kaum als gedächtnisentlastend bezeichnet werden kann, muss in dieser Situation auf andere Lerntechniken zurückgegriffen werden – an dieser Stelle finden die Mnemotechniken ihren Einsatz.

Das Prinzip der Mnemotechniken wurde bereits in früheren Teilen der Arbeit genau erläutert: sie erlauben es Informationen nach bestimmten Kategorien zu ordnen (wobei auf wichtige Einflussfaktoren wie z.B. Konkretheit oder Interaktion[94] zu achten ist). Die Kategorisierung erlaubt eine gruppenmäßige Erfassung von Informationen. Falls kein sinnvoller Zusammenhang zwischen ihnen besteht, können sie auch einzeln gelernt werden, indem eine Assoziation bzw. Assoziationskette hergestellt wird. Beide Möglichkeiten können im Falle des Erlernens der Genus-Substantivzuweisung genutzt werden. Da das deutsche Genussystem generell gesehen nichts anderes darstellt „als die Aufteilung der Sachen und Ideen unserer Welt in verschiedene Gruppen"[95] (Wegera 1997, 9) kann es beim Lernen sehr wohl als ein Kategorisierungsmerkmal eingesetzt werden. Mnemotechniken gewähren dem Lernenden oft eine große Flexibilität, da er selbst die für ihn am besten passende Kombination von Techniken auswählt (dadurch entstand mittlerweile eine große Anzahl an Abwandlungen verschiedener klassischer Methoden) und zumeist selbst bestimmt, welche konkrete Form die Assoziationen annehmen (so werden z.B. bei dem Loci-System die Orte eigens ausgewählt, bei der Assoziationstechnik setzt nur die Phantasie und Kreativität des Lernenden die Grenzen für die Assoziationspaare). Im folgenden Kapitel werden verschiedene für das Erlernen der Genuszuweisung nützliche mnemotechnische Lernmöglichkeiten beschrieben, die hauptsächlich aus einer von Sperber (1989) durchgeführten Lehrerfragebogenaktion zu Mnemotechniken[96] gewonnen werden konnten bzw. aus einigen Lehrwerken, u.a. aus Czochralski (1995), Müller u.a. (2001; 2004), Lemcke u.a. (2001), Rohrmann/Self (2001), Motta (2004a; 2004b; 2004c; 2004d), Kopp/Büttner (2004; 2005), Büttner/Kopp/Alberti (2004a; 2004b; 2005a; 2005b) und anderen Quellen zusammengetragen worden sind. Bemerkenswert ist, dass diese Vorschläge, im Vergleich zu den spärlichen Ratschlägen von Grammatikbuchautoren bei der Behandlung dieses frustrierenden Lernproblems, ein breites Spektrum von vereinfachten Regelkatalogen bzw. mnemotechnischen Hilfsmitteln bieten. Sie zeigen auch, wie sich systematische Regelsammlungen und mnemonische Hilfen sinnvoll ergänzen können.

---

[94] Mehr zum Faktor „Interaktion" s. Sperber (1989, 77ff).

[95] Was ein durchaus weit verbreitetes Phänomen ist, das sich in unterschiedlichen Formen in den einzelnen Sprachen manifestiert. So beispielsweise die Aufteilung in die Kategorien „belebt" und „unbelebt" in hamito-semitischen Sprachen, oder in „essbar" und „unessbar" bei einigen afrikanischen und indianischen Sprachen (Wegera 1997, 10). Für weitere Theorien zur Herkunft des Genus und einer ihm zugrunde liegenden Systematik s. z.B. Royens „Nominale Klassifikations-Systeme in den Sprachen der Erde" (1929), Greenbergs „How does a language acquire gender markers?" (1978, 48ff), Fodors „The origin of grammatical gender" (1959) oder auch Köpckes „Untersuchungen zum Genussystem der deutschen Gegenwartssprache" (1982, 28ff).

[96] Hier wurden nur die Techniken zum Erlernen der Genuszuweisung ausgewählt und zusammengetragen.

3.4.1.1 Ergebnisse einer Lehrerumfrage zum Einsatz von Mnemotechniken im Fremdsprachenunterricht (Sperber 1989)

1988 (im Zeitraum Januar–Juli) führte Sperber (1989) eine groß angelegte Fragebogenaktion durch, die sich an mehr als 700 Institutionen in Deutschland, Kanada, den USA und in geringerem Ausmaß auch an Einrichtungen und Sprachlektoren in anderen europäischen Ländern, darunter Frankreich, Großbritannien, Österreich, Schweden etc. richtete. Zu diesem Zweck kontaktierte er u.a. das Goethe Institut, den Deutschen Akademischen Austauschdienst (DAAD), mehrere Volkshochschulen, Sprachzentren und Institute an universitären und außeruniversitären Bildungseinrichtungen. Die Rücklaufquote lag bei etwa 25 Prozent[97]. Ziel der Umfrage war es festzustellen, in welchem Ausmaß und in welcher Form Mnemotechniken praktischen Einsatz beim Fremdsprachenlehren zum Einsatz kommen. Die Ergebnisse von Sperbers Umfrageaktion bieten u.a. auch diverse Hinweise für den Umgang mit dem Lernproblem Genus. Sie beantworten die folgenden Fragen:

- In wieweit stellen die Lehrenden Überlegungen zu Lösungsmöglichkeiten in dem Bereich des Genuslernens an?
- Welchen Platz nehmen diese im Rahmen aller Sprachlehrprobleme ein?
- Welche Lösungskonzepte werden am häufigsten genutzt?

Sperber bat in seinem Fragebogen zuerst Auskunft darüber zu geben, ob die Befragten Mnemotechniken verwenden. Bei positiven Antworten wurden die Befragten weiters aufgefordert, ein spezifisches Lernproblem zu erläutern, für das sie eine Mnemotechnik entwickelt haben und/oder anwenden, und abschließend diese ebenfalls zu beschreiben. Von den 774 rückerhaltenen Fragebogen beliefen sich 501 auf den Lernkontext von Deutsch als Fremdsprache. Zuletzt wurden noch negative von positiven Antworten getrennt. Im Endeffekt blieben 155 positive Beiträge, die Auskunft über den Einsatz von Mnemotechniken im DaF Unterricht geben. Die Tabelle in Abb. 20 illustriert, wie sich die einzelnen Mnemotechniken aus den Beiträgen auf sieben spezifische Lernprobleme verteilen. Die Hervorhebungen in der Tabelle seitens der Verfasserin (in Spalte 2 durch Unterstreichung markiert) kennzeichnen die zwei wichtigsten Interessenbereiche, die in der vorliegenden Arbeit thematisiert werden: einerseits das Lernproblem „Genuszuordnung" und andererseits die Lerntechnik „Assoziation mit Farbe".

Zweifellos bereiten spezifische Bereiche der deutschen Sprache den Lernenden mehr Probleme als andere – dies hat zumeist eine Entwicklung von Lerntechniken und Strategien in diesen Bereichen zur Folge. Die in Abb. 20 abgebildete Übersicht zeigt, welche Lernprobleme am häufigsten auftreten und von welcher Art von Gedächtnisstützen sie

[97] Es ist zu vermuten, dass eine große Anzahl der nicht-antwortenden Lehrer wahrscheinlich keinen Beitrag zu leisten hatte. Dies lässt die Vermutung zu, dass die geringe Auftretenshäufigkeit der Mnemotechnik in der Praxis sich durchaus mit der Häufigkeit deckt, mit der diese in Lehrwerken vorzufinden ist (Sperber 1989, 109f).

didaktisch aufbereitet werden: mit 94 Nennungen wurden am häufigsten Lernhilfen für Präpositionen verwendet (dazu gehören vor allem solche Problembereiche wie die Einordnung von Präpositionen, Akkusativ/Dativ/Genetivpräpositionen, Wechselpräpositionen und die Bedeutung von Präpositionen), gefolgt von Wortschatzerwerbsstrategien (53 Nennungen), die hauptsächlich solche Aspekte wie Vokabellernen, Rechtschreibung und Aussprache umfassen. An dritter Stelle befinden sich mit jeweils 47 Nennungen Techniken für das Erlernen von Genus-Substantivzuordnungen und Techniken für das Lernen im Bereich „Verben". Andere Lernbereiche, wie Deklination, Konjunktion und Wortstellung sind erst an hinteren Plätzen gereiht. Die Zahlenangaben verdeutlichen auch, welche Lerntechniken am häufigsten auftreten: auf Platz eins – die akustischen Assoziationen (insgesamt 176 Nennungen), gefolgt von den ebenfalls oft verwendeten visuellen Methoden (145).

AUSWERTUNG VON POSITIVEN BEITRÄGEN ZUR FRAGEBOGEN- AKTION										
Verwendete Techniken	**Lernprobleme**									
	WZ	GSU	VE	PR	KO	DE	WG	SO	AL	Summe
• **Visuelle Assoziation:**	**20**	**40**	**13**	**22**	**2**	**28**	**10**	**2**	**8**	**145**
Schlüsselwortmethode	3									3
Assoziative Verbindung		5	1						2	8
Geschichtentechnik		1								1
Loci- Technik			1	8	1					10
Schematische Darstellung				1	4				1	6
Verbildlichung/Symbolisierung	8	7	6	8	1	11	7	1	2	51
Graphemische Assoz.	8	1	2	4		2	3	1	1	22
Assoziation mit Farbe		21	2	1		5			1	30
Räumliche Anordnung	1	5	1			6				13
• **Akustische Assoziation:**	**26**	**3**	**26**	**65**	**8**	**12**	**12**	**1**	**23**	**176**
Melodie/Lied	3	1	9	24		5			10	52
Merkvers/-satz/Sprichwort	8		6	26	3		4		8	55
Akronym/Akrostichon		1	1	9	5	1	8			25
Klangbilder	8	1	10	3	2				1	25
Reim/Rhythmus allg.				3					2	5
Witz	1							1	1	3
Beispielsatz/-phrase	6				4				1	
• **Motorische Assoziationen:**	**2**	**1**	**3**	**5**	**0**	**2**	**13**	**1**	**7**	**34**
Beobachtete Gestik/ Körperbewegung	1		2	3			11	1		18
Eigene Gestik/ Körperbewegung	1	1	1	2			2	2	4	13
Sonstige motorische Assoz.									3	3
• **Sonstige Assoziationen:**	5	3	5	2		2	1		7	25
SUMME:	**53**	**47**	**47**	**94**	**10**	**44**	**36**	**4**	**45**	**380**
WZ- Wortschatz, GSU- Genuszuordnung zum Substantiv, VE- Verb, PR- Präposition, KO- Konjunktion, DE- Deklination, WG- Wortstellung, SO- Sonstiges, Al- Allgemeines										

Abb. 20:
Übersicht über die positiven Beiträge aus Sperbers Lehrerumfrage, nach Mnemotechniken und Lernproblemen geordnet (Sperber 1989, 111)

Motorische Techniken werden dagegen nur selten eingesetzt (34 Nennungen). Wie Sperber selbst betont (1989, 112) bleibt aber die Frage offen, ob eine Umfrage unter den Lernenden ein anderes Bild der Problembereiche und der Strategien aufzeigen würde als die Lehrerbefragung. Erst die Ergebnisse aus einer Lehrer- *und* Lernerumfrage könnten ein vollständigeres Bild der auftretenden Lernprobleme und der mnemotechnischen Lösungsstrategien ergeben, wobei aber auch vermutet werden muss, dass die Befragungsergebnisse bei Personen mit unterschiedlichen Muttersprachen starke Unterschiede aufzeigen würden.

3.4.1.2 Lernstrategien zur gruppenmäßigen Erfassung von Substantiven und ihren Genera

Es ist überaus erstaunlich, wie viele Assoziationsmöglichkeiten zur gruppenmäßigen Erfassung von Substantiven in Sperbers Umfrage zum Vorschein kamen, umso mehr, da ja didaktische Hilfsmittel im allgemeinen „hier nur zwei Ratschläge erteilen, nämlich Substantive nach formalen (insb. Endungen) und/oder semantischen Merkmalen zu ordnen" (Sperber 1989, 151). Die in Abb. 21 angeführten Vorschläge umfassen dagegen ein viel breiteres Spektrum.

Die niedrig gehaltene Anzahl der Endungen pro Genus (alle im Bereich 7+/-2) und das Clustering in drei Informationseinheiten im Beispiel für das Clustering formaler Merkmale (Punkt 2 in der Tabelle) stellt einen aus lernpsychologischer Sicht sehr gut ausgearbeiteten Vorschlag für das Erlernen von formalen Kriterien zur Genusbestimmung dar. Den Vorschlag semantische Merkverse zu bilden (Punkt 3 in der Tabelle) unterbreitet Sperber, obwohl er nicht in den Lehrerantworten vorgekommen ist, denn er meint, dass sich semantische Regeln gut eignen würden, um Merkverse zu bilden (Sperber 1989, 152). Bei der visuellen Gruppierung (Punkt 4 in der Tabelle) werden auf einem Bild Gegenstände dargestellt, die alle derselben Genusklasse angehören. Diese Technik – verbunden mit einer farbigen Markierung – verwendet z.B. Seeger (1985, z.B. 34ff, 40, 44) im Lehrwerk für Kinder „Wer, wie, was?". Dort wird der neue Wortschatz zuerst bildlich dargestellt und graphisch in drei Gruppen aufgeteilt (ebd.: 34). In weiteren Kapiteln werden zusätzlich Artikelbezeichnungen hinzugefügt. Nach der Einführung der Genera werden farbige Darstellungen von Gegenständen (ohne Artikelangabe) auch als Hilfe bei unterschiedlichen Aufgaben verwendet, wo die Substantive mit den entsprechenden Artikeln ergänzt werden müssen (ebd.: 40). Erst in weiterer Folge werden tabellarisch geordnete Wortschatzgruppen samt Artikel (auch in drei Farben) orthographisch dargestellt.

Zur visuellen Gruppierung bzw. zum visuellen Clustering in einem Bild schlägt Rösch (2003, 135 Abschnitt 4.1.4 „Kim-Spiel") ein Spiel mit auf Overheadfolie kopierten Bildern von Gegenständen vor. Diese werden einzeln ausgeschnitten, dem Genus

Mnemotechnische Verfahren	Beschreibung	Beispiele:
1) Graphemische Assoziation	Zwischen Auslaut und Artikel	Assoziation zwischen dem Endbuchstaben von „die" und Auslaut „-e"[1]
2) Clustering formaler Merkmale (Superzeichen)	Zusammenfassung formaler Regeln z.B. in „Quasi- Wörter"	-der: Ig/ling/or/ismus -die: Heit/ung/keit/ei/schaft/ion -das: Tum/chen/ma/ment/(i)on (Beispiel nach Eppert 1988)
3) Semantische Merkverse (am besten mit Reim und Rhythmus z.B. durch melodische Einbindung in einem Lied)	Semantische (oder andere z.B. formale) Merkmale in einem Merkvers, in Liedern etc. zusammenfügen	Z.B. für Maskulina: Jahreszeiten, Tage der Woche, Monate etc. in einem Merkvers zusammenfügen „Merk dir eins, das ist nicht schwer: Tage, Monate und Jahreszeiten sind immer „der"! (Vorschlag von Brzezińska)
4) Visuelle Gruppierung in einem Bild[2] bzw. visuelles Clustering (Bild)	Mehrere Substantive desselben Genus in eine beliebige Szene einfügen	Bei der visuellen Gruppierung werden auf einem Bild Gegenstände dargestellt, die alle derselben Genusklasse angehören; beim visuellen Clustering werden die einzelnen Gegenstände zusätzlich miteinander in Interaktion gebracht (Beispiele u.a. bei Sperber 1989, 154 oder Funk u.a. 2002b)
5) Geschichtentechnik (Erzählung)	Mehrere Substantive desselben Genus in einer Minigeschichte miteinander verbinden	Z.B. mehrere Substantive sächlichen Geschlechts aus den Anfangslektionen (das Mädchen, das Haus, das Gras, das Auto, das Telefon) in eine Kurzgeschichte einbinden: „Ein Mädchen fährt mit einem Auto zu einem Haus, das Mitten im hohen Gras steht, um dort zu telefonieren" (Vorschlag von Brzezińska)

1 Altmann und Raettig (1973, 302) haben eine sehr starke Assoziation zwischen dem Auslaut *-e* und Feminina ermittelt.

2 Sowohl diese als auch die nächste Technik (die Geschichtentechnik) eignen sich auch sehr gut für das Erlernen der Genuszuordnung von einzelnen unzusammenhängenden Substantiven.

Abb. 21:
Mnemotechnische Verfahren zur gruppenmäßigen Erfassung von Substantiven und ihren Genera

nach farbig markiert und jeweils in Gruppen von ca. zehn Bildern des gleichen Genus auf einen OH-Projektor gelegt. Die Lernenden schauen sich die Projektion ca. eine Minute lang an, danach wird der Projektor kurz ausgeschaltet und ein Bild entfernt bzw. hinzugefügt. Der Spielleiter fragt dann nach der Veränderung: Was fehlt? Was ist hinzugekommen?

Durch das visuelle Clustering können mehrere, vor allem auch unzusammenhängende Substantive desselben Genus in eine Szene eingebunden werden. Konkrete

Vorschläge für dieses Lernverfahren bietet u.a. Sperber (1989, 154), das Lehrwerk „Dimensionen“ von Jenkins u.a. (2002a, 15) als auch ein Beispiel aus dem Arbeitsbuch zum Lehrwerk „Genial 1“ von Funk u.a. (2002, 16). Die Technik eignet sich besonders gut für die Arbeit mit Kindern und Jugendlichen, erlaubt originelle und kreative Lösungen und kann in Verbindung mit Farbe eingesetzt werden, indem die Zeichnungen auf farbigen Blättern angefertigt oder in der entsprechenden Farbe angemalt werden.

3.4.1.3 Strategien zur Genuszuordnung von einzelnen Substantiven

Strategien zur Genuszuordnung von einzelnen Substantiven eignen sich besonders dann, wenn keine formalen bzw. semantischen Verbindungen zwischen den Substantiven bestehen, die derselben Genuskategorie angehören (z.B. im Falle von Ausnahmen). Außer der unten angeführten Vorschläge eignen sich auch die visuelle Gruppierung (bzw. das visuelle Clustering) und die Geschichtentechnik, die unter Punkt 4 und 5 in der Tabelle in Abb. 21 in Kap. 3.4.1.2 aufgezählt wurden, als mnemotechnische Hilfen beim Genuslernen.

Die Tabelle Abb. 22 zeigt Verfahren, die zur Genuszuordnung von einzelnen Substantiven eingesetzt werden können.

Rösch (2003, 133) beschreibt ein Spiel („Laufen mit Genus(s)“), bei dem Farbe (s. Punkt 1 in der Tabelle) bzw. geometrische Figuren zur Genusmarkierung (s. Punkt 2 in der Tabelle) in Verbindung mit körperlicher Aktivität und räumlicher Assoziation (Punkt 4) eingesetzt werden: es werden drei große Filzkreise in den Farben, die für die Genuszuordnung vorgesehen sind, oder drei große Filzfiguren (z.B. Kreis, Quadrat, Dreieck), die das Genussystem symbolisieren, in verschiedene Ecken des Klassenraums gelegt. Der Spielleiter zeigt Bildkarten mit bekannten Gegenständen (bzw. können die Nomen einfach nur laut ausgesprochen werden) und die Lernenden laufen zu dem Kreis, der das Genus repräsentiert. Anschließend stellen sich alle kurz auf den richtigen Kreis und bilden einen Satz mit dem Wort.

Diverse Spiele zur Festigung von Artikelsubstantivpaaren schlagen u.a. auch Macedonia (2000, 12f; zwei Grammatikspiele „Toto“ und „Tappo“ zum Lernen bzw. Festigen von Substantivartikelpaaren), Bettermann u.a. (2005, 94f; Memoryspiel mit Artikeln) und Funk/Koenig (2002, 90; „Artikelgymnastikspiel“) vor.

Sperber (1989, 170) nennt einige Lehrwerke, die Hinweise zur Nutzung der räumlichen (visuellen) Assoziation für das Lernen der Genuszuordnung von einzelnen Substantiven bieten: „Deutsch konkret“ Lehrbuch 1 von Neuner u.a. (1983, 33), „Deutsch aktiv Neu“ Lehrbuch 1A von Neuner u.a. (1988, 39) und „Maite lernt Deutsch“ Lehrbuch 1 von Wolff (1997, 15). Auch Jenkins u.a. (2002a, 15; 2002b, 16f) schlagen vor, sich zu Hause „Artikelecken“ (z.B. mit Klebezetteln) anzulegen. Diese Technik wird

Strategie/Technik	Beschreibung	Beispiel
1) Farbe (visuell)	Zuschreibung einer Farbe zum Genus, z.B. blau für männlich, rosa für weiblich und grün oder gelb für sächlich	Substantive im Heft/auf farbige Blätter bzw. mit farbigen Stiften aufschreiben, unterstreichen, durch einen farbigen Punkt kennzeichnen etc.
2) Einfache visuelle Formen	Genus durch Piktogramme symbolisieren und neben oder über den Wörtern malen bzw. sich in einem Gedächtnisbild einprägen	Piktogramme in Form von Strichmännchen, geometrischen Figuren, Geschlechtssymbolen ♀♂, Gesichtern (z.B. ☺), und anderen Formen wie z.B. Mond ☾, Sonne ☼ und Wasser etc. (s. z.B. bei Czochraski u.a. 1995)
3) Gedächtnisbilder mit Genussymbolen ohne Interaktion bzw. mit Interaktion („Interaktive Gedächtnisbilder")	Genussymbolisierung durch unveränderbare Mittelbegriffe („pegs/hooks"): Abstrakte Genera *der, die, das* werden durch konkrete Symbole („Mittelbegriffe"), z.B. Löwe, Mann (der), Ballerina, Frau (die), und Flugzeug, Kind (das) ersetzt. Neue Substantive werden in Verbindung mit dem jeweiligen Mittelbegriff gebracht: so entsteht ein (möglichst interaktives) Gedächtnisbild	Z.B. Neues Wort: die Flut. Mittelbegriff: Ballerina Interaktivität: z.B. Bewegung = Eine Ballerina, die in Strandnähe tanzt während die Flut auf sie zukommt (Beispiel aus Sperber 1989, 156)
4) Räumliche Anordnung (visuell)	Platzieren (aufhängen, hinlegen etc.) von Substantiven genusabhängig an bestimmten Orten	Z.B. aufschreiben der Substantive rechts, links und in der Mitte im Heft oder an der Tafel, an verschiedenen Orten im Zimmer/in der Wohnung, hineinlegen der Wörter in verschiedene Schubladen etc.
5) Kinästhetische Assoziation (Bewegung)	Ausführung von bestimmten Körperbewegungen im Sinne der Total Physical Response Methode	Z.B. bei weiblichen Substantiven eine kreisende Bewegung mit dem Arm machen etc. (auch in Verbindung mit der räumlichen Anordnung möglich: sich rechts, links, in der Mitte, dort wo sich die Artikel befinden z.B. an der Tafel, in unterschiedlichen Ecken im Raum hinstellen).
6) Subjektive Assoziationen	Nutzung von eigenen Assoziationen und Stereotypen für das Kreieren von Bezügen mit dem Genus	Z.B. Stuhl und Tisch sind *der*, weil sie von Männern angefertigt werden (Tischler als typischer Männerberuf)
7) Kontrast mit der Muttersprache	Bewusste auffallende „Negativassoziation", z.B. durch die Nutzung eines „störenden Klangbildes" in der Muttersprache	Z.B. *Das* Mädchen auf Polnisch absichtlich als: *to* dziewczynka, und nicht *ta* dziewczynka laut aussprechen[1].

[1] *ten* (m), *ta* (w), *to* (n); Auf Polnisch ist *Mädchen* (*dziewczynka*) feminin;

Abb. 22:
Verfahren zur Genuszuordnung von einzelnen Substantiven

auch im Internet empfohlen (Ratschläge zum Sprachenlernen auf der englischsprachigen Seite von MindTools 1995–2005a; 1995–2005b) und als „Gender Mnemonics" bezeichnet. Dort wird die Möglichkeit des Einsatzes der antiken Locitechnik („Roman Room System") für das Erlernen der Genera folgendermaßen beschrieben:

> „(…) imagine a room that you know, such as your sitting room, bedroom, office or classroom. Within the room are objects. Associate images representing the information you want to remember with the objects in the room. To recall information, simply take a tour around the room in your mind, visualizing the known objects and their associated images. The technique can be expanded by going into more detail, and keying information to be remembered to smaller objects. Alternatively you can open doors from your room into other rooms and use the objects in them as well. As you need them, you can build extensions to your rooms in your imagination, and fill them with objects that would logically be there. You can use other rooms to store other categories of information. There is no need to restrict this information to rooms: you could use a landscape or a town you know well, and populate it with memory images. (…) In a language where gender is important, a very good method of remembering this is to divide your town into two main zones. In one zone you code information on masculine gender nouns, while in the other zone you code information on feminine nouns. Where the language has a neutral gender, then use three zones. You can separate these areas with busy roads, rivers, etc. To fix the gender of a noun, simply associate its image with a place in the correct part of town. This makes remembering genders easy (…)!"(MindTools 1995–2005b)

Interessant, dass auch Ratschläge erteilt werden, wie man im Falle von mehreren Genussprachen verfahren kann:

> „Another elegant spin-off of the technique comes when learning several languages: normally this can cause confusion. With the town mnemonic, all you need to do is choose a different city, town or village for each language to be learned. Ideally this might be in the relevant country. Practically, however, you might just decide to use a local town with the appropriate foreign flavor." (ebd.)

Sowohl Rösch (2003, 134) als auch Büttner, Kopp und Alberti (2004a, 49) bieten einen weiteren Spielvorschlag an, der sich der räumlichen Assoziation bedient: bei dem Spiel „Sammellust" müssen die Lernenden ausgeschnittene Bilder bzw. reale Gegenstände in drei Kästen oder Schachteln (oder z.B. Schuhkartons), die vorher entweder mit den genusverdeutlichenden Farben oder mit Symbolen beklebt wurden, hineinlegen. Nach dem Sortieren wird der Inhalt der Kästen kontrolliert. Als Variante ergibt sich auch die Möglichkeit, dass jeder Lerner drei farbige Lernboxen besitzt, in denen nach oder während jeder Lerneinheit der Wortschatz nach Genus sortiert wird.

Die Technik einfache visuelle Formen, z.B. Piktogramme, für das Genuslernen zu verwenden (s. Punkt 2 in Abb. 22) wird durchgehend im gesamten Grammatik-Lehrwerk von Czochralski u.a. (1995) benutzt. Es werden die folgenden Piktogramme eingesetzt: ♦ für männliche, ♥ für weibliche, und • für sächliche Substantive. Die Piktogramme können bei sehr unterschiedlichen Grammatikaufgaben eingesetzt werden, z.B. in einer einfachen Übung zum Einsetzen sowohl bestimmter als auch unbestimmter Artikel im Nominativ (ebd. S. 34) oder auch als Hilfe bei einer Deklinationsübung, bei der z.B. Akkusativ- und Dativformen erfragt werden (ebd. S. 67; 180; 191). Piktogramme finden auch Verwendung, wenn neuer Wortschatz geübt wird und dem Lernenden Vokabelgleichungen (Piktogramm als Genusmarkierung + Substantiv anstatt orthographisch dargestellter Artikel + Substantiv) vorgegeben werden, um neue Sätze zu bilden.

Bei dem Einsatz der Technik der interaktiven Gedächtnisbilder (Punkt 3 in der Tabelle in Abb. 22) schlagen sowohl Rohrmann und Self (2001, 21; 151) als auch Funk und Koenig (2003, 16; 40f) die Assoziation mit einem Löwen für männliche, die mit einer Fee für weibliche, und die mit einem Haus für neutrale Substantive vor. Rohrmann und Self unterstreichen jedoch, dass diese Symbole unverbindlich sind, und dass es wichtig ist, dass jeder Lernende solche Symbole wählt, die ihm am besten zusagen. Auch die Lehrwerkautoren von „Studio d" (Funk/Kuhn/Demme 2005, 32) und „Genial" (Funk u.a. 2002, 20) schlagen die Technik der interaktiven Gedächtnisbilder im Kursbuch vor und benutzen dabei jeweils die Symbole: Löwe (der), Auto (das) und Tasche (die)[98] bzw. Elefant (der), Auto (das) und Blume (die)[99]. Im Lehrerhandbuch von „Genial" (Funk u.a. 2003, 32) wird diese Technik kurz erläutert: Es wird vorgeschlagen, individuelle Lösungen im Unterricht auszuarbeiten und anschließend die eigenen interaktiven Gedächtnisbilder im Plenum zu präsentieren. Diese sollten – falls möglich – in der Muttersprache kommentiert werden. Markant ist dabei, dass die Lehrwerkautoren darauf hinweisen, dass diese Technik nur dann Verwendung finden sollte, wenn sich der Lernende ein bestimmtes Artikelsubstantivpaar nur schwer merken kann. Insofern scheint aber die Wahl des Substantivs „Brille", das im Lehrbuch als ein Beispiel für eben solch eine problematische Vokabel dargeboten wird (diese wird mit dem vorgeschlagenen Symbol für weibliche Substantive – einer Blume – zusammen in einem Bild von einer Brille mit Blumen anstelle der Gläser dargeboten) eher wenig geglückt, da es sich in diesem Fall um ein typisches Nomen handelt, dessen Genus man leicht anhand des Auslauts *-e* ermitteln kann. Der Einsatz einer aufwendigeren elaborativen Technik ist in diesem Fall völlig unnötig.

---

[98] Symbole aus „Studio d".

[99] Symbole aus „Genial".

Die Technik der interaktiven Symbole kann auch mit der Geschichtentechnik kombiniert werden, indem die Lernenden nicht nur die Wörter in einem gemeinsamen Bild verbinden, sondern sich dazu auch kurze „Artikelgeschichten" überlegen. Die Lernenden sollten sich eine möglichst merkwürdige Geschichte ausdenken, die jeweils das Symbol des Genus (z.B. das Bild eines Löwen) und das neue Wort bzw. mehrere Wörter desselben Geschlechts (z.B. wie ein Löwe einen Kassettenrekorder frisst) beinhalten. Bettermann u.a. (2005, 30) schlagen im Lehrermanual von „Studio d" A1 vor, die Lernenden dazu zu ermutigen, die Augen zu schließen und die Geschichte, wie einen kurzen Film, vor dem inneren Auge laufen zu lassen. Auch hier sollte nach Möglichkeit das Prinzip in der Muttersprache erklärt werden. Es wird empfohlen diese Vorgangsweise auch später gelegentlich durch Nachfrage zu reaktivieren.

Genussymbole können auch als Oberbegriffe für unterschiedliche, bereits besprochene räumliche Gruppierungsverfahren genutzt werden. So können bei dem Einsatz von „Artikelecken" oder „Artikelschachteln" diese mit den entsprechenden Symbolen anstatt mit den ausgeschriebenen Artikeln *der, die, das* oder mit genusbezeichnenden Farben versehen werden. Funk, Kuhn und Demme setzen solche Genussymbole z.B. bei einer Übung in „Studio d" A1 ein (2005, 39 Übung 4). Auch im Lehrwerk „Eurolingua Deutsch" 1 (Funk/Koenig 2003, 16; 41) werden Genussymbole (Löwe, Fee, Haus) als Oberbegriffe für eine räumliche Anordnung vom Wortschatz (drei Spalten für die drei Genera) genutzt, nachdem zuvor (ebd.: 40) den Lernenden die Strategie der Kategorisierung bzw. Gruppierung nach Oberbegriffen als Lerntechnik vorgestellt und zum Ausprobieren vorgeschlagen wurde. Diese Art von Aufgaben zur Bewusstmachung der Möglichkeiten, die Lerntechniken für das Fremdsprachenlernen bieten, sollten, wie in „Eurolingua Deutsch" 1, möglichst natürlich in die Inhalte eines Lehrwerks eingebettet werden, und den Lernenden direkt Beispiele zur Erprobung der Wirksamkeit der jeweiligen Technik anhand von konkreten und auf die jeweilige Fremdsprache bezogenen Übungen bieten.

3.4.1.4 Zur Wirksamkeit der Methoden

1986 führte Sperber (beschrieben in Sperber 1989, 156ff) mit 88 erwachsenen amerikanischen Deutschlernenden experimentelle Untersuchungen zur Zuverlässigkeit der Methode der interaktiven Gedächtnisbilder im Fremdsprachenunterricht durch. Als Basis diente ein 100 Punkte Test, bestehend aus 50 den Lernenden unbekannten Substantiven, von denen jeweils 1/3 männlich, weiblich bzw. sächlich waren. Die Lernenden hatten als Hausaufgabe die Artikel dieser Substantive zu lernen – dadurch sollten realitätsnahe Lernbedingungen geschaffen werden. Die Untersuchung wurde nach zwei verschiedenen Konzepten durchgeführt:

- Konzept A (n=66): es wurde versucht, so gut wie möglich die Lerner zur Anwendung der geprüften Methode der interaktiven Gedächtnisbilder zu motivieren. Nachdem sie ihnen erläutert wurde, forderte man sie auf, den Artikel für die neuen Substantive anhand der Methode zu Hause zu lernen. Unmittelbar danach erfolgte die Testung.
- Konzept B (n=19) verfolgte das Ziel, die Unterschiede in der Behaltensleistung vor und nach Anwendung der Methode jeweils bei demselben Lerner festzustellen. Als erstes bekamen die VPn eine Liste von 50 ihnen unbekannten Substantiven mit der Anweisung, sie mit den richtigen Artikeln als Hausübung zu lernen. Danach erfolgte die Testung. Anschließend wurde die neue Methode vorgestellt, und abermals 50 neue Nomen samt Artikel als Hausaufgabe aufgegeben mit der Aufforderung, die neue Methode beim Lernen zu verwenden. Danach erfolgte eine zweite Messung.

Die Auswertung der Ergebnisse zeigte, dass mehr als die Hälfte der Lerner (55 von 88 bzw. 62.5%) motiviert werden konnte, die vorgeschlagene Mnemotechnik anzuwenden. Innerhalb jeder der insgesamt sechs Gruppen lag der Mittelwert bei Anwendern der Methode deutlich höher als bei Nicht-Anwendern. Der höchste/niedrigste Mittelwert, der von Methodenanwendern innerhalb einer Gruppe erreicht wurde, betrug 99%/89%. Im Gegensatz dazu lag der höchste/niedrigste Mittelwert bei den Nicht-Anwendern bei 66%/53%. Eine der Gruppen, die nach Konzept B getestet wurde, erreichte einen Anstieg des Mittelwertes der Gruppe von 54% bei der ersten Messung vor Einführung der neuen Methode auf 99% nach Anwendung der Methode (neun von zehn Lernern steigerten ihr erstes Ergebnis auf 100%). Der Gesamtmittelwert aller Ergebnisse bei Anwendung betrug 94% (bei einer Standardabweichung von 7,76), bei Nicht-Anwendern hingegen nur 60% (bei einer Standardabweichung von 15,40). Um die Leistungsfähigkeit der Methode über eine längere Zeitspanne hindurch feststellen zu können, wurde ein weiteres Experiment (n=18) nach Konzept A durchgeführt, mit dem Unterschied, dass die Lernenden nach einer Zeitspanne von fünf Wochen ohne Vorwarnung mit derselben Liste von 50 Substantivartikelpaaren nochmals getestet wurden. Ähnlich wie beim ersten Experiment führte die konsequente Verwendung der neuen Methode zu einer wesentlich höheren Anzahl an richtigen Genuszuordnungen (der Mittelwert betrug 99%) bei den Anwendern als bei den Nicht-Anwendern (Mittelwert 68%). Die Prüfung des Langzeiteffekts konnte leider nur noch zehn Probanden erfassen. Trotz der unzureichenden Zahl der VPn ist es jedoch bemerkenswert, dass alle Anwender der Methode (n=4) identische Ergebnisse erzielen konnten wie bei der ersten Testung.

Beide Untersuchungen bestätigen die hohe Leistungsstärke der Methode der interaktiven Gedächtnisbilder gegenüber dem herkömmlichen Auswendiglernen. Sperber bemerkt zudem, dass nicht nur das Datenmaterial, sondern auch die Kommentare der Lehrkräfte und der Lernenden sowohl unmittelbar nach dem Experiment als auch noch Wochen später für die Anwendung der Methode sprechen. Nach Aussage der Lehrer und der Studenten nach weiteren sechs Monaten, wurde die Methode von den Lehrern weiterhin als Erfolg bringende Strategie angeboten und von ungefähr der Hälfte der Studenten genutzt.

Auch Desrochers konnte in einer Reihe von Untersuchungen (Desrochers 1980; 1982; 1983; Desrochers/Gelinas/Wieland 1989), in denen eine ähnliche Methode zur Erleichterung der Genusassoziation bei französischen und deutschen Substantiven der Forschungsgegenstand war, eine Behaltenssteigerung gegenüber dem reinen Auswendiglernen bzw. lernereigenen Strategien nachweisen, wobei noch zusätzlich der große Wert von interaktiven Bildern zum Vorschein kam: die Auswertung bestätigte die Rolle des interaktiven Gedächtnisbildes als einen kritischen Faktor bei visuellen Assoziationstechniken.

Trotz der vorliegenden Untersuchungsergebnisse scheint das mnemotechnische Lernverfahren „Erstellens von interaktiven Bildern" von Lehrwerkverfassern eher wenig berücksichtigt zu werden[100], obwohl es mehr als offensichtlich ist, dass es an nützlichen Alternativen zur Genusaneignung mangelt. Sperber meint die Begründung darin zu finden, dass die Idee vermutlich (auf den ersten Blick zumindest) doch sehr „exotisch" scheint.

Außerdem wurden andere mnemotechnische Verfahren zur Genusaneignung, die tabellarisch in den früheren Kapiteln zusammengetragen worden sind, bislang kaum oder überhaupt nicht auf ihre Leistungsfähigkeit hin erforscht. Somit fällt es auch schwer darüber zu urteilen, ob diese im Vergleich zu herkömmlichen Methoden eine lernökonomische Alternative bieten. Somit kommt auch die von der Verfasserin durchgeführte Untersuchung zum Einfluss von Farbe auf die Lernleistung dem Bedürfnis nach mehr Untersuchungsergebnissen in diesem Bereich entgegen (s. Kap. 4). Sie soll experimentell belegen, ob die bei Sperbes Umfrage (1989) häufig genannte Technik der farbigen Kennzeichnung beim Paarassoziationslernen lernentlastend wirken kann.

3.4.1.5 Lernen mit Hilfe der visuellen Assoziation mit Farbe

Die Auswertung von positiven Lehrerantworten in Sperbers Umfrage (1989, 169) zeigte, dass sich Lehrkräfte bei Auftreten von Lehr- und Lernproblemen sehr gerne der Technik der visuellen Assoziation (in unterschiedlichen Variationen- diese werden in der Abb. 24 dargestellt) bedienen, und zwar bei der Behandlung von un-

[100] Die einzigen, die ähnliche Ratschläge zum Erlernen des Genus erteilen, sind Gruneberg (1988) in seinem „Linkword German" und dessen Computerversion (1985). Kurz erwähnt wird auch eine Abwandlung der Methode bei Lorayne und Lucas (1981, 47).

terschiedlichen Aspekten der Fremdsprache, wie z.B. Wortschatz, Deklination oder Präpositionen. Die Tabelle in Abb. 23 stellt einen Ausschnitt aus der Lehrerumfrage von Sperber (Abb. 20 in Kap. 3.4.1.1) dar und zeigt, dass Lehrende besonders gerne die Technik der visuellen Assoziation als Lernhilfe bei der Vermittlung der Genuszuordnung zum Substantiv einsetzen (die Zahlen in Klammern weisen auf die Zahl der Nennungen hin):

Lerntechnik	Lernproblem									
	WZ	**GSU**	VE	PR	KO	DE	WG	SO	AL	Summe
Visuelle Assoziation:	20	**40**	13	22	2	28	10	2	8	145

WZ – Wortschatz, GSU – Genuszuordnung zum Substantiv, VE – Verb, PR – Präposition, KO – Konjunktion, DE – Deklination, WG – Wortstellung, SO – Sonstiges, AL – Allgemeines

Abb. 23:
Ausschnitt der Werte für die Technik der visuellen Assoziation in Bezug auf einzelne Lernprobleme aus Tabelle in Abb. 20 in Kap. 3.4.1.1 (Sperber 1989, 111)

Dabei erlaubt ein weiterer Blick auf die jeweiligen Arten der visuellen Assoziationen Schlussfolgerungen im Hinblick auf die Häufigkeit des Einsatzes von Farbe beim Lernproblem Genuszuordnung zum Substantiv (GSU) zu ziehen:

	GSU
Visuelle Assoziation:	40
1.Assoziation mit Farbe........................	21
2.Verbildlichung/Symbolisierung..........	7
3. Assoziative Verbindung...................	5
4.Räumliche Anordnung........................	5
5.Geschichtentechnik............................	1
6.Graphemische Assoziation................	1
7.Schlüsselwortmethode........................	0
8.Locitechnik..	0
9.Schematische Darstellung..................	0

Abb. 24:
Ausschnitt der Werte für die einzelnen Arten der Technik der visuellen Assoziation bei der Vermittlung des Lehr- und Lernproblems Genuszuordnung zum Substantiv
(aus der Übersichtstabelle in Abb. 20 in Kap. 3.4.1.1)

Die Zahlenangaben verdeutlichen, dass bei der Vermittlung der Genera insgesamt sechs verschiedene Arten der visuellen Assoziation eingesetzt werden, zwei davon scheinen aufgrund jeweils nur einer Nennung eher wenig relevant. Die Praxiserfahrungen der Verfasserin wie auch die Ergebnisse von Sperbers Untersuchungen unter Lehrern lassen keinen Zweifel zu, dass die Farbe als ein wichtiges Hilfsmedium für das Erlernen des Genus betrachtet wird. Über die konkrete Umsetzung dieser Hilfsmethode geben die Berichte der Lehrer Auskunft[101], die von der Verfasserin im Hinblick auf das Erlernen der Genuszuordnung unter Verwendung von Farbe analysiert worden sind:

Die Vorliebe dafür, Farbe als ein lernerleichterndes Mittel zu verwenden, scheint ihre Begründung darin zu haben, dass das Genus eine abstrakte Kategorie darstellt, deren mangelnde Konkretisierung und Assoziation mit dem Substantiv das Lernen der richtigen Zuordnung sehr erschwert. Der Einsatz von Farbe (aber auch andere Techniken, wie z.B. die Verwendung von Piktogrammen) erlaubt es relativ einfach, diesem grammatischen Bereich das für das Lernen essenzielle Merkmal „Konkretheit" (s. Kap. 2.2.6.2) zuzufügen: wenn der Merkstoff aus einer „umfangreichen, komplexen und unübersichtlichen Sache" besteht, so Wilhelm (1995, 48ff), kann der Lernende durch eine genaue Beschreibung aller Einzelheiten sehr schnell überfordert werden, daher sollte nur ein „markanter, typischer Teil" gewählt werden, der somit den Symbolwert für das Ganze erhält. Bei abstrakten Begriffen sei die symbolische Umsetzung unumgänglich. Gute Dienste als Symbole leisten dabei Farben, die eine eindeutige Unterscheidung verschiedener Bereiche erlauben.

In Sperbers Untersuchung wurde in den meisten Lehrerbeiträgen zum Lernen mit Farbe (insgesamt 21) berichtet, dass die Substantive auf farbige Blätter bzw. auf Kärtchen oder in Hefte eingetragen (7 Beiträge), in verschiedenen Farben notiert (5) bzw. unterstrichen (1) oder mit einem farbigen Textmarker (4) bzw. einem neben das Wort gesetzten Punkt (1) dem entsprechenden Genus zugewiesen werden[102]. Dabei wird am häufigsten auf „stereotypische" Farben zurückgegriffen: blau für das männliche Geschlecht und rosa bzw. rot für weibliche Substantive. Für das sächliche Geschlecht wird grün, weiß oder schwarz verwendet. In den Beiträgen wird jedoch nicht näher spezifiziert, wie genau die Substantive notiert werden: mit oder ohne das Artikelwort, mit dem Artikel vor oder hinter dem Nomen, ausgeschrieben oder in Form von verkürzten grammatikalischen Angaben etc.

---

[101] Die Zusammenstellung erfolgte anhand der Protokolle der Fragebogenbeiträge, die sich im Anhang A von Sperbers Arbeit (1989) befinden.

[102] Die zusätzlichen drei Angaben (von insgesamt 21) berufen sich auf den Einsatz von Farbe, es wird aber nicht näher spezifiziert, welche Formen er annimmt.

3.4.1.6 Der Einsatz von Farbe zur Genusmarkierung in Lehrwerken

Die meisten deutschen Lehrwerke haben bislang weder Genusregularitäten noch mnemotechnische Techniken zur Genusaneignung in ihre Inhalte eingebunden. Als Ausnahme gelten einige DaF-Lehrwerke für Kinder (z.B. „Wer? Wie? Was?" von Seeger 1985, oder „Tamburin" von Büttner, Kopp und Alberti 2004[103]) bzw. für Jugendliche („Moment mal!" von Müller u.a. 2001), die sich Farbe als eine visuelle Merkhilfe schon seit längerer Zeit zunutze machen. In den letzten paar Jahren haben aber auch mehrere neue Lehrwerke die Technik der Farbmarkierung für Genera eingeführt[104] u.a.: „Wir" (Motta 2004a[105]), „Planet" (Kopp/Büttner 2005[106]), „Genial" (Funk u.a. 2002) und „Studio d" (Funk/Kuhn/Demme 2005), wobei es sich auch in diesen Fällen nur um Lehrwerke für junge Lernende und nicht für Erwachsene handelt (als einzige Ausnahme gilt das Lehrwerk „Studio d"). Zusätzlich haben auch weitere neue Lehrwerke, wie z.B. „Dimensionen" (Jenkins u.a. 2002a), einige andere Mnemotechniken zur Genusaneignung in ihre Inhalte integriert (s. dazu u.a. Kap. 3.4.1.2 und Kap. 3.4.1.3).

Der Einsatz von Farbe zur Genusmarkierung in Lehrwerken nimmt unterschiedliche Formen an. Meistens werden neue Substantive durch eine farbige Markierungstechnik bei der Einführung von thematischem Wortschatz hervorgehoben. Oft dient Farbe auch zur visuellen Verdeutlichung von grammatischen Phänomenen. Einige Lehrwerke schlagen auch unterschiedliche Spiele vor. Lernenden werden diverse Markierungsverfahren vorgestellt, vor allem solche, die auch in Sperbers Umfrage bereits genannt wurden, z.B. neue Substantive auf farbige Blätter bzw. auf Kärtchen zu schreiben oder Bilder von Objekten auf einem farbigen Hintergrund zu malen. Es wird auch vorgeschlagen Substantive aus Kopiervorlagen auszuschneiden und räumlich visuell nach Genus und Farbe zu gruppieren. So werden z.B. im Arbeitsbuch von „Tangram 1" (Büttner/Kopp/Alberti 2005a, z.B. S. 55) die Lernenden aufgefordert, die Genusspalten, in die Substantive eingetragen werden sollen, jeweils selbst farbig zu markieren.

Die graphische Darstellungsform variiert von Lehrwerk zu Lehrwerk, bzw. unterscheidet sich auch innerhalb der einzelnen Lehrwerke: die Substantive und/oder ihre Darstellungen werden in verschiedenen Farben abgedruckt oder mit einem farbigen Punkt versehen bzw. einer anderen Genusbezeichnung (den lateinischen oder deutschen Bezeichnungen für die Genera oder den bestimmten/unbestimmten Artikeln, die farbig abgedruckt werden) zugewiesen. Dabei kommen unterschiedliche Verfahrensweisen zum Vorschein: manchmal wird das Substantiv mit, manchmal aber auch

---

[103] Erste Auflage 1996; das hier analysierte Lehrwerk (Druck 2004) richtet sich nach der zweiten Auflage (1997).

[104] Wobei große Unterschiede beim Umfang dieses Einsatzes zu verzeichnen sind.

[105] Erste Auflage: 2003.

[106] Erste Auflage: 2004.

ohne[107] den Artikel dargestellt. In einigen Fällen wird der Artikel nur indirekt zusammen mit dem Substantiv abgebildet, z.B. als ein Oberbegriff oder als eine Spaltenüberschrift. Manchmal beschränken sich die farbigen Markierungen nur auf die Artikel und umfassen nicht mehr das dazugehörende Nomen. Dabei wird am häufigsten auf ähnliche Farben, die auch in den Lehrerangaben in Sperbers Umfrage genannt wurden, zurückgegriffen: blau (m), rosa/rot oder manchmal auch grün (f), und grün/gelb (n) (in Kap. 5.1 werden die Unterschiede bei der Farbenwahl in den einzelnen Lehrbüchern nochmals thematisiert).

Auch der Umfang, in dem Farbe zur Genusverdeutlichung in den diversen Lehrwerken eingesetzt wird, variiert, so dass manche Lehrwerke nur knappe Lerntipps zur farbigen Markierung von Artikeln oder Substantiven bzw. Artikelsubstantivpaaren geben und sonst keine Farbmarkierungen, z.B. bei der Einführung vom neuen Wortschatz, verwenden. Überraschend ist auch, dass Farbe manchmal in solchen DaF-Lehrwerken eingesetzt wird, in denen sonst überhaupt keine formalen bzw. semantischen Regeln zur Genuszuweisung auftreten, z.B. in Lektion 6 des Lehrwerks „Moment mal!“ Lehrbuch 1 (Müller u.a. 2001, 38) wird im dritten Abschnitt in Zusammenhang mit dem Themenbereich „Sprachen lernen“ in Hinblick auf das Erlernen des neuen Wortschatzes zum Thema „Gegenstände im Klassenraum“ der Lerntipp vorgestellt, die maskulinen Wörter mit der blauen Farbe, die femininen – mit rosa, und neutrale mit gelb zu markieren. Die Lernenden werden zugleich auch angeregt sich Überlegungen zum Thema Artikellerntechniken zu machen (ebd., Übung A8), indem nach ihren eigenen Techniken gefragt wird und ein Ideenaustausch angeregt wird. Dieser Tipp ist jedoch der einzige hilfreiche Hinweis für die Genusaneignung innerhalb des gesamten Lehrwerks und farbige Markierungen kommen weder bei der Einführung vom neuen Wortschatz noch als Hilfselement in Übungen vor. Dagegen wird in den Lehrwerken: „Tamburin“ (für Kinder), „Wir“ (für „junge Lerner“) und „Planet“ (für Jugendliche) Farbe durchgehend, also in allen Kapiteln, und zwar hauptsächlich für drei Zwecke eingesetzt: erstens soll sie der Erleichterung der Genusaneignung durch eine visuelle Kategorisierung (meistens unterstützt durch eine visuell-räumliche Zuordnung wie Tabellen oder Spalten), zweitens der Verdeutlichung von Bezügen bei grammatischen Phänomenen (insbesondere bei der Deklination und bei der Einführung von Possessivartikeln) dienen; die dritte Funktion betrifft den Einsatz von Farbe als Hilfsmittel bei der Lösung unterschiedlicher Übungen, die die Kenntnis des richtigen Artikels erfordern. In einigen Lehrwerken werden durch manche Abbildungen mehrere Ziele zugleich verfolgt.

Die Verbindung von Farbe mit einer räumlich-visuellen Gruppierung in Form von Spalten, Tabellen etc. tritt am häufigsten auf. So verwenden diese graphische Form

[107] In diesem Fall wird das Genus auf eine andere Weise, z.B. durch einen farbigen Hintergrund in einer genusverdeutlichenden Farbe, sichtbar gamacht.

sowohl im Kurs – als auch im Arbeitsbuch u.a. die folgenden Lehrwerke: „Planet" (Kopp/Büttner 2005, 20; 32; 40; 69; 81; 93; 103; 2004, 40), „Wir" (Motta 2004a, 17; 25; 55; 60; 87; 93; 94; 104; 2004b, 39; 42; 2004c, 12; 48), „Tamburin" (Büttner/Kopp/Alberti 2004a, 27; 30; 46; 57; 62; 63; 65; 2005a, 26; 43; 52; 55; 2004b, 13; 19; 45; 55; 57) und „Wer? Wie? Was?" (Seeger 1985, 34; 35; 36; 44). Räumlich-visuelle Ordnungssysteme werden oft zur Gruppierung vom thematischen Wortschatz (z.B. Nahrungsmittel, Kleidung, Haustiere, Schulsachen etc.) ihren Genera nach verwendet.

Innerhalb eines einzigen Lehrwerks („Planet 1" von Kopp und Büttner 2005, 81; 93; 103) wird das Genus oft unterschiedlich dargestellt: dazu dienen farbige Punkte oder die farbig abgedruckten Bezeichnungen *der/die/das* bzw. die ebenfalls farbig abgedruckten Bezeichnungen *Maskulinum/Femininum/Neutrum*) als Oberbegriffe bzw. Spaltenüberschriften. In „Planet" gibt es meistens zwei Varianten der Darstellung von Substantiven: entweder nur verbal, oder verbal mit einem zusätzlichen Bild des Objektes. Einheitlich ist jedoch in allen Fällen das Auslassen des Artikels unmittelbar vor dem Substantiv – die Genera werden nur als Oberbegriffe in der Spaltenüberschrift genannt. Auffallend ist auch die Wahl einer vierten Farbe (in diesem Fall gelb) für die Kennzeichnung der Pluralform.

Ein Blick auf weitere Lehrwerke erlaubt es einen weiteren Vergleich in Bezug auf die graphischen Lösungen zu ziehen. In Tamburin (2004a, 46; 62; 63) werden ebenfalls Spalten benutzt. Anstatt eines farbigen Oberbegriffs zur Genuskennzeichnung wird hier Farbe direkt in die Umrandung einer Spalte integriert und in manchen Fällen wird auch auf die orthographische Darstellung des Artikels gänzlich verzichtet (z.B. auf S. 46). Die visuellen Darstellungen können dadurch in ihren natürlichen Farben dargestellt werden und nicht wie bei Seeger in „Wer? Wie? Was?" (Seeger 1985, 34ff) nur in einer symbolischen Farbe. Auch hier werden die Artikelwörter nur als Oberbegriffe genannt und stehen nicht unmittelbar vor den einzelnen Substantiven.

In „Tamburin" (Büttner/Kopp/Alberti 2004a, 63) wird die räumliche Gruppierung nach Genus und Farbe auch für verschiedene Spiele verwendet (wie z.B. die sog. Kimspiele). Andere Möglichkeiten mit Farbe zu arbeiten bieten auch Memoryspiele mit farbigen Markierungen, z.B. bei Motta (2004a, 46 Möbelmemory; 59 Tiermemory), oder Quartettspiele, wo die Farbe auch als periphere Information einfließen kann. Für ein direktes Lenken der Aufmerksamkeit auf die Verbindung zwischen Farbe (Genus) und Objekt eignen sich auch Dominospiele mit Dominosteinen, auf denen jeweils auf der einen Seite das Substantiv dargestellt ist und auf der anderen Seite die genusverdeutlichende Farbe (Vorschlag von Brzezińska[108]).

Oft wird Farbe nicht nur als eine Gedächtnisstütze sondern auch als ein Merkmal zur Verdeutlichung von bestimmten Beziehungen zwischen Elementen, so z.B. bei der

---

108 Einige weitere Vorschläge der Verfasserin zum Einsatz von Farbe beim Artikellernen wurden bereits im Kap. 2.1.3.2 (Abwandlungen der Locitechnik) beschrieben.

Deklination oder bei Possessivartikeln eingesetzt. Da im Deutschen die Deklination oft zu einer Formveränderung der Artikelwörter führt (s. Kap. 3.1.3), dient Farbe zum Signalisieren der jeweiligen Genuszugehörigkeit. In „Tamburin", „Wir" und „Planet" werden in Lehrwerken für Anfänger am häufigsten die Veränderungen der Formen (aufgrund der Deklination[109]) von bestimmten, unbestimmten Artikeln, Possessivartikeln, der Negation *kein* und von Personalpronomen verdeutlicht, wobei einige grammatische Übersichten mehrere Phänomene gleichzeitig behandeln, z.B. sowohl die Formen von bestimmten/unbestimmten Artikeln als auch von Personalpronomen.

Der Einsatz von Farbe als Hilfestellung in Aufgaben, bei denen die Kenntnis des richtigen Genus eine Voraussetzung ist, um die richtige Lösung zu generieren – kommt in den Lehrwerken relativ häufig vor, z.B. in „Wer? Wie? Was?" (Seeger 1985, 40) dienen farbige Bilder von Substantiven als Hilfe für die Erstellung eines Dialogs. Auch bei Motta: (2004a, 90 Übung 11 „Bestellungen im Restaurant": *Ich nehme einen/eine/ein ...*, auch S. 91 Übung 12) können Lernende ihre ganze Aufmerksamkeit den Akkusativformen von Artikeln widmen, da ihnen farbige Hinweise auf die Genera der Substantive geboten werden. Farbige Tipps findet man u.a. auch bei Übungen zum Thema Fernsehen (Motta 2004a, 102 in Ü. 8), Personenbeschreibungen und Kleidung (Motta 2004d, 80 Übung zu Adjektivendungen im Nominativ: *Ich habe ein rundes Gesicht*, S. 86 Ü. 6 und S. 87 Ü. 7 Übungen zu Adjektivendungen im Akkusativ) und Orten (Kopp/Büttner 2005, 69 „*wohin*+Akkusativ"). Solche Genusmarkierungen können insofern vorteilhafter als eine bloße verbale Darstellung des Artikels sein, da sie visuell nicht automatisch an die Grundformen im Nominativ gekoppelt sind und somit auch weniger interferenzfördernd wirken (dies illustriert z.B. der Einsatz von Farbe als Hilfsmittel in einer Akkusativ-Übung in „Wir" Lehrbuch 1 von Motta 2004a, 88 und 89 Übung 6, 7 und 8).

In weiteren Bänden der besprochenen Lehrwerke nimmt der Einsatz von Farbe ab. In Kursbuch 3 der Lehrwerkreihe „Wir" (Motta 2004d) wird Farbe nur einige Male eingesetzt, um erneut auf die Zusammenhänge zwischen Kasus und Genera (Genitivformen S. 11) und Adjektivendungen im Nominativ (S. 78, 79) und Akkusativ (S. 86, 92) hinzuweisen. Der Themenbereich Deklination wird zumeist in den ersten Bänden von Lehrwerken behandelt, somit nimmt auch die Häufigkeit des Auftretens von Farbe für die Visualisierung von genusbezogenen Grammatikaspekten in Bänden für Fortgeschrittene ab.

Die Häufigkeit des Einsatzes von Farbe in den jeweiligen Lehrwerken kann unterschiedlich bewertet werden. Ein durchgängiger Einsatz erlaubt das Wiederholen und Einüben einer bestimmten Lerntechnik. Andererseits kann aber ein durchgängiger

[109] Ein Beispiel für den Einsatz von Farbe bei der Einführung von Akkusativformen von bestimmten Artikeln, Possesivartikeln und Personalpronomen liefert z.B. „Planet" Kursbuch 1 (Kopp/Büttner 2005, 77). Ein Beispiel für den Einsatz von Farbe zur Visualierierung von Deklinationsformen von bestimmten Artikeln und Adjektiven im Nominativ und Akkusativ findet man in „Wir" Lehrbuch 3 (Motta 2004d, 86).

Einsatz von Farbe unter bestimmten Aspekten auch problematisch sein: nimmt man beispielsweise an, dass der Lernende die Generazuordnung in einer anderen Fremdsprache in denselben Farben gelernt hat, wie die, die im Lehrwerk gewählt wurden, so tritt womöglich ein hoher Interferenzeffekt ein. Wie bereits in Kap. 3.3.3 über Sprachlernbewusstheit mehrmals unterstrichen wurde, sollten neue Lerntechniken die Form von autonomiefördernden Lernangeboten und nicht von aufgezwängten Maßnahmen annehmen. Dem Lernenden sollte die Möglichkeit geboten werden, eine Technik kennen zu lernen und auszuprobieren, aber auch, falls sie ihm nicht zusagt, sie zu verwerfen. Der häufige Einsatz von Farbe, z.B. in „Wir", bietet diese Gelegenheit nicht und fordert den Lernenden zu einer ständigen Arbeit mit derselben Technik auf, auch wenn die Farbe in unterschiedlichen Übungsformen verwendet wird, was wiederum durchaus begrüßenswert ist. Optimal wäre es, in einem Lehrwerk mehrere Verfahren zur Genusaneignung vorzustellen und somit den Lernenden und den Unterrichtenden die Möglichkeit zu bieten diese durch unterschiedliche Übungen selbst im Unterricht auszuprobieren, über sie zu diskutieren und mit ihnen zu experimentieren. Dies würde, im Gegensatz zu vorgefertigten Materialien, einen differenzierten Zugang erlauben und im Sinne der Verarbeitungstiefentheorie von Craik und Lockhart durch die eigenständige Beschäftigung mit dem Lerngegenstand auch zu einer besseren Speicherleistung führen können.

Im vorliegenden Kapitel wurden konkrete Vorschläge für den Einsatz von Mnemotechniken (besonders von Farbe) zur Genusaneignung auf der Basis von Lehrervorschlägen aus der Umfrage von Sperber und von Beispielen aus deutschen Lehrwerken präsentiert und analysiert. Die Erfassung der Dissertation (Brzezińska 2006), auf der diese Publikation basiert, bietet zudem noch Abbildungen aus den genannten Lehrwerken, die hier aus drucktechnischen Gründen nicht farbig abgebildet werden konnten. Im nächsten Kapitel (Kap. 4) wird der Stand der Forschung über den Einfluss von Farbe auf die Behaltensleistung genauer erläutert und am Beispiel einer empirischen Untersuchung aufgezeigt, inwieweit das Genusproblem durch das Hinzufügen des Merkmals Farbe tatsächlich erleichtert werden kann. Obwohl Thesen in diesem Bereich mit Vorsicht zu formulieren sind, so scheint es doch für viele Lernende eindeutig, dass diese Methode dem reinen und merkmalslosen „Pauken" vorzuziehen ist. Sperber (1989, 169) meint zugleich, dass man möglicherweise den Einfluss von Farbe durch das Hinzufügen von anderen Komponenten, z.B. der Interaktion wesentlich verstärken könnte. Diesen Schritt könnte man zum Beispiel vollziehen, indem man sich den Referenten des entsprechenden Substantivs in der Symbolfarbe vorstellen würde:

> „Angenommen die Symbolfarbe für *der/die/das* wären *blau/rot/grün*, so dürfte das interaktive Gedächtnisbild z.B. eines *blauen Elefanten*, einer *roten Tür* und eines *grünen Brotes* bestimmt einprägsamer sein als eine mehr oberflächliche Assoziation derselben Substantive mit den entsprechenden Farben durch Un-

terstreichen, Markieren usw. ihrer Grapheme besonders, wenn die farbliche Assoziation für das gegebene Substantiv /.../ nicht typisch wäre." (ebd.)

Da in der vorliegenden Arbeit ausschließlich der Einfluss von Farbe ohne die zusätzliche Komponente „Interaktion" auf empirische Weise ermittelt wurde, wäre es, wie Sperber auch feststellt, sicher lohnenswert, entsprechende Untersuchungen durchzuführen, um zu ermitteln in welchem Ausmaß das Lernen von Genuszuordnungen unter der Zuhilfenahme von sowohl farbig als auch zugleich interaktiv kodierten Merkmalen lernentlastend wirkt.

3.5 Fazit

Die in Kapitel 3 durchgeführte Analyse der Beschaffenheit des Lehr- und Lernproblems „deutsches Genus" ergibt aus didaktischer Sicht ein sehr pessimistisches Bild: nicht nur ist das Regelsystem ungeheuer komplex und in Form eines sinnvollen Regelwerks, dass sich zum Einsatz im schulischen Bereich eignen würde, kaum zu erfassen, auch fast alle untersuchten DaF-Lehrwerke und Deutschgrammatiken behandeln dieses Thema gerade wegen dieser Schwierigkeiten höchst unzureichend bzw. gehen oft gar nicht auf die Problematik einer sinnvollen Systematisierung ein. Versuche, dies zu ändern und effektive Lösungskonzepte zu bieten sind bislang nur wenige vorhanden und auch diese erweisen sich bei näherer Betrachtung als nur teilweise hilfreich[110] für die Praxis des DaF-Unterrichts. Somit bleibt ein einheitliches didaktisches Konzept weiterhin aus. Der am häufigsten erteilte Ratschlag (sowohl seitens gängiger DaF-Lehrwerke, als auch seitens des Goethe-Instituts, zahlreicher Lehrpersonen etc.) ist schlicht und einfach, die Artikelsubstantivpaare „auswendig" zu lernen.

Die in weiteren Kapiteln erläuterten Untersuchungen von Lernerverhalten ergeben, dass Lernende keine willkürlichen Genuszuordnungen treffen, sondern die Tendenz zeigen, nach bestimmten Strategien zu verfahren und nach einer Systematik im Genusregelsystem zu suchen (Menzel/Tamaoka 1995). Weiters stellt sich heraus, dass Lernende beim bewussten Lernen von fremdsprachigen Vokabeln eine weitaus größere Anzahl an Techniken verwenden als nur das „sture Auswendiglernen" (s. Untersuchungsergebnisse von Brzezińska in Kap. 3.3.2 der vorliegenden Arbeit). Auch eine Umfrage unter Lehrern zum Einsatz von Mnemotechniken (Sperber 1989) führte zu einer recht umfangreichen Sammlung an Verfahrensalternativen für das Genuslernen, die sich durch unterschiedliche gedächtnisstützende Merkmale charakterisieren lässt. Zudem wurden in den letzten Jahren mehrere neue Lehrwerke entwickelt,

[110] s. Meinert und Wegera in Kap. 3.2.3, deren Vorschläge nur einen geringen Ausschnitt des deutschen Wortschatzes erfassen.

die einige mnemotechnischen Lerntipps zum Genuslernen anbieten bzw. bestimmte Techniken durchgängig in ihren Kursbüchern verwenden (s. dazu Kap. 3.4.1.2, 3.4.1.3 und 3.4.1.5). Insgesamt ergibt sich aus der Untersuchung all dieser Quellen ein relativ umfangreiches Spektrum an unterschiedlichen Mnemotechniken, die für die Erleichterung des Genusproblems genutzt werden können. In Kap. 2.2 wurden bereits die wichtigsten Grundzüge der Wirksamkeit von Mnemotechniken erläutert. Der nächste Schritt wäre nun diese Sammlung von diversen Techniken einer wissenschaftlichen Prüfung hinsichtlich ihrer tatsächlichen Wirksamkeit für den Bereich des Genuslernens zu unterziehen. In diesem Sinne wird eine dieser Techniken herausgegriffen (Verwendung von Farbe als lernerleichterndes Merkmal beim Genuslernen) und im folgenden Kapitel (Kap. 4) empirisch untersucht.

4 Experimentelle Untersuchungen

4.1 Farbe als Lernhilfe – Forschungsstand

Nachdem in den früheren Kapiteln bereits die Funktionsweise von Gedächtnisvorgängen (Kap. 2) und die Problematik des Genuslernens (Kap. 3) erläutert wurden, konzentriert sich das letzte Kapitel ausschließlich auf das Merkmal Farbe als Lernhilfe beim Artikellernen. Zuerst wird der aktuelle Forschungsstand zum Thema Lernen mit Hilfe von Farbe erläutert und auf Untersuchungsergebnisse zum Lernen von farbig bzw. zum Vergleich von Lernen von schwarz-weiß vs. farbig markierten Daten eingegangen. Im zweiten Abschnitt (Kap. 4.2) wird die im Rahmen dieser Forschungsarbeit durchgeführte experimentelle Untersuchung zur Lernleistung bei farbig bzw. schwarz-weiß kodierten Informationen beschrieben, die im Hinblick auf das Lernen von Artikel-Substantivpaaren konzipiert wurde. Aus ihr werden abschließend Folgerungen für den Einsatz von Farbe als Lernhilfe für das Lernen von Genuszuweisungen abgeleitet.

4.1.1 Merkmale von Farbe als Information – eine Zusammenfassung

In Kapitel 2 wurden bereits einige grundlegende gedächtnispsychologische Prinzipien erläutert. Im Anschluss daran können an dieser Stelle mehrere wichtige Eigenschaften des Merkmals Farbe unter dem Aspekt der Informationsverarbeitung zusammengefasst werden: Farbe ist eine bestimmte Art der visuellen Information, somit wird sie als nonverbaler (bildlicher) Kode verarbeitet, mit Hilfe dessen Informationen vermittelt werden können:

> „Colour is one of the characteristics of visual perception, relative position, brightness, movement and shape being the others. As such, colour provides cues and codes to the human information processor. These colour cues serve various functions in human information processing.“ (Hoadley/Simmons/Gilroy 1996, 2)

Als bildlicher Kode nutzt sie alle Vorzüge der visuellen Speicherung, zu denen vor allem die höhere Kapazität (Informationen werden als Ganzheiten aufgenommen, automatisches Chunking), der niedrigere Aufmerksamkeitsaufwand und die simultane Aufnahme gehören. Petterssons (1997, 13) fasst dies in der folgenden Aussage zusammen: „Visual information is processed quickly. Seeing is direct and effortless". Einen wichtigen Vorzug stellt auch der Grad der Konkretheit dar: Farbe wird als eine „konkrete" (vs. abstrakte) Information aufgefasst und unterliegt somit allen positiven Einflüssen, die eine Kodierung von konkreten Informationen mit sich bringt.

Im schulischen Lernkontext tritt Farbe meistens als Begleitinformation auf und da das Langzeitgedächtnis auch in der Lage ist Angaben darüber zu speichern, wie Informationen aufgenommen wurden (Kodierungskontext), kann sie mitgespeichert werden, und zwar unter der Verwendung von kontrollierten Aufmerksamkeitsstrategien als auch bei der Aktivierung der „peripheren Speicherung". Da Farbe als bildlicher Kode verarbeitet wird, erhöht sich die Wahrscheinlichkeit, dass verbale Inhalte, die farblich dargestellt werden, doppelt kodiert werden – laut Paivios Theorie der Doppelkodierung verbessert sich dadurch die Lernleistung. Farbe eignet sich weiters vorzüglich als Elaborationsmittel z.B. um Daten zu gruppieren, wodurch sie Einfluss auf eine tiefere Verarbeitung ausübt.

4.1.2 Intuitive Einschätzung der lernunterstützenden Funktion von Farbe

Trotz einer Vielzahl an Untersuchungen und Befunden über die farbliche Sinnesaufnahme, insb. über das farbliche Unterscheidungsvermögen, die Farbkonstanz unter unterschiedlichen Beleuchtungen, das Erkennen von Farbsättigungen etc., schenkte man bislang dem Einfluss der Farbe auf die Gedächtnisleistung eher wenig Beachtung – erst in den letzten Jahren steigt das wissenschaftliche Interesse an den Möglichkeiten des Einsatzes von Farbe im Lernkontext, u.a. als Folge der zunehmenden Rolle visuell orientierter Medien (vgl. Lazarus 2004[111]). Als gängige Meinung gilt, dass das Lernen farbiger Informationen anders vor sich geht als das Lernen schwarzweißen Datenmaterials, und dass der Einsatz von Farbe möglicherweise bessere Lernleistungen mit sich bringt:

> „There is something intuitively appealing about using color in the design of (…)/educational/materials. It is tempting to believe that learning must be a natural consequence of the strong visual sensation often provoked by color. Therefore, it seems obvious that merely adding color to a given display should increase learning." (Rieber 1994[112])

---

[111] In ihrer Arbeit „Visual Literacy" erwähnt Lazarus (2004) noch weitere Arbeiten, die ebenfalls verstärkt auf das Lernen visueller Informationen fokussieren: Houghton/Willows (1987), Tufte (1983, 1990), Levin/Anglin/Carney (1987) und Braden (1998).

[112] Internetquelle ohne Seitenangaben.

Die intuitive Vorstellung, Farbe sei ein wichtiger lernfördernder Faktor, spiegelt sich sowohl in den Meinungen unter Lernenden als auch unter Lehrenden wieder, die mit unterschiedlichen visuellen Lehr- und Lernmitteln (Lehrwerken, Overheadfolien, Powerpointpräsentationen etc.) arbeiten und das Vorhanden- bzw. Nichtvorhandensein von Farbe als Kriterium in die Beurteilung dieser Mittel einfließen lassen: Rieber (1994) beobachtet in diesem Kontext, dass Lehrende häufig Unterrichtsmaterialien kritisieren, nur weil sie nicht farbig sind. Auch bei der Selbstgestaltung von visuellen Lehr- bzw. Präsentationsmitteln wird Farbe als ein wichtiges Element angesehen. So meinten beispielsweise 72% befragte Overheadfolienbenutzer bei einer Umfrage zur Gestaltung von Overheadfolienpräsentationen[113], dass im Vergleich zu schwarz-weißen, farbig gestaltete Präsentationen länger erinnert werden. 77% waren zudem der Meinung, dass farbige Präsentationen besser Informationen vermitteln als schwarz-weiße.

4.1.3 Wissenschaftliche Erkenntnisse über das Lernen farbiger vs. schwarz-weißer Informationen

Mittlerweile bestätigen bereits mehrere Untersuchungen (vor allem aus dem Bereich der Instruktionsforschung) die früher eher intuitive Annahme, dass „bunte" Informationen besser „haften bleiben" und dass das Gedächtnis, farbige Erinnerungen besser als schwarz-weiße speichern kann (s. z.B. Lamberski 1980; Kleinmann und Dwyer 1999). Diese Ergebnisse deuten ebenfalls darauf hin, dass Lernende dabei oft besser in der Lage sind das Datenmaterial zu verstehen und wiederzugeben (s. z.B. Schweizer 1999, 26; Pruisner 1994). So konnten Dwyer und Moore (2001) in ihren Untersuchungen feststellten, dass sich der Einsatz von farbigen Darstellungen, z.B. von farbigen Bildern, farbigen Markierungen, farbigen Hervorhebungen in Texten etc. im Vergleich zu schwarz-weißen (insbesondere für feldabhängige Lernende) vor allem für das Verständnis und das Erlernen von Konzepten als überaus nützlich erwies. Farbe ist somit mehr als nur ein „bunter Sinnesreiz" – sie dient dem Gedächtnis als eine Art Speicherhilfe oder eine „Extramarke", die das Verarbeiten und Abspeichern von Informationen erleichtert (vgl. Wichmann/Gegenfurtner 2002).

Schraeder (1999, 4f), die sich in ihren Ausführungen u.a. auf die Untersuchungsergebnisse von Lamberski (1979) beruft, vertritt die Meinung, dass die farbliche Kodierung eine äußerst effektive Strategie beim Lehren und Lernen bieten kann. Auch Sperber (1989, 82–84) widmet in seiner Arbeit über Mnemotechniken der Farbe ein kurzes Kapitel, in dem er auf Untersuchungen zum Einfluss des Faktors Farbe auf das

[113] Kundenumfrage von 3M Meeting Network (1995–2005): „The Power of Color in Presentations", online unter http://www.3m.com/meetingnetwork/readingromm/ meetingguide_power_color.html, Zugriff am 12.09.2004

Lernen eingeht, da Farbe immer wieder in Verbindung mit unterschiedlichen Mnemotechniken (auch Mnemotechniken im FSU) zum Einsatz kommt bzw. als Hauptgedächtnisstütze eingesetzt wird. Er stützt sich, ähnlich wie Lazarus (2004, 16f), auf eine Auswertung der Forschungsliteratur zum Thema Farbe von 1945 bis 1981 von Dwyer und Lamberski (1982–83), auf die auch an dieser Stelle Bezug genommen wird. Dieser Auswertung zufolge und in Bezug auf weitere Forschungsliteratur (u.a. Schweizer 1999; Pettersson 1999; Schraeder 1999; Green 1984; Walker 1991) entpuppte sich der Einsatz von Farbe unter den folgenden Aspekten als lernförderlich:

A) *Farbe als Mittel zur Aufmerksamkeitssteuerung und gezielten „Informationsannahme" durch Hervorhebung* („accentive device"): eine farbige Hervorhebung lenkt bereits durch den Kontrast zu dem üblichen schwarz-weißen Datenmaterial die Aufmerksamkeit auf die jeweilige zu lernende Information:

> „Color provides a sharp contrast to traditional black and white paint. This contrast brings ideas, causes, effects, or other important information to the forefront of learning. For example, many content teachers instruct students to highlight main ideas in a particular text. In so doing, the students isolate pertinent information necessary to comprehension. Since 80% of all perceived information is visual and 40% of it is in color, employing color to assist students organize their writing has merit." (Schraeder 1999, 5)

Die farbige Hervorhebung erweist sich als besonders lernfördernd sowohl in Bezug auf das Verstehen des Lerninhalts als auch in Bezug auf die Wiedergabe (besonders gute Ergebnisse auch bei sog. „Skanningtasks"/Abtastmechanismen oder Suchaufgaben, da Farbe auch automatisch das Auge eines Lesers von einem zum anderen wichtigen Abschnitt des Lernmaterials lenkt – van Nes/Juola/Moonen 1987; s. auch Himmel 2004, 20f). Bei wiederholter Darbietung von Lerninhalten, die farbige Hervorhebungen enthielten, konnte man in Experimenten nicht nur ein besseres Verständnis und Behalten für das Wesentliche feststellen, sondern auch für die damit verknüpfte periphere Information, z.B. erleichterte die farbige Hervorhebung einer Information nicht nur das Einprägen der räumlichen Position und Funktion dieser, sondern auch weiterer damit zusammenhängender Informationen. Durch einen verbesserten Skanningmechanismus wurde dem Lernenden die Erkennungs- und Entscheidungsarbeit erleichtert, das Lerntempo und der Verstehensprozess wurden beschleunigt. Ein höheres Lerntempo trat zusätzlich auf, wenn den VPn im Voraus gesagt wurde, welche Farben beachtet werden sollten (Untersuchungsergebnisse von van Nes/Juola/Moonen 1987) und die Energie konnte verstärkt auf die Behaltensleistung gerichtet werden, was eine exaktere Wiedergabeleistung zur Folge hatte (vgl. Experimentergebnisse von Hoadley/Simmons/Gilroy 1996, insb. S. 1–4; zu Untersuchungen zur farbigen Hervorhebung in Textdokumenten bzw. in Abbildungen[114] siehe ebenfalls: Hoadley/Simmons/Gilroy 1996, 4f; Shontz/Truman/Williams 1971; Lamberski/Dwyer 1983; weitere Literaturquellen zur Hervorhebung durch Farbe s.: Pettersson 1999, 11ff; Himmel 2004, 21; Katzman/Nyenhuis 1972; Lamberski 1972; Christ 1975; Dwyer 1978; Whiteside and Blohm 1985; Winn 1993; Wogalter 1999).

B) Motivationale/affektive Dimension von Farbe: Farbe lässt den Lerner Informationen generell als angenehmer empfinden als übliche Schwarzweißdarstellungen. Die meisten Lernenden ziehen beim Lernen farbige Darstellungen den schwarzweißen vor (Dwyer 1971; Pruisner 1994; Myatt und Carter 1979; Parsons 1987[115]). Rieber (1994) meint in diesem Zusammenhang:

> „When the intent is motivational in nature, it can be argued that color /and realism/are important attributes to consider (…). Therefore, it can be suggested that color (…) might serve to affect one's choice to engage in a learning behavior, and subsequently, to choose to persist in the activity. This may be true even though accompanying visuals offer no direct instructional value." (Rieber 1994, o.S.)

Auch Walker (1991) vertritt die Ansicht, dass Farbe die Lernbereitschaft zu einem sehr hohen Maß beeinflusst:

> „Color accounts for 60 percent of the acceptance or rejection of an object and is a critical factor in the success of any visual experience."

Auch dann, wenn Farbe dem Bild keine relevante Informationen zufügt, trägt sie trotzdem zum besseren Lernen bei, da sie das Interesse am Lerngegenstand steigert und die Lernenden der visuellen Darstellung mehr Aufmerksamkeit widmen (stärkere Rolle des motivationalen Charakters von Farbe als ihrer kognitiven Funktionen), so jedenfalls die Meinung von Ibison (1952), Rudisill (1952), Dwyer (1971) und Spangenberg (1976). Insbesondere bei Kindern führt der motivationale Charakter von Farbe dazu, dass sich ihre Lernleistungen verbessern (Dwyer und Lamberski 1983, 316).

C) Farbe kann eine wichtige Rolle bei der *Organisation/Kategorisierung/Strukturierung von Informationen* spielen und führt durch die Visualisierung der Lerninhalte zur *Konkretisierung von bedeutungsarmen Informationen*. Dwyer/Moore/David (1992) sowie Lamberski und Dwyer (1983)[116] konnten in diesem Kontext in ihren

[114] Es handelt sich um Experimentmodelle, bei denen VPn als Lernmaterial schwarz-weiße Texte erhielten, die durch farbige Abbildungen begleitet wurden.

[115] Parsons stellte in Experimenten mit Kindern fest, dass unter verschiedenen Variablen für Bilderpräferenzen, die Bevorzugung des Elementes Farbe gleich an zweiter Stelle stand.

[116] Diese führten Untersuchungen zum Gebrauch von Farbe in Textdokumenten durch: benutzt wurden farbige Hervorhebungen beim Lernen von Abbildungen, um die Abfolge dargestellter Elemente zu schildern.

Untersuchungen eine hohe Leistungssteigerung auf Grund des Gebrauchs von Farbe beobachten. Farbe zeigt sich bei Gruppierungs- bzw. bei Kategorisierungsverfahren hilfreich, da bereits auf den ersten Blick eine klare Struktur erkennbar wird, vorausgesetzt es werden nicht zu viele unterschiedliche farbige Markierungen gebraucht. Ein Beispiel für die Visualisierung der Struktur von Lerninhalten durch Farbe bietet z.B. die von Schraeder (1995) in ihrer Untersuchung eingesetzte Farbkodierungsmethode. Schraeder (1999, 5) benutzte die Farbkodierung im Unterricht für das Schreiben einzelner Gliederungsteile für Schulaufsätze und berichtet in ihrer Arbeit, dass die Schüler dieser Verfahrensweise mit viel Enthusiasmus begegneten, denn Farbe stellte sich als eine hilfreiche Instruktionsstrategie heraus, die sowohl die Organisation von Ideen erleichterte als auch einen besseren Überblick über die Teilaspekte der Arbeiten verschaffte:

> „Using color to help students compose expository or persuasive essays is a viable instructional strategy. (…) The use of color gave an otherwise abstract idea visibility and tangibility." (Schraeder 1999, 4f)

Im Fremdsprachenunterricht eignen sich farbige Markierungen insbesondere dann, wenn sich ein und dieselbe äußerliche Form auf die unterschiedliche Herkunft von Wörtern bezieht, beispielsweise kann Farbe bei der kasusbedingten Formveränderung als Indikator für Lernende gelten, dass es sich um drei unterschiedliche Generagruppen handelt bzw., dass diverse Artikelformen nur Abwandlungen der drei Basisformen darstellen (dies betrifft vor allem den DaZ-Unterricht auf allen Altersstufen bzw. den Sprachunterricht mit Kindern). Da die Deklination im Deutschen, aufgrund der Formveränderungen, häufig zum Lernproblem wird, schlägt Rösch (2003, 132; 136) eine zusätzliche Markierung des Geschlechts eines Substantivs durch eine systematische Farbgebung oder ein Symbol vor, die möglichst in der Schule abgesprochen, und durchgehend bei allen Formen wie z.B.: *die Mutter, der Mutter, meine Mutter, keine Mutter* usw. angewendet werden sollte (Rösch 2003, 132).

Die lernunterstützende Funktion von Farbe als Haupthinweisreiz beim Paarassoziationslernen zeigt sich weiters auch 1) bei mangelnden Merkmalsunterschieden auf der Basis physikalischer Form, 2) bei geringer Bedeutungshaltigkeit von Wörtern[117], 3) grundsätzlich, wenn der Lerner Farbe als hilfreich empfindet, und 4) wenn ihm gesagt wird, dass Farbe das Lernen unterstützt (Dwyer und Lamberski 1982–83,

[117] In Bezug auf Paarassoziationsexperimente mit Farbe und bedeutungshaltigen bzw. bedeutungsarmen/fiktiven Wörtern zeigte sich in beiden Fällen ein Vorteil für den Einsatz von Farbe. Bei der Paarung von bedeutungshaltigen Wörtern mit farbigen Darstellungen (Bildern, Zeichnungen usw.) wurde eine verbesserte Behaltens- bzw. Abrufleistung für die entsprechenden Darstellungen und Wörter festgestellt. Für fiktive Reaktionswörter konnte eine bessere Behaltensleistung unter Hinzufügen von Farbe erzielt werden, auch wenn die Stimulusinformation nur aus Buchstaben, Zahlen oder sinnlosen Silben oder Formen bestand (vgl. Sperber 1989, 83).

312[118]). Besonders der zweite Lernkontext (geringe Bedeutungshaltigkeit des Lernmaterials) stellt einen wichtigen Anhaltspunkt für die experimentelle Untersuchung im folgenden Teil der vorliegenden Arbeit dar (s. Kap. 4.2), da die Genera von Substantiven im Deutschen den Lernenden als besonders bedeutungsarm bzw. abstrakt erscheinen.

4.1.4 Einschränkungen in der Leistungsverbesserung beim Lernen mit Farbe

Aufgrund „der Allgegenwärtigkeit von Farbe und ihrer immer häufigeren kommerziellen Nutzung möchte man annehmen, dass allein schon der Einsatz von Farbe zur Steigerung der Lernleistung des Lernstoffs beitragen muss“, so Sperber (1989, 82). Die kommerzielle Nutzung schlägt sich u.a. besonders im Bereich des Buchdrucks (darunter auch in Lehrwerken), der Filmproduktion und ganz speziell bei der Gestaltung von Werbung nieder. Eine Studie der Loyola Universität (1999) zeigt in diesem Zusammenhang die Häufigkeit der Verwendung von Farbe in Werbungen:

> „Using color in advertising outsells black and white by a whopping 88 percent.“[119]

Inwieweit Farbe dennoch zum Lernerfolg beiträgt, hängt vom Lernstoff und von der Lernsituation ab (vgl. ebd.). Zu ähnlichen Rückschlüssen kommen Dwyer und Lamberski (1982–83, 316) nach einer Analyse der Forschungsliteratur zur Verwendung von Farbe beim Lehren und Lernen:

> „Der Instruktionswert von Farbe ist im großen Teil abhängig von der Komplexität des Lernitems und der geforderten Wiedergabeart.“

Die bisherigen Untersuchungsergebnisse lassen zwar schlussfolgern, der Mensch könne sich deutlich besser an farbig kodierte Informationen erinnern als an schwarzweiße, die Ergebnisse einiger weiterer Versuche lassen aber auch vermuten, dass eine signifikante Verbesserung der Lern- und Abrufleistung nur unter bestimmten Voraussetzungen eintritt (vgl. dazu z.B. Baker/Dwyer 2000: 417) und dass das Ausmaß der Leistungssteigerung von mehreren Faktoren abhängt. Myatt und Carter (1979)

[118] Dwyer und Lamberski (1982–83, 316) stellten zudem fest, dass Farbe das Lernen erleichterte, wenn sie eine zentrale Bedeutung für das dargebotene Lernkonzept hatte, und wenn Lernende ihre Aufmerksamkeit darauf konzentrierten. Eine farbliche Kodierung erleichterte das Lernen von komplexen von lernenden selbst gesteuerten Lerninhalten, insbesondere bei Lerninhalten visueller Natur.

[119] Die “Maryland Studie“ der Loyola University School of Business, Chicago/IL.

stellen in diesem Zusammenhang fest, dass Farbe keine signifikant höhere Lernleistung hervorruft, es sei denn sie steht in Verbindung zum Lerninhalt. Auch Himmel (2004: 5,17) berichtet, Farbe verbessere zwar das Lernen, dies treffe jedoch nur für bestimmte Lernsituationen und Informationsarten zu – im Gegensatz dazu führe der willkürliche Einsatz von Farbe zu keinen signifikant besseren Leistungen (vgl. auch Pett/Wilson 1996). Angesichts der Variablenvielfalt in Untersuchungen zur Farbe beim Lernen geht Rieber (1994, o. S.) sogar so weit zu behaupten:

> „In general, color, in and of itself, does not seem to be a critical variable for instructional tasks. At best, color serves only a secondary instructional purpose, such as cueing or directing a learner's attention to some critical feature in a display. Color can be an effective amplification technique by helping to bring important information to prominence. Even here, it is not color per se that makes a difference, but the potential contrast that color provides."

Weiters thematisiert Rieber (1994, o. S.) die Problematik der Variablenvielfalt bei Untersuchungen zur Farbe als lernunterstützendem Mittel wie folgt:

> „Once again, what appears to be an obvious truth is complicated and clouded by the fact that color is simply one of many variables that must be considered in instructional design. The appeal of color graphics, by definition, is directly associated with affective or motivational considerations. (...) research on using color for cognitive functions has largely been inconsistent and inconclusive."

Auch Dwyer/Lamberski (1982–83) und Baker/Dwyer (2000) unterstreichen die Tatsache, dass bisherige Untersuchungen keine generell übergreifenden und auf jede Lernsituation zutreffenden Schlussfolgerungen über den Einsatz von Farbe vom kognitiven Standpunkt aus erlauben. Es handelt sich eher um eine Reihe von Erkenntnissen, die Teilaspekte des Einflusses von Farbe auf die Lernleistung beleuchten und ins wissenschaftliche Augenmerk rücken. Trotzdem ist die Frage, die an dieser Stelle gestellt werden muss, nicht die, ob Farbe das Lernen erleichtern kann – dies konnte bis zum heutigen Tag durch die Mehrzahl der Untersuchungen bestätigt werden, sondern wie sehr die Farbe die Behaltensleistung verbessern kann und unter welchen Voraussetzungen bestimmte Leistungssteigerungen erzielt werden können. Bei einigen Untersuchungsdesigns stellte sich die den Lernenden zur Verfügung gestellte Lernzeit als wichtiger Einflussfaktor für das Lernergebnis heraus: bei bestimmten Lerninhalten und Lernzielen muss den Lernenden beim Einsatz von Farbe unbedingt eine zusätzliche Verarbeitungszeit gewährt werden. Ein Experiment zur Informationsverarbeitungszeit von farbigen Lerninhalten führte u.a. Lamberski durch. Seine These: „a color-coded information (...) will require a significantly greater mean time to process than an identical information received in black/white" (Lamberski 1980, 36f), d.h. dass unter bestimmten Umständen (lerngesteuerte bzw. experimentatorgesteuerte Lernzeit), der Einsatz von Farbe einen größeren Aufwand in der Informationsverarbeitung durch die Berücksichtigung des zusätzlichen Merkmals „Farbe" (größere Informationsladung – mehr „bits") bedeuten kann und dass der Lernende eine längere Verarbeitungszeit für farbig dargestellte Informationen in Kauf nehmen muss wurde im Zuge der Untersuchung bestätigt.

In der lernergesteuerten Situation geht der Lerner nach eigenem Zeitplan mit dem Lernstoff um, während die Zeit in der lehrergesteuerten Situation vom Lehrer bzw. Experimentator bestimmt wird (diese Unterscheidung könnte insbesondere bei dem Einsatz von Strategien von Bedeutung sein, die eine Mindestzeit für eine erfolgreiche Anwendung erfordern). Dwyer und Lamberski (1983, 316) stellen aufgrund der Analyse von Forschungsergebnissen zum Thema Farbe fest, dass farbige Kodes sich insbesondere dann als leistungsstärker beim Erleichtern der verbalen Wiedergabeleistung erwiesen, wenn die Lernsituation zeitlich selbst gesteuert war. Ein zusätzlicher Zeitspielraum ist jedoch in vielen lehrer- bzw. experimentatorgesteuerten Lernsituationen nicht gegeben, denn hier hält man sich oft an einen Zeitplan, der die zusätzlichen Minuten zur Verarbeitung einer farbigen Präsentation nicht berücksichtigt (vgl. Sperber 1989, 83f).

Zu berücksichtigen ist aber im Endeffekt immer die Art der gestellten Aufgabe, denn der Einsatz von Farbe kann genauso auch die Informationsverarbeitungszeit verkürzen, insbesondere bei „Skanning-Aufgaben". Ein Beispiel dafür nennt Himmel (2004, 19):

> „Appropriate use of color can reduce information processing time. Studies show color used to focus attention on points in text improved recall and reduced information processing time."

4.1.5 Hauptsache bunt? Ist das Gedächtnis nur für natürliche Farben „besser"?

Eine Experimentreihe von Wichmann und Gegenfurtner (2002)[120] deutet zwar darauf hin, dass Farbe einen nachweisbaren Einfluss auf das menschliche Gedächtnis hat, dieser Gedächtnisvorteil ergibt sich aber nur dann, wenn die Bilder in ihren natürlichen Farben gezeigt werden. Zu ähnlichen Ergebnissen kommt auch Himmel (2004, 18) als sie sagt: „Bei einer naturgemäßen Darstellung von Farben wurden Bil-

[120] In diesem Experiment bekamen die VPn 48 Fotos zu sehen, die Hälfte davon in Farbe, die andere Hälfte schwarz-weiß. Später konnten sich die VPn weitaus besser an die bunten Bilder erinnern.

der besser erinnert als dieselben Bilder in schwarz-weiß" /Übers d. Verf./. Pettersson (1997, 11) beruft sich auf White (1987) und meint ebenfalls „Bilder müssen farbig sein damit sie der realen Welt entsprechen"/Übers. D. Verf./(vgl. auch Stangl 2004b; Raith 2002, Zimmerman 1976). Fotos, die nach dem Zufallsprinzip bunt eingefärbt waren, blieben dagegen nicht besser in Erinnerung als die schwarz-weißen Bilder. Auch so genannte „Falschfarben-Bilder" oder „künstlich kolorierte Bilder" (diese besitzen an jedem Punkt dieselbe Helligkeit wie Bilder in natürlichen Farben) behandle unser Gehirn – zumindest in Bezug auf die Gedächtnisleistung – genauso wie schwarz-weiße Bilder, so White (1987). Die Forscher vermuten, dass unser Gedächtnis, infolge von Evolution und Entwicklung, schon sehr früh auf natürliche Farben aus der Umwelt eingestimmt wurde – in der Frühphase der Evolution war das Erkennen solcher Reize überlebensnotwendig. Dabei ist der Farbvorteil natürlicher Bilder nicht einfach dadurch zu erklären, dass farbige Bilder informationstheoretisch mehr Information, also mehr „bits" besitzen, denn Falschfarben-Bilder enthalten genauso viele „bits" wie natürlich gefärbte Bilder. Es scheint, als ob unser Erinnerungssystem wahrscheinlich während der Evolution auf die Farbstrukturen, die sich in der realen Welt finden, ausgerichtet wurde (Wichmann und Gegenfurtner 2002). Wenn Reize als unnatürlich eingestuft werden, werden sie für die Informationsverarbeitung offenbar einfach ausgefiltert. Es muss aber darauf hingewiesen werden, dass es sich in dem Experiment von Wichmann und Gegenfurtner größtenteils um Fotos von Landschaften (bzw. urbanen Szenerien) handelte (ausschließlich nonverbale Informationen) und nicht um das Lernen einzelner (z.B. verbaler) Elemente (wie beim Vokabellernen). Rieber (1994, o. S.) deutet in Bezug auf Dwyers Untersuchungen darauf hin, dass die naturgemäße Darstellung („pictorial realism"), die auch die Verwendung natürlicher Farben miteinbezieht, nicht unbedingt zu besseren Leistungen führen muss:

> „Bei dem Einsatz von Farbe besteht die große Versuchung zu sagen, dass effektive Instruktionen einen hohen Grad an naturgemäßer Darstellung aufweisen sollten." /Übers. d. Verf./

Eine solche Annahme deute jedoch auf das mangelnde Verständnis bzw. auf das mangelnde Erkennen der Absicht oder der Funktion visueller Mittel hin, denn visuelle Mittel, die einer „kosmetischen" oder motivationalen Funktion dienen, müssten auf ganz andere Designannahmen zurückgeführt werden als solche, die für den Zweck des Lehrens oder der Instruktion entworfen wurden. Mit Instruktion als Verwendungszweck meint Rieber, dass das visuelle Mittel dazu verwendet wird, Faktenwissen oder intellektuelle Fertigkeiten, wie z.B. Konzepte, Prinzipien oder Problemlösungsstrategien, zu vermitteln. Er bezieht sich weiters auf die Untersuchungen von Dwyer (1978, 1987), die daraufhindeuten, dass visuelle Mittel, die für einen „kognitiven Zweck" entworfen wurden, und die entweder zu wenige oder zu viele realistische Details aufweisen, sich ungünstig auf das Lernen auswirken, insbesondere wenn Lernende keinen Einfluss auf die Geschwindigkeit der visuellen Darbietung haben, wie z.B. beim Abspielen eines Videos. Weiters zeigten die Untersuchungen auf, dass das Identifizieren und Beachten von wichtigen Informationen in einer naturgetreuen Darstellung (z.B. auf einem Foto) den Lernenden Probleme bereitet: so können beispielsweise solche realistische Details wie Farbe den Lernenden beim Erkennen und Verstehen von entscheidenden Eigenschaften einer visuellen Darstellung stören. Brody (1982, 315f) stellte in diesem Zusammenhang fest, dass Fotos und realistisch dargestellte Abbildungen von den Lernenden zwar meistens bevorzugt werden, wie die Studie jedoch aufzeigte, ist diese Präferenz nicht unbedingt an bessere Leistungen gekoppelt, denn Lernende brauchen generell mehr Zeit und Aufwand, um komplexe Darstellungen (wie Fotos) zu analysieren und zu speichern (auch Dwyer's /1971/ Untersuchungen zeigten auf, dass Lernende eine eher schlechte Einschätzungsgabe in Hinsicht darauf haben, welche Art von Lernmaterialien die besten Leistungen mit sich bringt.) Den hohen Stellenwert der naturgemäßen Darstellung beim Lernen mindern zusätzlich Untersuchungsergebnisse, denen nach Lernerpräferenzen und Erwartungen in Bezug auf visuelle Elemente, die sich hinsichtlich des Grades der naturgemäßen Darstellung unterschieden, z.B. Videomaterial vs. Computergraphiken, die Lerneffektivität der jeweiligen Lerntechnologie mehr beeinflussen können als der tatsächliche Grad der naturgemäßen Abbildung (Acker/Klein 1986). Wie bereits erwähnt, handelte es sich im Experiment von Wichmann und Gegenfurtner (2002) um komplexe Landschaftsdarstellungen (bzw. urbane Szenen). Die Studie von Myatt und Carter (1979) weist darauf hin, dass nur ältere Lernende komplexere Darstellungen, jüngere hingegen eher einfache visuelle Elemente bevorzugen. Jedoch unabhängig vom Alter der Versuchspersonen erwiesen sich einfachere visuelle Darstellungen meistens als effektiver (vgl. auch Heinich u.a. 1999; Kellner 1998). Daher ist es überaus fraglich, ob die von Wichmann und Gegenfurtner (2002) aufgestellte These, dass „unnatürlich" kolorierte Bilder keine signifikante Leistungssteigerung des Erinnerungsvermögens zur Folge haben, auf Lernmaterial übertragen werden kann, das aus Listen einzelner „einfacher" Elemente besteht, insbesondere wenn diese verbal kodiert werden.

4.1.6 Didaktische Folgerungen

Nachdem bereits einige Untersuchungsergebnisse zum Einsatz von Farbe als lernunterstützender Faktor vorliegen, können mehrere potentielle Rückschlüsse auf die didaktische Anwendung vorgenommen werden. Vor allem sollte der Einfluss von Farbe nicht unterschätzt werden: bei der Gestaltung von Lehr- bzw. Lernmaterialien ist es besonders wichtig zu beachten, dass der Gebrauch bzw. Nichtgebrauch von Farbe Konsequenzen für das Lernen hat, und sich nicht nur, wie oft angenommen wird, auf die „Attraktivität" der visuellen Erscheinungsform auswirkt:

> „Consider color as an aesthetic and *cognitive* design tool [Herv. der Verf.] during every stage of your design. If you reduce color to only a cosmetic afterthought, you will miss out on all the advantages it could give you." (Wells 1992, 199ff)

Rieber (1994) führt in diesem Zusammenhang einige Gestaltungsprinzipien von visuellen Lerninhalten an, die sich auch auf den Einsatz von Farbe beziehen können. Generell vertritt er die Meinung, der Einsatz von Farbe sei – falls eine Wahlmöglichkeit besteht – dem Einsatz schwarz-weißer Darstellungen vorzuziehen.

Empfehlungen für den Einsatz von visuellen Mitteln beim Lernen[121]
(in Anschluss an Rieber 1994[122]):

1) „There are times when pictures can aid learning, times when pictures do not aid learning but do no harm, and times when pictures do not aid learning and are distractive." (ebd.)
   Diese Aussage soll den Anwender darauf aufmerksam machen, dass visuelle Mittel keine „harmlosen" Variablen sind, die dem Belieben nach in Lernmaterialien verwendet werden können, sondern die genauestens überdacht werden müssen und einer sorgfältigen Planung bedürfen (vgl. dazu auch Surber/Leeder 1988). Farbe soll so eingesetzt werden, dass sie die Aufmerksamkeit nicht von den wichtigeren Aspekten des Unterrichts ablenkt.
2.) „Select the type of visual (i.e. representational, analogical, arbitrary) based on the needs of the learner, content, and the nature of the task." (ebd.)
3) Die Art des visuellen Mittels wie auch der Verwendungszweck (Ästhetik, Motivationssteigerung, Aufmerksamkeitssteuerung usw.) sollten unter Berücksichtigung der Interaktion der drei Variablen – Lerner, Inhalt und Aufgabe – ausgewählt und gestaltet werden. Der Lehrende muss sich nochmals bewusst machen, dass nicht alle Lernenden auf die gleiche Art und Weise lernen. Unterschiedliche Inhalte verlangen unterschiedliche Überlegungen zur Gestaltung in Bezug auf die Visualisierung. Zu berücksichtigen sind ebenfalls die Art der Aufgabe und die Vermittlungssituation, z.B. Einzelunterricht, Klein/Großgruppe, Fernunterricht etc.

[121] Die hier angeführten „Design principles" können auch unter der folgenden Internetadresse abgerufen werden: http://itech1.coe.uga.edu/studio/seminars/visualization/designprinciples.html, Zugriff am 03.12.2005.

[122] Onlinequelle ohne Seitennummerierung.

Lehrende bzw. Lehrmittelautoren sollten verbal-visuelle Lehrmittel so gestalten, dass den Prinzipien der Aufmerksamkeitssteuerung und der Wahrnehmung Rechnung getragen und auf diese Weise die Dateninterpretation, das Verstehen und das Lernen erleichtert werden (Pettersson 1997, 11; Tufte 1990[123]). Generell gesehen sollten Informationsinhalte so einfach, klar und eindeutig wie nur möglich dargeboten werden: „Exercise simplicity, clarity and consistency" (Wells 1992, 199ff; vgl. auch Pettersson 1997, 11). In Anschluss an Rieber (1994) und Himmel (2004) können folgende Einsatzprinzipien für den Gebrauch von Farbe genannt werden, die dazu beitragen, das Lernmaterial auf eine ansprechende und motivierende Weise zu gestalten: Es wird empfohlen Farbe einzusetzen:

- als *effektives Aufmerksamkeitslenkungselement* (z.B. farbige Hervorhebung), um die Aufmerksamkeit des Lernenden auf bestimmte Aspekte des Lernstoffes zu lenken bzw. zu fokussieren („Use colour coding to improve attention" – Pettersson 1997, 12),
- *um Elemente zu strukturieren/um Beziehungen zwischen Elementen aufzuzeigen*, z.B. indem ein und dieselbe Farbe (Schriftfarbe bzw. Hintergrund, oder Markierungsfarbe) für eine Kategorie von Informationen verwendet wird. Zu beachten ist dabei, dass dieselbe Farbe nicht für Elemente verwendet werden darf, die in keinem Zusammenhang zueinander stehen. Auch wenn diese Informationen nicht zur gleichen Zeit gesehen werden, könnten sie unterbewusst im Gedächtnis verknüpft werden. Es können ähnliche Farben (Farbfamilien wie warme/kalte Farben, verschiedene Sättigungen/Helligkeitsstufen von einem Farbton etc.) verwendet werden, um Zusammenhänge zwischen Elementen aufzuzeigen: zusammenhängend wären beispielsweise Kapitel- bzw. Buchabschnittshierarchien, Wortgruppen, grammatische Kategorien, o.Ä. (Pettersson 1989; 1993; 1999),
- *um Kontrast zu zeigen,*
- *um Motivation, Interesse und Ausdauer zu steigern.*

Weiters können anhand von Arbeiten zum Einsatz von Farbe (insbesondere von Pettersson 1997, Himmel 2004 und Rieber 1994) zusätzliche Hinweise für die Verwendung von Farbe zusammengefasst werden:

1) *Anzahl der Farben*: In jedem Fall ist zu berücksichtigen, dass mit der Anzahl der Farben vorsichtig umgegangen wird: „The number of colour codes should be limited and they should always be explained" (Pettersson 1997, 12; vgl. auch Pettersson 1989; 1993). Es wird empfohlen nicht mehr als 7 unterschiedliche Farben zu verwenden. Wells (1992, 199ff) nennt in ihren Cognitive Design Principles ein Maximum von 5 +/- 2 Farben, denn, wie sie beobachtet

[123] Tufte's „Envisioning Information" (1990) beschreibt wie Abbildungen verwendet werden sollten um Lernkonzepte zu unterstützen.

„Human memory for color is even less than the ‚magical number 7+/-2' accepted for memory of units such as digits and words. If your users must remember and recognize colors, use only 3–7, and make them as distinct and meaningful as possible."

2) *Grelle Farben*: Es wird empfohlen überdurchschnittlich grelle und gesättigte Farben nur für bestimmte Zwecke wie extrem wichtige Hervorhebungen (aber auch diese im beschränkten Ausmaß) einzusetzen, da diese sofort die Aufmerksamkeit auf sich ziehen. Beispiele für den Einsatz wären Warnnachrichten, Fehlermeldungen, dringende Befehle, Schlüsselbegriffe o.Ä.

3) *Bedeutung von Farben*: der Benutzer sollte die Vorzüge von Farbkonventionen im Auge behalten und zu Nutze ziehen:

„Use logic in choosing meaningful color schemes, (...) you should take advantage of colors conventions which have cultural or application-specific meaning." (Wells 1992, 199ff).

Als Beispiel kann die Verwendung von rosa für Mädchen und blau für Jungen gelten. Dies wäre zugleich ein Beispiel für die sozialen Konnotationen von Farbe (bzw. Farbenzusammensetzungen), denn diese trägt auch in verschiedenen Kulturen unterschiedliche Bedeutungen mit sich, z.B. kann Blau sowohl Männlichkeit, als auch Wasser oder Kälte symbolisieren. Aus diesem Grund sollten bei der Gestaltung von Lehrmedien immer die Eigenschaften der Empfängergruppe mitbedacht werden:

„Choose colors with your audience in mind (...) /and/consider embedded meanings of different colours when using colours to accent words." (Pettersson 1999, 12; vgl. auch Hartley 1987; Himmel 2004, 5)

4) Konsequente Verwendung: Beim Gebrauch von Farbe kommt der konsequenten Verwendung eines Farbeinsatzes eine große Bedeutung zu. Auf allen Stufen des Lernprojektes, wo die am Anfang farbig kodierten Elemente eingeführt wurden, sollten diese durchgehend angewendet werden:

„Apply color consistently throughout the course. (...) Consistent application of color throughout a course provides unity and will help orient readers select colors appropriate to meaning." (Himmel 2004, 26)

Es sollte immer dasselbe Farbschema für alle Lernmaterialien verwendet werden, in denen die jeweilige Information vorkommt (also auch in Ergänzungsmaterialien, Übungen, Tests etc.). Falls das Farbschema geändert werden sollte, muss dies mit Bewusstheit vonstatten gehen und darf nicht eine Frage des Zufalls sein. So wird auch im Lehrwerk „Maite lernt Deutsch" (Wolff 1987, 16) bereits in Lektion 1. vorgeschlagen beim Artikellernen Farben anzuwenden und die einmal für die Genera gewählten Farben während des gesamten Lernens beizubehalten. Die meisten Lehrwerkautoren, die in ihren Kursbüchern Farbe verwenden, zeigen aber eher fehlende Konsequenz bei der Anwendung von Farbe, so auch Funk u.a. in Genial (2002, 20; 101). Dort schlagen die Lehrwerkautoren bereits relativ am Anfang des Kursbuches eine farbige Markierung der Substantive vor. Diese wird erneut am Ende des Buches in einer Grammatikzusammenfassung eingesetzt. Die Farbe grün soll als Markierung weiblicher Substantive genutzt werden. In derselben grammatischen Einheit wird aber grün verwendet, um den Plural aller Substantive (unabhängig vom Geschlecht) zu signalisieren. In einem weiteren Abschnitt, bei der Erläuterung der Genuszuweisung von zusammengesetzten Nomen, zeigt die grüne Farbe weder das feminine Genus, noch den Plural an, sondern soll die Aufmerksamkeit der Lernenden auf den Zusammenhang Artikel und letztes Glied der Komposita lenken. Der Gebrauch ein und derselben Farbe zur Markierung völlig unterschiedlicher grammatischer Phänomene führt hier also nur zur Verwirrung des Lernenden. Es wird auch nicht klar, warum die Lehrwerkautoren keine unterschiedlichen Farben oder – besser noch – andere Markierungstechniken wie Unterstreichung, Fettdruck oder Ähnliches gewählt haben. Den gleichen Fehler begehen Kopp und Büttner (2004) im Lehrwerk Planet 1 („falsche" Hintergrundmarkierung auf S. 49 bei Übung 6) bzw. in Tamburin 1 – einem Lehrwerk für Kinder (Büttner, Kopp und Alberti 2004a): im gesamten Kursbuch Tamburin wird durchgehend die folgende Farbzuweisung verwendet: blau (m), rot (f) und grün (n). Die Genuszugehörigkeit von Objekten wird z.B. durch eine visuelle Gruppierung dieser Objekte auf einem farbigen (blauen/roten bzw. grünen) Hintergrund verdeutlicht, so z.B. in einer Aufgabe auf Seite 27 des Kursbuchs. Bei einer Aufgabe zum Thema Nahrungsmittel auf S. 44 wird rein optisch gesehen genau dasselbe Prinzip verwendet: es werden Bilder von Substantiven dargeboten, zusätzlich beschriftet und den Lernenden auf einem farbigen (blau, rot, grün) Hintergrund präsentiert.Die erste Assoziation, die sich bei solch einer Abbildung anbietet, wäre natürlich die Zuordnung der dargestellten Objekte zum jeweiligen Genus auf der Basis der Hintergrundmarkierung, doch stimmen hier die Farbzuweisungen mit den Genera der Objekte nicht überein (so wären der Abbildung zufolge *der Kuchen* und *die Milch* sächlich, *das Wasser*, *die Limonade* und *das Obst* männlich und *das Eis* weiblich). Auch im Kursbuch 2 (Büttner/Kopp/Alberti 2004b, 20) werden Farbmarkierungen eingesetzt und auch hier zeigen sich die Lehrwerkautoren inkonsequent, obwohl in demselben Kapitel (S. 18, 19) sehr viel mit farbigen Genusmarkierungen gearbeitet wird: auf einem Bild mit dem genusverdeutlichenden blauen Hintergrund auf S. 20 werden zwar nur Gegenstände männlichen Geschlechts gezeigt, auf einem zweiten Bild gleich daneben werden jedoch auf einem grünen Hintergrund (impliziert das sächliche Geschlecht) sowohl weibliche (*die Hose*, *die Mütze/Haube*) als auch sächliche (*das Skateboard, das Heft*) Gegenstände dargeboten. Diese Beispiele verdeutlichen, dass der Einsatz von Farbe innerhalb eines Lehrwerks gut überlegt sein muss und es darf nicht zu einer willkürlichen Verwendung von Farbe (insbesondere derselben Farbe) zu völlig unterschiedlichen Zwecken kommen (meistens interferiert hier der Einsatz von Farbe zu offenbar rein ästhetischen Zwecken mit dem Farbeinsatz zum Zwecke der genusbedingten Zuweisung/Kategorisierung).

Wie die beschriebenen Negativbeispiele zeigen, gilt in allen Fällen das Prinzip eines im Voraus gut durchdachten, vorsichtigen Einsatzes von Farbe (nicht zu viele farbige Kategorien, Einfachheit, Klarheit). Es sollte darauf geachtet werden, was für Farben ausgewählt werden (grelle, kontrastreiche etc.) und welcher Funktion sie dienen sollen (Motivation, graphische Ästhetik, Aufmerksamkeitssteuerung, Verbildlichung einer Struktur). Farbe darf nur dann und in einem solchen Ausmaß eingesetzt werden, in dem sie das Lernen unterstützt und nicht durch unangemessene Hervorhebungen oder falsche Zuordnungen etc. stört bzw. behindert. (sog. „distraction effects"):

> „Color use should not be avoided, but nor should it be used indiscriminately, as poor color choices have a high potential for distraction. (…) Make sure you have a reason for each color you use, and how you use them. (…). Do not use color indiscriminately/because/incorrect color use can significantly detract from the effectiveness of/the learning material/." (Wells 1992, 199ff)

Farbe sollte möglichst als ein integrales Element des Lerninhaltes eingeführt werden und eine Verwendung ein und derselben Farbe für andere Zwecke als die bisherigen, z.B. aus „ästhetischen" Gründen, sollte möglichst vermieden werden (konsequente Anwendung). Hervorhebungen durch Farbe sollten mit Maß eingesetzt werden, denn eine zu große Anzahl an farblich kodierten Items führt dazu, dass dieses Merkmal seine Bedeutung als Hervorhebungsmerkmal verliert (Bausell/Jenkins 1987; Dwyer 1978; Hartley/Bartlett/Branthwaite 1980; Benson 1985).

4.2 Das Erinnern von farbig vs. schwarz-weiß dargestellten Objektmerkmalen – eine empirische Untersuchung

Das folgende Kapitel beinhaltet die Beschreibung einer experimentellen Untersuchung, die samt Pilotuntersuchung und einer für die Konstruktion einer Testvorlage nötigen Umfrage (zum Thema Farbzuordnung) im Zeitraum 2002–2004 durchgeführt worden ist. Nach einer kurzen Beleuchtung des Problembereiches, in dem das Experiment angesiedelt ist, werden die Versuchshypothesen erläutert sowie die gewählten Methoden, Techniken und die Durchführung geschildert. Im anschließenden Teil werden die Ergebnisse vorgestellt und am Schluss einer Diskussion unterzogen.

4.2.1 Kurze Einführung in den Problembereich

Das Deutsche ist, ähnlich wie viele andere Sprachen, eine Genussprache: alle Substantive besitzen entsprechende Artikel, wobei die Zuweisung der meisten von ihnen keinen leicht didaktisierbaren Regeln folgt (s. Kap. 3). Dieser Umstand bedeutet für Sprachlernende ein mühevolles Erlernen des Genus für jedes einzelne Objekt: in der Deutschen Sprache kann jedes Objekt eins der drei Merkmale besitzen: männlich, weiblich, sächlich. Meistens werden diese Paare (Artikel+Substantiv) aus Lehrbüchern (z.B. aus Wortlisten) bzw. aus Heften gelernt, wo sie in der Regel im Nominativ folgendermaßen aufgezeichnet werden[124]:

Haus (n) oder *das Haus*

bzw. in alphabetisch geordneten Listen:

Haus, das bzw. *s Haus.*

Die Informationen werden meistens nur in einer Farbe (meist schwarz oder blau) abgedruckt bzw. aufgeschrieben und dann auswendig gelernt. Sowohl die bestimmten Artikel *der*, *die*, *das* als auch die Abkürzungen für die Genusbezeichnungen, z.B.: *m* (für männlich), *w* (für weiblich) und *n* (für neutrum), , scheinen visuell auf den ersten Blick sehr ähnlich, fördern also die Verwechslungsgefahr. Da die oben beschriebene Lernart für die meisten Lernenden nicht zufriedenstellend und die Ursache für ständig auftretende Fehler ist, bietet sich die Suche nach alternativen Lernstrategien an.

Zahlreiche Untersuchungen deuten darauf hin, dass das visuelle Gedächtnis möglicherweise weitaus effizienter ist, als die anderen Speicher (s. Kap. 2.2.5). Es scheint also durchaus sinnvoll nach Lernmethoden zu suchen, die diese Speichermodalität einbeziehen könnten. Im Unterricht lässt sich oft ein Phänomen beobachten, das ausschlaggebend für die Idee zur Durchführung dieser Untersuchung war: bei der mündlichen Befragung nach Wörtern und ihren Artikeln, meinen viele Lernende, sie könnten sich zwar nicht mehr an den Artikel erinnern, wüssten aber genau, auf welcher Seite und wo im Heft oder Buch (Positionierung: links, rechts, in der Mitte der Seite, oben, unten etc.), das Wort gestanden hätte. Oft sind sie auch in der Lage, Angaben darüber zu machen, mit welcher Schriftart bzw. mit welcher Farbe das Substantivartikelpaar aufgezeichnet

[124] Die Darstellung *Haus, n* wird meistens in Wörterbüchern angetroffen. In Lehrbüchern tritt oft die Darstellung *Haus, das* (z.B. in Optimal A1 /2004/ von Müller u.a. oder in Passwort Deutsch 1 /2004/ von Albrecht u.a.), und die Darstellung *s Haus* (z.B. in Themen Aktuell /2003/ von Aufderstraße u.a.) in alphabetisch geordneten Wörterverzeichnissen in Anhängen von Lehrbüchern auf.

wurde bzw. in welchem Themenkontext und zu welchem Zeitpunkt die Behandlung der Vokabel mit dem dazugehörigen Artikel erfolgte. Dies veranlasste die Verfasserin zu der Überlegung, dass diese visuelle Merkfähigkeit für das Lernen genutzt werden könnte, wenn man dem zu lernenden Substantiv jeweils eine bestimmte, für den Lernenden womöglich zur selben Zeit auch symbolische Farbe zuweist: z.B. für maskuline Wörter blau, für feminine rot oder rosa, und für neutrale grün oder gelb. Das Erinnern der Farbe des jeweiligen Wortes, die in einem Bezug zu dem Genus stünde, würde somit auch die Kenntnis des richtigen Genus (und somit des Artikels) zur Folge haben.

4.2.2 Hypothesen

In Anschluss an diese Überlegung und die Frage, ob solche Objektmerkmale wie Farbe besser behalten werden als schwarz-weiß dargestellte Merkmale wie Buchstaben, wurden folgende Hypothesen aufgestellt, die es durch eine empirische Untersuchung zu prüfen galt:

H1: Es tritt eine höhere Lernleistung des Genus für ein Objekt ein, wenn das Objekt in einer der „genusbezeichnenden" **Farben**[125] dargestellt wird, als wenn dem Objekt ein schwarzer „genusbezeichnender" **Buchstabe**[126] zugeordnet wird.

H2: Es tritt eine höhere Lernleistung des Genus für ein Objekt ein, wenn das Objekt in einer der „genusbezeichnenden" **Farben** dargestellt wird, als wenn dem Objekt sowohl eine „genusbezeichnende" Farbe sowie auch ein (in derselben Farbe dargestellter) „genusbezeichnender" **Buchstabe** zugeordnet wird.[127]

Die in den Hypothesen auftretende Bezeichnung „Objekt" bedeutet die visuelle Darstellung eines Substantiv-Wortes (eine genauere Begründung der Bezeichnung „Objekt" wird in Kap. 4.2.5 bei der Beschreibung auftretender Probleme bei der Operationalisierung gegeben).

Hypothese 1 zufolge sollte es für einen Lernenden leichter sein, sich das Genus eines Substantivs einzuprägen, wenn es in der folgenden Weise dargestellt wird:

Beispiel: **Stern[128]** (die Farbe blau verweist auf den männlichen Artikel)

---

[125] Es wurde die folgende Zuordnung getroffen: männlich: blau, weiblich: rot, neutral: grün.

[126] Es wurde die folgende Zuordnung getroffen: männlich: M, weiblich: W, neutral: N.

[127] Hypothese 2 wurde erst nach der Pilotuntersuchung aufgestellt, daher wurde sie ausschließlich in der Hauptuntersuchung getestet.

[128] In der Originalfassung der Dissertation wurde dieses Wort in der Farbe blau abgedruckt – aus drucktechnischen Gründen ist eine farbige Darstellung hier und an weiteren Stellen nicht möglich. In den folgenden Kapiteln werden die diversen Farben druch folgende hochgestellte Zeichen symbolisiert: hochgestelltes „b" für blau, hochgestelltes „r" für rot und hochgestelltes „g" für grün.

als wenn das Substantiv in einer der folgenden Weisen präsentiert werden würde:

Stern (m) oder ev. auch „der Stern" (dem Objekt wird ein schwarzer Buchstabe zugewiesen)

bzw., wie in Hypothese 2, wenn das Artikel-Substantivpaar die nahstehende Form annimmt:

Stern (m)[b] oder ev. auch „der Stern"[b]

(dem Objekt wird sowohl ein farbiges Merkmal als auch ein farbiger Buchstabe zugewiesen).

Für die Prüfung der Hypothesen wurde eine statistische Datenauswertung der Untersuchungsergebnisse herangezogen, da die Hypothesen Aussagen über Anteile beinhalteten („Es tritt eine *höhere* Lernleistung auf, wenn..."). Als Bestätigung der Hypothesen wird ein Untersuchungsergebnis erachtet, in dem die Ergebnisse für die in Hypothese 1 und in Hypothese 2 genannten Leistungen (Vergleich von Lernen von Objekt-Buchstaben/Objekt-Farbe/Objekt-Farbe+Buchstabe-Paaren) signifikante Unterschiede in Bezug auf die Leistungshöhe aufweisen.

4.2.3 Methoden

Für die Überprüfung der Hypothesen wurde eine experimentelle Methode[129] gewählt, damit die Möglichkeit besteht, bestimmte Variablen entsprechend zu manipulieren und dabei die Störvariablen zu kontrollieren. Das Experiment wird für ein sehr effektives Werkzeug zur Erforschung von Ursache-Wirkung-Beziehungen (wie sie im Falle des Überprüfens des Einflusses einer Lerntechnik auf die Lernleistung auftritt) gehalten (vgl. Huber 2002, 26; 63). Es erlaubt kausale Zusammenhänge zu prüfen, u.a. solche, wo bestimmte externe Bedingungen (z.B. das Hinzufügen des Merkmals Farbe zu Lerninhalten) interne Zustände bzw. Prozesse verursachen können (Kodierungsweise des Gedächtnisses und die Behaltensfähigkeit im Gehirn), die dann spezielle Formen des Verhaltens zur Folge haben (gute bzw. schlechte Lernleistungen beim Lernen) (vgl. Cropley 2002, 13). Der Unterschied zwischen einem Experiment und einer der nicht-experimentellen Methoden zur Hypothesenprüfung besteht darin, dass der Forscher bei einem Experiment aktiv in das Geschehen eingreifen kann: Es wird mindestens eine Variable systematisch variiert und registriert, welchen Effekt sie bewirkt. Zur gleichen Zeit werden eventuelle Störvariablen kontrolliert. Zusammenfassend: bei einem Experiment verändert der Versuchsleiter (hier Versuchsleiterin = Verfasserin dieser Arbeit) aktiv eine unabhängige Variable (hier: das Hinzufügen bzw. Nicht-Hinzufügen des Merkmals Farbe) und beobachtet die Wirkung

[129] Es handelt sich hierbei um ein sog. „Prüfexperiment" – es soll eine, bzw. mehrere (2) Hypothesen geprüft werden (vgl. Huber 2002, 26f)

dieser Veränderung an einer abhängigen Variable (hier der jeweilige Lernerfolg gemessen an der Anzahl der richtigen Antworten im jeweiligen Testtyp), wobei er versucht, die Wirkung der Störvariablen der Versuchsteilnehmer (wie Alter, Geschlecht, unterschiedlich „gute" Merkfähigkeit einzelner VPn etc.) und der Störvariablen der Untersuchungssituation (Instruktion, Lernatmosphäre, Angst vor der Bewertung etc.) auszuschalten. Mit dieser Forschungsmethode können Hypothesen geprüft werden, die eine kausale Beziehung zwischen UV (als Ursache) und AV (als Wirkung) behaupten (Huber 2000, 66). Der experimentelle Ansatz scheint hier in so fern ergiebig, da Daten unter kontrollierten Bedingungen gewonnen werden können, was zu einer erhöhten internen Validität führt. Andererseits muss aber natürlich auch Bezug darauf genommen werden, dass „künstlich" durchgeführte Untersuchungen unter Laborbedingungen nicht unbedingt der Realität entsprechen müssen (externe Validität) (vgl. Cropley 2002, 20).

Bei der vorliegenden empirischen Untersuchung handelt es sich um ein klassisches Gedächtnisexperiment[130]: man schließt auf das Lernen, indem nach der Lernphase in der darauffolgenden Prüfphase gemessen und verglichen wird, was unmittelbar nach dem Lernen behalten wird. Dabei kann die experimentelle Manipulation das Vergessen minimieren bzw. erhöhen. Innerhalb des Experiments können mehrere Messungen erfolgen (hier zwei in der Pilotuntersuchung und drei in der Hauptuntersuchung), dies beispielsweise wenn das Vergessenstempo untersucht wird und man prüft, was nach einer bestimmten Zeit noch wiedergegeben werden kann. Dieser Zweck wurde mit der dritten Messung bei der Hauptuntersuchung verfolgt: bei einem perfekten Gedächtnis würden beide Leistungen gleich sein, d.h. es gäbe keinen Gedächtnisverlust.

In den meisten Gedächtnisexperimenten, so auch in diesem, müssen die VPn etwas lernen, was ihnen vom Versuchsleiter vorgegeben wird. In dem vorliegenden Experiment wurden Listen von Objekt-Merkmal-Paaren verwendet. Der VL bestimmt auch die konkreten Lernbedingungen, z.B. die Anzahl der Lerndurchgänge – hier nur jeweils ein Lerndurchgang – und den Zeitabstand zwischen Lernen und Wiedergabe des gelernten Stoffes, hier abhängig von der Phase des Experiments jeweils ein Soforttests nach der Lernphase oder eine Wiedergabe nach einer zeitlichen Verzögerung in der dritten Phase der Hauptuntersuchung. Das Lernmaterial ist meistens eine Reihe (Liste) gleichartiger Elemente, etwa eine Liste von Wörtern (vgl. Herkner 1992; Zimbardo 1978, 182) oder – wie in der vorliegenden Untersuchung – eine Liste von Gegenständen mit einem zugeordneten Merkmal.

[130] Gedächtnisuntersuchungen befassen sich vor allem mit dem Behalten bzw. Vergessen von Reizen/Informationen (Zimbardo 1978, 169).

4.2.4 Technik: PAL

Als Untersuchungstechnik wurde das Paarassoziationslernen (im Engl.: paired-associate-learning) – kurz auch als „PAL" bezeichnet – gewählt. Ähnlich wie die Methode der seriellen Antizipation (diese wurde von Ebbinghaus verwendet, der mit seinen Untersuchungen die verbale Lerntradition ins Leben rief) wird auch die Paarassoziationsmethode bei vielen Gedächtnisexperimenten angewendet (vgl. Zimbardo 1978, 185f). Bei PAL-Experimenten werden den Lernenden Paare von Elementen vorgegeben, z.B. hier Bild-Buchstaben-Kombinationen, Bild-Farbe-Kombinationen usw.[131], später muss die VP einen Teil des Paares wiedergeben, wenn der andere gezeigt wird. Eines der Items des Paares, das sog. Reiz- bzw. Stimulusitem (in dieser Untersuchung als „Objekt" oder „Gegenstand" bezeichnet[132]), dient als Reiz/Stimulus für die Reproduktion des zweiten, das üblicherweise als Antwort- bzw. Reaktionsitem bezeichnet wird (hier Buchstabe, Farbe oder beide Merkmale zugleich). In PAL-Experimenten, so auch hier, bedient man sich oft der „Prüfmethode": hierbei werden die Paardarbietungen (in der Lernphase werden sämtliche Paare dargeboten) und die Prüfphase (im Prüfdurchgang werden nur die Stimuli – in der Regel in veränderter Reihenfolge – vorgelegt, wobei die VP versucht die zugehörigen Responses zu produzieren[133]) getrennt durchgeführt (vgl. Städtler 2003, 762).

4.2.4.1 Allgemeines experimentelles Vorgehen bei PAL-Untersuchungen

Der Ablauf eines typischen PAL-Gedächtnis-Experimentes, wie er auch in der vorliegenden Untersuchung auftritt, kann folgendermaßen beschrieben werden (vgl. Zimbardo 1978, 182):

- In der *Einleitungsphase (Lernphase)* wird eine Reihe von Elementpaaren geboten (Stimulus + Reaktionsitem), die die VPn lernen müssen. Das Lernmaterial (Assoziationspaare) wird den VPn meistens mit Hilfe eines geeigneten Apparates, z.B. eines Tachistoskops oder, wie hier in der Hauptuntersuchung, einer computerbasierten Präsentation mit einem Computerbeamer sehr kurz

[131] In PAL-Experimenten können abhängig vom Untersuchungsziel auch willkürlich zusammengestellte Paare verwendet werden, was die Aufgabe erschwert (im Vergleich zu systematisch erstellten Paaren, also einer Regel folgend). Typische Beispiele für das Paarassoziationslernen sind z.B. das Lernen von Vokabelgleichungen oder – wie hier – von Artikel-Substantiv-Paaren. In all diesen Fällen ist das Lernziel die Aneignung von einer Information, die aus zwei Teilen besteht, die miteinander assoziiert werden müssen.

[132] s. dazu Kap. 4.2.5.

[133] Eine interessante Beobachtung ist, dass die VP nicht nur die Verknüpfung von Stimulus zur Response lernt (Vorwärtsassoziation von A zu B), sondern auch eine Verknüpfung von Response zu Stimulus (die sog. Rückwertsassoziation von B zu A). Eine mögliche Erklärung dafür ist, dass es eigentlich keine gerichtete Assoziation gibt, da beide Glieder (A und B) als eine Einheit/eine Gestalt gelernt werden (vgl. Städtler 2003, 763).

dargeboten: es erscheinen gewöhnlich alle Elemente einer Liste einzeln bzw. in Paaren auf einem Bildschirm, z.B. mit Hilfe einer Powerpointpräsentation mit voreingestellter Zeit oder im Fenster einer Gedächtnistrommel (dasselbe Funktionsprinzip). Die Darbietungszeit beträgt meistens 1–2 Sekunden pro Item bzw. Item-Paar (vgl. z.B. Murdock 1962), hier 1 Sekunde.

- Dann erfolgt gewöhnlich eine Messung, um festzustellen, wie viel die VPn gelernt haben: in der *Prüfphase* direkt nach der Lernphase bzw. nach einer zeitlichen Verzögerung sollen die VPn schriftlich oder mündlich wiedergeben, was sie gesehen hatten. Diese Wiedergabe (für die Messung der Lernleistung bzw. des Vergessenstempos) in der Prüfphase kann einmalig oder mehrmals und auf verschiedene Art und Weise erfolgen. Mehrmalige Messungen werden durchgeführt, um das Vergessenstempo zu untersuchen. Falls die Messungen an einem Tag stattfinden, werden die VP nach der ersten Messung gewöhnlich aufgefordert, während des zwischen den einzelnen Messungen liegenden Zeitintervalls eine besondere Tätigkeit auszuüben, eventuell zusätzlich etwas zu lernen oder eine zeitfüllende Aufgabe wie Rechenprobleme zu lösen, die verhindern soll, dass die VP an die ursprüngliche Aufgabe denken. Schließlich werden die VP erneut geprüft, um festzustellen, wie viel sie von der ursprünglichen Aufgabe behalten haben; dieses Ergebnis wird mit dem schon vorhandenen Ergebnis vom Ende der ursprünglichen Lernzeit verglichen.

  Zu den wichtigsten drei Arten der Wiedergabe gehören: die Wiedererkennung (Reiz alt/neu), die Ersparnismethode/Wiedererlernen (Differenzmessung zwischen der Anzahl an notwendigen Wiederholungen bei mehreren Lerndurchgängen, um eine Liste fehlerfrei reproduzieren zu können), und die Treffermethode (vgl. Herkner 1992, 81f).

In dem vorliegenden Experiment wurde die zuletzt genannte Methode verwendet: bei der Treffermethode wird die Anzahl oder der Prozentsatz der behaltenen (bzw. richtig wiedergegebenen/reproduzierten) Elemente (im Falle eines PAL-Experimentes: Paare) festgestellt – es werden Anfangselemente jedes Paares dargeboten, und die VPn sollen das richtige zweite Element nennen. Die Treffermethode kann auch benutzt werden, um zu ermitteln, wie viele Elemente nach einer zeitlichen Verzögerung noch wiedergegeben werden können (Langzeitgedächtnis). Der Abruf kann den VPn im Vorhinein angekündigt bzw. auch nicht angekündigt werden.

Das Reproduktionsverfahren (wörtlich oder rekonstruktiv) gilt generell als schwieriger als das Wiedererkennen (WE) und zwar zu allen Zeitpunkten. Einen von vielen Belegen dafür bietet ein Experiment von Miller (1960). Das Reproduzieren besteht aus zwei Prozessen: zuerst muss eine Gedächtnisspur gefunden werden, dann erfolgt eine Entscheidung, ob das gefundene Element das richtige ist oder nicht. Beim WE findet nur der zweite Prozess statt – es muss bloß bei jedem dargebotenen Reiz entschieden werden, ob der Reiz alt oder neu ist. Herkner (1992, 104f) stellt deswegen auch fest, dass wiedererkennendes Lernen oft nicht für die Lernpraxis geeignet ist: Es ist nicht ausreichend, wenn man beim Durchblättern des Lernmaterials den Eindruck hat, dass man schon alles kann, denn in diesem Falle handelt es sich oft bloß um Wiedererkennen. Wenn bei einer Prüfung oder in einer Anwendersituation die Reproduktion des Stoffes verlangt wird, so muss auch bereits beim Lernen die ständige Wiedergabe geübt werden. Deswegen erteilt er den Ratschlag, stets aktiv zu lernen, d.h. nicht nur lesend die Lerninhalte zu wiederholen, sondern sie auch während des Lernens zu reproduzieren, indem man z.B. eigene Sätze konstruiert (im Falle von Vokabeln).

4.2.5 Zur Operationalisierung: Problematik bei der Testkonstruktion (für die Pilotuntersuchung)

Um den Begriffen der in Kap. 4.2.2 aufgestellten Hypothese 1 beobachtbare Phänomene zuschreiben zu können, musste für die Datenerhebung eine entsprechende Lernaufgabe konstruiert werden. Für diesen Zweck wurde von der Versuchsleiterin eine eigene Testvorlage entworfen, die anfangs jeweils aus 2 Aufgaben mit je 16 Informationspaaren bestand, und die in einer Pilotuntersuchung erprobt wurde. Anschließend wurden Rückschlüsse auf die Ergebnisse und das Messverfahren aus der Pilotuntersuchung gezogen und einige Aspekte des Tests für die Hauptuntersuchung verändert. Diese Änderungen werden im weiteren Teil dieser Arbeit (Abschnitt 4.2.6.2) erläutert. An dieser Stelle werden zunächst nur die Konstruktion des Tests für die Pilotuntersuchung und das Untersuchungsverfahren beschrieben.

Pilotuntersuchung:
Der Test für die Pilotuntersuchung setzte sich aus zwei Aufgaben zusammen:

1) Aufgabe 1 bestand aus insgesamt 16 Bildern von Alltagsgegenständen (z.B. Haus, Brief etc.), denen jeweils eins von drei möglichen Merkmalen (Buchstabe *M, W, N*) zugeordnet wurde.
2) Aufgabe 2 bestand ebenfalls aus 16 Bildern von Alltagsgegenständen (es wurden andere Gegenstände als in Aufgabe 1 gewählt, um eine Interferenz zu vermeiden), denen jeweils eins von drei möglichen farbigen Merkmalen (rot, blau, grün) zugeordnet wurde.

Bei der Konstruktion der Testaufgabe 2 musste entschieden werden, welche drei Farben als Objektmerkmale verwendet werden. Im Prinzip konnte für das Lernen von Artikeln mit Hilfe einer Farbzuweisung jede beliebige Farbe verwendet werden, vorausgesetzt sie würde für den Betrachter gut sichtbar und das aufgeschriebene Wort bzw. das aufgezeichnete Objekt gut lesbar sein. Es musste auch darauf geachtet werden, dass die drei gewählten Farben voneinander leicht zu unterscheiden sind und sich nicht ähneln (über die Prinzipien eines optimalen Farbeinsatzes wurde bereits in den früheren Kapiteln berichtet). In Kap. 4.1.6 im Abschnitt „Bedeutung von Farben" wurde bereits beobachtet, dass ein Einsatz von bestehenden Farbkonventionen einer Zielgruppe (bereits existierende Assoziationen) für das Lernen förderlich sein könnte. In diesem Sinne wurden von der Verfasserin zuerst subjektiv einige Farben gewählt (blau für männlich, rot/rosa für weiblich, gelb/grün für neutral), die ihrer Meinung nach den existierenden Farbkonventionen entsprachen und anschließend zusätzlich in einer Untersuchung validiert: es wurde im Zeitraum Dezember 2002–Januar 2004 eine Gruppe von insgesamt 62 Deutschlernern befragt, welche Farbe sie spontan den Begriffen: „männlich", „weiblich" und „neutral" zuordnen würden. Die Befragten waren deutschlernende Erwachsene im Alter zwischen 19–53 Jahren, die meisten davon polnische Muttersprachler mit nur einigen wenigen Ausnahmen (drei Lernende aus Bosnien/Serbien und eine Person aus Tschechien), die an einem Deutschkurs, oder an einer anderen Form des Deutschunterrichts (z.B. Einzelunterricht) teilnahmen bzw. Deutsch studierten. Die Befragung lieferte folgende Ergebnisse (Abb. 25–27):

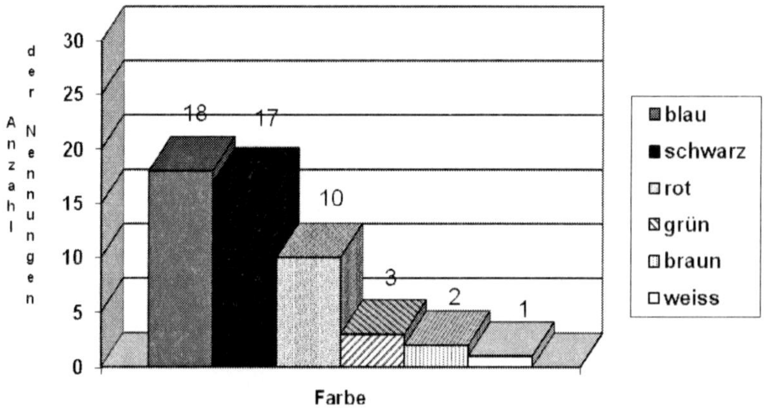

Abb. 25:
Welche Farbe würden Sie spontan dem Begriff „männlich" zuordnen? (N=62)

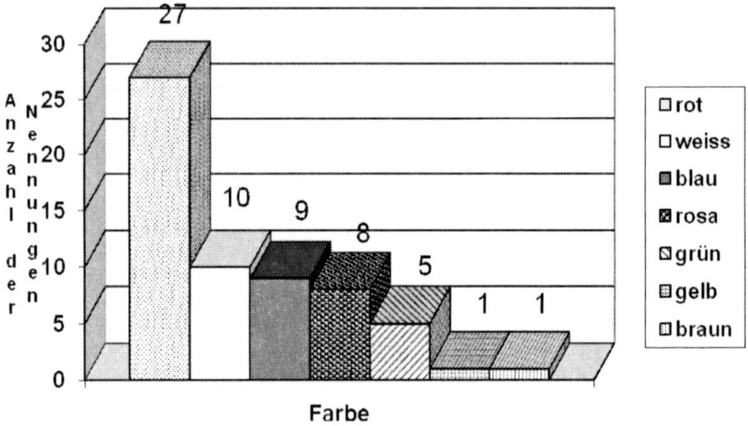

Abb. 26:
Welche Farbe würden Sie spontan dem Begriff „weiblich" zuordnen? (N=62)

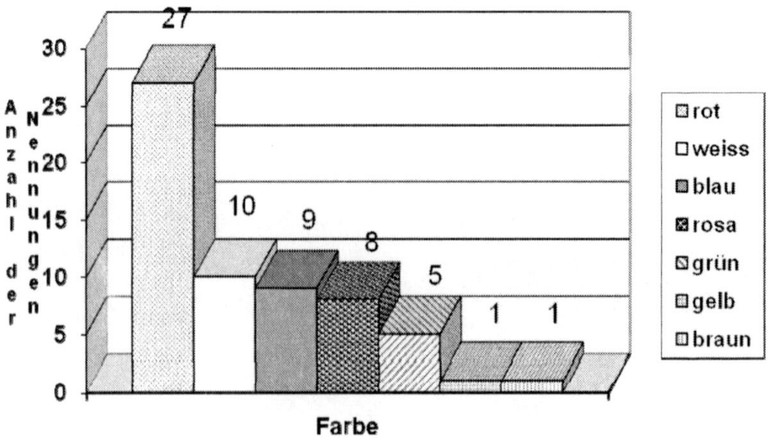

Abb. 27:
Welche Farbe würden Sie spontan dem Begriff „neutral" zuordnen? (N=62)

Dem Begriff „männlich" wurden am häufigsten die Farben blau (18-mal) und schwarz (17-mal) zugeordnet. Bei den Nennungen zum Begriff „weiblich" überwog dezidiert rot (27 Antworten). Für „neutral" verteilten sich die häufigsten Angaben auf mehrere Farben: weiß (15), grün (12), gelb und blau (jeweils 10). Die Ergebnisse der Umfrage wurden bei der Testkonstruktion für die Probeuntersuchung (Gestaltung der Testvorlagen für Aufgabe 2) berücksichtigt: für die drei farbigen Merkmale wurde aus jeder Zuweisungsgruppe (männlich/weiblich/neutral) jeweils eine Farbe ausgewählt. Aus der Gruppe der Farbnennungen für „männlich" wurde blau übernommen. Schwarz wurde nicht übernommen, um eine Ähnlichkeit mit dem schwarz-weiß dargestellten Material in Testaufgabe1 zu vermeiden und um den Kontrast zwischen schwarz-weiß und farbig dargestellten Informationen zu ermöglichen. Von den Nennungen für „weiblich" wurde die Farbe rot gewählt (hohe Anzahl der Nennungen). Da weiß und gelb wegen der visuellen Darstellung problematisch sind (Notwendigkeit eines farbigen Hintergrundes bzw. schlechte Lesbarkeit/Sichtbarkeit beim Abdruck bzw. bei der Verschriftlichung), wurde aus den Farbnennungen für „neutral" grün gewählt. Zu berücksichtigen ist, dass farbige Assoziationen kulturspezifisch sein können und dass die Größe der befragten Gruppe zu gering gewesen ist, um allgemeingültige Aussagen über Farbassoziationen zu fällen. Im Rahmen der Untersuchung konnte aber festgestellt werden, dass die Ergebnisse der Umfrage mit einigen in mehreren europäischen Ländern auftretenden Farbkonventionen einhergehen, wie z.B. mit der Tatsache, dass bei Kindern für Jungen oft die Farbe blau und für Mädchen rot oder rosa für Kleidung, Zimmerausstattung etc. gewählt werden.

Bei der Testkonstruktion für die Pilotuntersuchung wurden die Merkmale (schwarz-weiße Buchstaben bzw. Farben) den Objekten zufällig und möglichst gleichmäßig zugeordnet (in Aufgabe 1: sechs Objekte mit Merkmal „M", fünf Objekte mit Merkmal „W", und fünf Objekte mit Merkmal „N", in Aufgabe 2: sechs blaue Objekte, fünf rote Objekte, und fünf grüne Objekte). Die Aufgaben wurden jeweils auf einer A4 Seite in der gleichen Größe abgebildet.

Die Operationalisierung ergab in der Phase der Testkonstruktion große Probleme in Hinsicht auf die direkte Einbindung von orthographisch dargestellten deutschen Artikel-Substantivpaaren. Gründe dafür gab es mehrere, von denen an dieser Stelle insbesondere zwei kurz erläutert werden:

1) Ginge man von einer realitätsnahen Lernsituation aus, wo authentische deutsche Artikel-Substantivpaare erlernt werden müssten, wären für die Durchführung des Experimentes VPn nötig, die die zu lernenden Inhalte noch nicht kennen würden. Nur so könnte die während der Untersuchung ermittelte Lernleistung auf das Lernen in der Lernphase (und nicht auf das frühere Vorwissen dieser Personen) zurückgeführt werden. Eine Feststellung des Kenntnisstandes jedes einzelnen Versuchsteilnehmers würde dann jedoch zusätzlich einer weiteren Erhebung bedürfen.

Möglich wäre es auch, VPn für die Untersuchung zu gewinnen, die bislang an keinem Deutschunterricht teilgenommen haben und die über keine Vokabelkenntnisse in dieser Sprache verfügen. Das Auffinden einer entsprechenden Gruppe erwies sich jedoch im Umkreis der Versuchsleiterin als besonders schwierig, da die meisten Befragten bereits über Deutschlernerfahrungen verfügten.

2) Würde jedoch trotzdem eine entsprechende Gruppe von VPn zur Verfügung stehen, deren Kenntnisstand man ermittelt hätte und der man bislang im Unterricht

nicht durchgenommene Artikel-Substantivpaare als Lerninhalt vorlegen könnte, würde weiterhin ein anderes Problem bestehen bleiben: die isolierte Messung des Lernens des Artikel-Substantiv-Zusammenhangs. Bei der Leistungsmessung könnte man nämlich das Erlernen der Zuordnung des Artikels nur schwer isoliert prüfen, weil auch das Lernen des neuen Wortschatzes (neue Substantive) als Störfaktoren in die Lernleistung einfließen würde.

Diese Argumente verdeutlichen, dass die Verwendung von authentischen deutschen orthographisch dargestellten Artikel-Substantivpaaren als Lernmaterial eine Ermittlung der reinen Lernleistung für die Assoziation nicht ermöglicht, sondern als Störfaktor negativ beeinflusst. Infolge dessen musste nach anderen Möglichkeiten gesucht werden, die Lernleistung für die Assoziation zu ermitteln. Diese Möglichkeit bietet die Verwendung von bildlichen *Objektdarstellungen* (anstatt von orthographischen, verbalen Darstellungen). Der Einsatz von Bildern ermöglicht eine an die Muttersprache und die Fremdsprache nicht gekoppelte Untersuchung. Dadurch können als VPn sowohl Lernende mit Deutschkenntnissen als auch VPn ohne Deutschkenntnisse gewählt werden. Auf diese Weise kann die Wirkung der Variable: Deutschkenntnis (+Niveau)/bzw. keine Deutschkenntnis auf die Lernleistung neutralisiert werden. Ein weiterer Vorteil der Verwendung von Objektbildern ergibt sich auch dadurch, dass die Ergebnisse eines solchen Tests einen Anhaltspunkt nicht nur für die deutsche Sprache, sondern auch für andere Genussprachen, die ebenfalls über drei Genera verfügen, bieten können.

4.2.6 Die Pilotuntersuchung

Als *Stichprobe* für die Pilotuntersuchung wurde eine Gruppe von zwanzig Personen gewählt. Alle VPn waren Studenten des vierten Jahres (entspricht dem achten Semester) im Institut für Angewandte Linguistik der Universität Warschau[134], davon sechzehn weiblich und vier männlich. Das Alter der VPn variierte zwischen 21 und 25.
Die Gruppe wurde in zwei Untergruppen aufgeteilt (Gruppe A = 11 VPn, davon drei männlich; Gruppe B = 9 VPn, davon einer männlich), die getrennt voneinander an der Untersuchung teilnahmen und die sich in der Reihenfolge der präsentierten Lernaufgaben unterschieden (s. Abb. 28): Gruppe A lernte und löste zuerst die Aufgaben in Test 1 (Zuordnung von schwarz-weißen Buchstaben), dann folgte nach einer Ablenkungsaufgabe Test 2 (Zuordnung von Farben). Bei Gruppe B wurde die Reihenfolge umgedreht (Test 2, Ablenkungsaufgabe, Test 1), damit geprüft werden konnte, ob im Falle einer besseren Leistung für Test 2 (Farbe), das Ergebnis der Gruppe A nicht eine Folge des Lerneffektes des Aufgabentyps durch die auftretende Reihenfolge ist.

[134] Die Untersuchung wurde in den Räumlichkeiten der Universität durchgeführt.

Versuchsgruppe	Zeitpunkt t1:	Zeitpunkt t2:
Gruppe A (11 VPn)	Test 1: Lernphase + Abrufphase	Test 2: Lernphase + Abrufphase
Gruppe B (9 VPn)	Test 2: Lernphase + Abrufphase	Test 1: Lernphase + Abrufphase

Abb. 28:
Versuchsplan bei der Pilotuntersuchung

Das Experiment gliederte sich in drei Abschnitte:

1) 1 Lernphase + Soforttest: Test 1 für Gruppe A bzw. Test 2 für Gruppe B (Testdauer: 16 Sekunden) mit einem darauffolgenden Soforttest
2) Ablenkungsphase (Ermittlung von formalen Daten über die VPn)
3) 2 Lernphase + Soforttest: Test 2 für Gruppe A bzw. Test 1 für Gruppe B (Testdauer: 16 Sekunden) mit einem darauffolgenden Soforttest

Den Aufbau des Experimentes zeigt die folgende Abbildung 29:

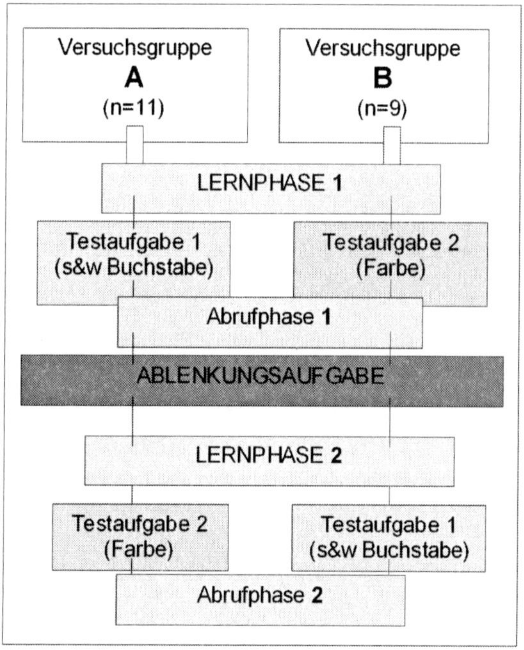

Abb. 29:
Aufbau der Pilotuntersuchung

Die Lernleistungen wurden bei jedem Test auf entsprechenden Testbögen schriftlich erhoben, nachdem die Teilnehmer instruiert worden waren, wie bei der Untersuchung vorzugehen ist. Es wurde während des Experiments versucht, eine möglichst angenehme Atmosphäre zu schaffen und den VPn die Angst und Unsicherheit in Bezug auf ihre Lernleistung zu nehmen (Angst vor der Bewertung als Störvariable): es wurde darauf hingewiesen, dass die Testung keine Aussagekraft in Bezug auf die Intelligenz bzw. allgemeine Lernfähigkeit der Versuchspersonen hat, was die Atmosphäre unter den Teilnehmern sichtbar verbesserte. Ausdrücklich betont wurde auch, dass die Teilname auf freiwilliger Basis und anonym erfolgt und dass die Daten ausschließlich für wissenschaftliche Zwecke verwendet werden. Es wurde allgemein der Bereich mitgeteilt, zu dem die Untersuchung beitragen soll, und den VPn wurde die Möglichkeit gegeben, ihr persönliches Ergebnis im Nachhinein zu erfahren wie auch nach dem Abschluss der Untersuchung Informationen über die genaueren Ziele des Experimentes einzuholen.

Für die Datenerhebung wurden zwei – bereits früher erwähnte – Testaufgaben verwendet. Zuerst wurde die auf einer Klarsichtfolie abgebildete Lernaufgabe 1 in einem Seminarraum mit Hilfe eines Overheadprojektors 16 Sekunden lang auf die Wand projiziert (alle 16 Items befanden sich auf einer Folie). Anschließend wurde das Bild entfernt und die VPn sollten innerhalb der Prüfphase auf einem Testblatt das Merkmal „Buchstabe“ (M, W, N) ergänzen (als Reizitem dienten die Objektbilder, die Reihenfolge der Bilder wurde verändert). Danach wurde eine kurze anonyme Befragung der VPn (Daten zum Alter/Geschlecht etc.) für die Ermittlung von zusätzlichen Daten für die Auswertung durchgeführt. Daraufhin folgte die Lernphase für Aufgabe 2 (ebenfalls eine 16-sekündige Projektion) und die anschließende Prüfphase mit Testblatt 2: diesmal mussten die Farben zu den Objekten hinzugeschrieben werden.

4.2.6.1 Ergebnisse der Pilotuntersuchung

Als Messindikator für die Lernleistung im jeweiligen Test galt die Anzahl der richtigen Antworten pro Test. Die Daten wurden schriftlich auf Testbögen erfasst. Auf diese Weise konnte der Lernerfolg durch die Zahl der richtigen Antworten operationalisiert werden. Beide Tests setzten sich aus jeweils 16 Aufgaben zusammen, somit konnte in jedem Test ein Maximum von 16 (richtige Zuordnung des Merkmals in allen Aufgaben) bzw. ein Minimum von 0 Punkten (falsche bzw. keine Zuordnung des Merkmals in allen Aufgaben) erreicht werden. Die Ergebnisse der Gruppe A und B in beiden Tests zeigt das folgende Diagramm in Abb. 30:

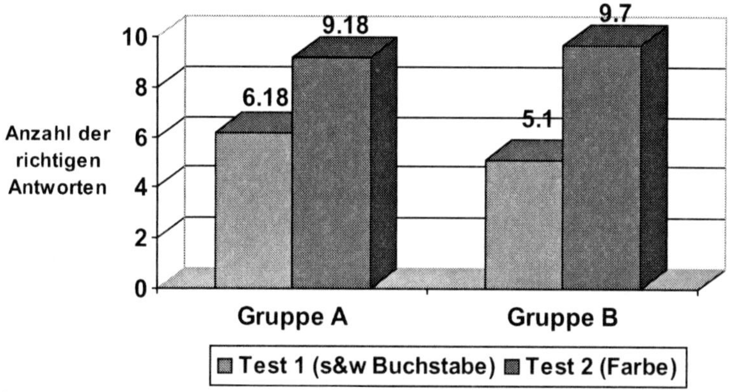

Abb. 30:
Anzahl der richtigen Antworten in Test 1 und Test 2 bei Gruppe A und B in der Pilotuntersuchung (Mittelwerte) N=20

Sowohl Gruppe A (Reihenfolge: Test 1, Test 2), als auch Gruppe B (Reihenfolge: Test 2, Test 1) erzielte weitaus bessere Ergebnisse in Test 2, wo die Lernaufgabe darin bestand, sich drei Farben als Objektmerkmale zu merken und sie anschließend wiederzugeben: von insgesamt 16 Aufgaben beantwortete Gruppe B durchschnittlich 9,7 Fragen richtig, Gruppe A erzielte ein ähnliches Ergebnis – hier lag die Höhe der richtigen Antworten bei 9,18. Die Lern- und Wiedergabeleistung für die schwarz-weiß dargestellten Buchstaben „M", „W", „N" lag deutlich niedriger: Gruppe A konnte den Objekten durchschnittlich 6,18-mal den passenden Buchstaben zuordnen, Gruppe B nur 5,1-mal.

Bei Gruppe B ist der Unterschied zwischen den Ergebnissen für die einzelnen Tests größer (steilere rote Kurve) als bei Gruppe A (flachere blaue Kurve):

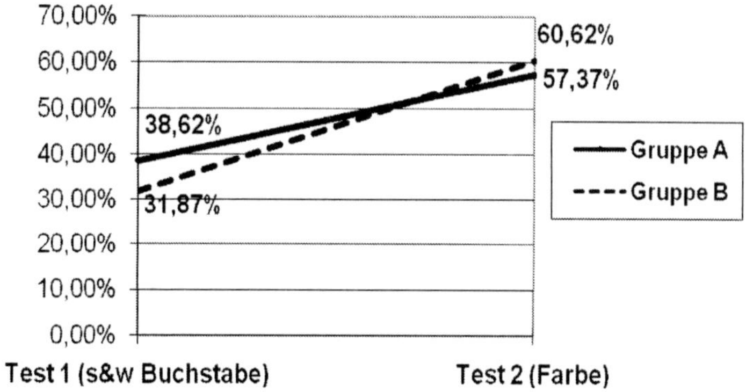

Abb. 31:
Lernzuwachs beim Lernen von Farbzuweisungen im Vergleich zur Merkleistung von schwarz-weißen Buchstaben

Vergleicht man die durchschnittlichen Ergebnisse von Test 1 und Test 2 bei Gruppe B, so ergibt sich ein prozentueller Lernzuwachs von 28,75% (!) oder ein Plus von 4,6 richtigen Antworten. Bei Gruppe A beträgt der Lernzuwachs 18,75% (3 richtige Antworten mehr in Test 2 als in Test 1). Die Ergebnisse der Gruppe B verdeutlichen, dass eine hohe Lernleistung in Aufgabe 2 bei Gruppe A nicht auf die Reihenfolge der Aufgaben (Aufgabentypuslerneffekt) zurückgeführt werden kann. Bei Gruppe B tritt aber womöglich zusätzlich ein anderer Effekt auf: man kann nicht ausschließen, dass die geringeren Lernleistungen der Gruppe B in Test 1 (diese sind niedriger als die bei demselben Test bei Gruppe A) auf motivationale Aspekte von Farbe zurückzuführen sind. Wie in Kap. 4.1.3 bereits erläutert wurde, trägt Farbe möglicherweise zu besseren Lernerfolgen bei, da sie das Interesse der Lernenden steigert und so die Aufmerksamkeit erhöht. Das Lernen von schwarz-weiß dargestellten Daten nach der Durchführung einer Aufgabe mit Farbe kann dementsprechend zu einer demotivierten Haltung der Lernenden führen und eine geringere Lernleistung als sonst bewirken.

Eine Auswertung der individuellen Ergebnisse der VPn erlaubte es zu ermitteln, wie viele Lernende ihre Lernleistung beim Lernen mit Farbe verbessern konnten: 16 Personen verbesserten ihre Leistung bei Test 2. Der höchste Lernzuwachs lag bei 62,5 % (bei zwei Versuchsteilnehmern), dies entsprach 5 Richtigen in Test 1 und 15 Richtigen in Test 2 bzw. bei der zweiten Person 6 Richtigen in Test 1 und 16 Richtigen in Test 2. Nur vier Personen (eine Person aus Gruppe B und drei aus Gruppe A) erzielten in Test 1 bessere Ergebnisse als in Test 2. Da am Experiment insgesamt nur vier männliche Versuchspersonen teilnahmen, ist es bemerkenswert, dass drei davon genau dieser Gruppe angehörten, die bessere Ergebnisse bei dem Lernen von schwarz-weißen Merkmalen aufwies. Einen Überblick über die Anzahl der richtig beantworteten Testaufgaben dieser Minderheit zeigt die folgende Tabelle:

VP (Gruppe A/B) und Geschlecht	Ergebnis Test 1	Ergebnis Test 2
VP Nr. 6, Gr. A, männlich	7	6
VP Nr. 8, Gr. A, männlich	4	3
VP Nr. 10, Gr. A, weiblich	9	0
VP Nr. 20, Gr. A, männlich	5	2

Abb. 32:
Ergebnisse der männlichen VPn bei Test 1 und bei Test 2

Ob jedoch das Geschlecht letztendlich einen wichtigen Faktor beim Lernen mit oder ohne Farbe darstellt, müsste durch weitere, umfangreichere Untersuchungen ermittelt werden, die den Rahmen dieser Arbeit sprengen würden.

4.2.6.2 Schlussfolgerungen für die Hauptuntersuchung

Ein „Vorexperiment" definiert Huber (2002, 68) als ein (meist kleines) Experiment, das im Rahmen der Planung eines Prüf- oder Erkundungsexperiments durchgeführt wird und der Erprobung und Verbesserung der Durchführung des Experimentes, der Operationalisierungstechniken etc. dient. Diesen Zweck verfolgte auch die hier beschriebene Pilotuntersuchung: sie sollte erlauben, mögliche Probleme bei der Testgestaltung und Durchführung festzustellen und erste Ergebnistendenzen zu erkunden, um gegebenenfalls Änderungen für die Hauptuntersuchung vorzunehmen. Erst in Anschluss an die Pilotuntersuchung wurde die Hypothese erneut an einer umfangreicheren VPn-Gruppe getestet und mittels statistischer Verfahren zur Auswertung der so gewonnenen Daten im Hinblick auf Signifikanzwerte geprüft (quantitative Datenanalyse).

Die Ergebnisse des Vorexperimentes zeigen Tendenzen auf eine Verifizierung der Hypothese 1: 16 von insgesamt 20 Personen konnten ihre Leistungen durch das Hinzufügen des Merkmals Farbe zum Lernobjekt verbessern. Dabei erzielten einige VPn einen beträchtlichen Lernzuwachs von bis zu 62,5%.

Nach der Durchführung der Pilotuntersuchung wurde beschlossen, in der Hauptuntersuchung das Testinstrument zu verändern. Im Vorexperiment wurden die 16 Lernpaare des jeweiligen Tests gemeinsam auf einer Lernfolie abgebildet. Somit wurde dem Lernenden eine größere subjektive Lernflexibilität in Hinsicht auf die Lernzeit pro Item(paar), Erfassungsstrategie etc. ermöglicht. Trotz der ziemlich knapp gehaltenen Lernzeit abstrahierten aber einige wenige Lernende eine als Störvariable zu betrachtende Lernstrategie: sie erfassten rasch die drei Kategorien und die Tatsache, dass die Objekte diesen relativ gleichmäßig zugeordnet worden sind, und lernten nunmehr nur zwei davon in der Gewissheit, alle übrigen Paare entfielen dann automatisch auf die dritte Kategorie. Aus diesem Grund wurde beschlossen, bei der Hauptuntersuchung mit einer zeitlich gesteuerten Präsentation zu arbeiten, bei der jedes Lernpaar separat auf dem Bildschirm erscheint und automatisch nach einer Sekunde fortgefahren wird. Somit war es den VPn nicht möglich, die erwähnte Strategie anzuwenden, da ihnen die Aufteilung der Items auf die einzelnen Kategorien durch die asynchrone Darbietungsform nicht bekannt war. Für die Darbietung wurde das Programm Power Point verwendet, für die zeitliche Programmierung der Darbietungszeit eines der Tools des Computerprogramms. Um Gruppentestungen zu ermöglichen, wurde die Präsentation mit Hilfe eines angeschlossenen Beamers vorgeführt, damit die Bilder für alle VPn deutlich zu sehen sind.

Eine weitere Änderung bezieht sich auf den Versuchsplan: in der Pilotuntersuchung wurde mit zwei Gruppen gearbeitet, denen dieselben Aufgaben vorgeführt worden sind, die Reihenfolge der Aufgaben war jedoch unterschiedlich. In der Hauptuntersuchung dagegen wurde mit drei unabhängigen Gruppen gearbeitet, da eine genügend große Anzahl an Versuchspersonen zur Verfügung stand, um die Variablen separat zu untersuchen. Jede Gruppe hatte eine eigens für sie konstruierte Lernaufgabe zu lösen. Um feststellen zu können, ob alle drei Gruppen von der Lernleistung her als gleichwertig zu betrachten sind, wurde zusätzlich ein für alle Gruppen identischer Vergleichstest eingeführt (Test 1). Weiters wurde eine dritte Abrufphase (Abrufphase von Test 2) eingeführt, um Informationen darüber zu gewinnen, ob Unterschiede beim Vergessenstempo bei den unterschiedlichen Testtypen auftreten.

Für die Hauptuntersuchung wurde eine zusätzliche Hypothese erstellt: Hypothese 2 (s. Kap. 4.2.2), die in Form von Testtyp C operationalisiert worden ist. In Testtyp C wurden zwei Variablen zusammengefügt: es wurde die Lernleistung für eine Situation ermittelt, in der ein Objekt nicht nur farbig markiert wird, sondern auch einen Buchstaben zugewiesen bekommt (Beispiel: Katze/f/beides rot markiert). Somit konnte ein größeres Spektrum an Darbietungsmöglichkeiten von Artikel-Substantivpaaren und ihren Auswirkungen auf die Informationsverarbeitung und Erinnerungsvermögen erfasst werden.

Schlussendlich wurde die Gruppe der VPn auf 80 erweitert und es wurde versucht, eine möglichst ähnliche Verteilung männlicher Probanden auf alle drei Gruppen zu erreichen, da in der Pilotuntersuchung die Variable „Geschlecht des Versuchsteilnehmers“ als eine mögliche Störvariable zum Vorschein kam. Dies gelang jedoch aus organisatorischen Gründen nur bei zwei Gruppen (dort waren jeweils vier Personen männlich, bei der dritten Gruppe sieben).

4.2.7 Hauptuntersuchung

Nach dem Abschluss des Vorexperimentes wurde mit der Durchführung der Hauptuntersuchung fortgefahren. Die experimentelle PAL-Untersuchung (Behaltenstest) wurde während eines Forschungsaufenthaltes im Sommer 2004 an der Universität Warschau im Institut für Angewandte Linguistik mit 80 Versuchspersonen, die in drei Versuchsgruppen aufgeteilt waren, in Gruppenuntersuchungen mit dem Einsatz einer Powerpointpräsentation durchgeführt. Es handelte sich um eine Versuchsgruppe und zwei Kontrollgruppen. Die Messung der Lernleistung erfolgte in Form eines Soforttests nach einer einmaligen Präsentation einer Liste von jeweils 16 Objekten in einem Durchgang (2-mal) und von einem unangekündigten Nachtest nach einem Zeitintervall von ca. einer Stunde (1-mal). Die VPn wurden angewiesen, sich den gezeigten Gegenstand in Verbindung mit seinem Merkmal einzuprägen.

Versuchszeitraum und -bedingungen: Es wurden insgesamt sechs Termine für Gruppentestungen vereinbart. Die Untersuchungen wurden möglichst unter denselben Bedingungen durchgeführt: ähnliche Uhrzeit (vormittags zwischen 8–12 Uhr), ruhiger Versuchsort (Seminarräume der Universität).

Über die Versuchsgruppe: An dem Experiment haben insgesamt 80 Personen aus fünf Seminargruppen teilgenommen. Alle waren SprachstudentInnen des Instituts für Angewandte Linguistik an der Universität Warschau. Den VPn wurde zuvor in zusammengefasster Form erklärt, in welchem Bereich die Testung durchgeführt wird und welche Art von Aufgaben auf sie zukommt. Danach konnten sich die Teilnehmer entschließen, ob sie sich an dem Experiment freiwillig beteiligen möchten.

Zum Alter des Versuchspersonen: Es wurde darauf geachtet, dass die VPn in einem möglichst ähnlichen Alter sind (Konstanthaltung einer möglichen Störvariable): das Durchschnittsalter lag bei 20,85 Jahren, der jüngste Versuchsteilnehmer war 19, der Älteste hingegen 26. Die meisten Versuchsteilnehmer waren 19–22 Jahre alt, 23–26 jährige machten dagegen nur insgesamt 11,3% aller getesteten Versuchspersonen aus.

Geschlecht der Probanden: Da die Studienrichtung offensichtlich von weiblichen Studienbewerbern bevorzugt wird, fiel auch bei der Untersuchung die Aufteilung zwischen weiblichen und männlichen Personen dementsprechend ungleich aus: 65 (81,22 %) der insgesamt 80 Personen waren weiblich und nur 15 (18,78%) männlich.

Lernleistungsniveau der Versuchsteilnehmer: Alle Versuchsteilnehmer waren Studierende desselben Instituts, daher kann generell davon ausgegangen werden, dass sie über ein relativ hohes Lernleistungsniveau verfügten: eine Zulassung zum Studium an dieser Einrichtung der Universität Warschau erfolgt nur dann, wenn der Kandidat entsprechende Aufnahmeprüfungen für die Fakultät besteht. Diese setzen sich aus einer Reihe schriftlicher Prüfungen in zwei Fremdsprachen inklusive landeskundlichem Wissen zusammen. Die Kandidaten mit der höchsten Punkteanzahl werden anschließend zu den mündlichen Prüfungen zugelassen. Wie aus den Angaben des Linguistikinstituts hervorgeht, bemühen sich jährlich sehr viele Abiturienten dort um einen Studienplatz, daher kann davon ausgegangen werden, dass das Niveau der Studierenden als relativ hoch einzuschätzen ist. Um jedoch zusätzlich feststellen zu können, ob die einzelnen Gruppen, die an dem Test teilgenommen haben, tatsächlich über ein vergleichbares Lernleistungsniveau verfügen, wurde als erstes mit allen Probanden ein einheitlicher Behaltenstest (Test Nr. 1) durchgeführt. Die genauen Ergebnisse dieses Tests werden im weiteren Teil der Arbeit besprochen.

Aufteilung in Gruppen: Die Versuchsteilnehmer (N=80) wurden in drei verschiedene Gruppen (Gruppen A, B und C) aufgeteilt, von denen jede ungefähr die gleiche Größe hatte (26–28 VPn). In der Tabelle (Abb. 33) wurden zusätzlich auch Angaben über die Anzahl von weiblichen bzw. männlichen Personen in den jeweiligen Gruppen gemacht:

Bezeichnung der Untergruppe	Anzahl der VPn (N=80)	% aller VPn
Gruppe mit Testtyp A	26 (19 weiblich, 7 männlich)	32,5
Gruppe mit Testtyp B	26 (22 weiblich, 4 männlich)	32,5
Gruppe mit Testtyp C	28 (24 weiblich, 4 männlich)	35,0

Abb. 33:
Anzahl und Geschlecht der Personen in den einzelnen Gruppen

Die Versuchspersonen mussten drei Versuchsphasen durchlaufen, in denen Daten schriftlich auf Testblättern erfasst wurden. Als Hilfsgeräte wurde ein Computer samt Beamer[135] eingesetzt.

Phasen der Hauptuntersuchung:

Phase 1) – identisch für alle drei Gruppen:

- *Lernphase*: den VPn wurden in Form einer Powerpointpräsentation 16 Bilder mit unterschiedlichen Zahlen vorgeführt (1 Sekunde Zeit pro Bild), die sich jeweils in einer der drei geometrischen Formen befanden: Kreis, Rechteck, Dreieck
- *Abrufphase*: in einem schriftlichen Soforttest („Ergänzungstest") nach Präsentationsende mussten die VPn die geometrischen Figuren den Zahlen zuordnen, wobei die Reihenfolge der Zahlen verändert wurde

Phase 2) – unterschiedlich für jede Gruppe:

- *Lernphase:* wie in Phase 1, wobei diesmal jede der drei Gruppen andere Merkmale für Objekte (anstatt von Zahlen wurden Objekte des Alltagslebens, wie: Sonne, Haus, Katze etc. verwendet) lernen musste:
- *Gruppe mit Testtyp A* lernte die Zuweisung von einem der drei Buchstaben (M, N, W) zum Objekt,
- *Gruppe mit Testtyp B* lernte die Zuweisung einer der drei Farben (blau, rot, grün) zum Objekt,
- *Gruppe mit Testtyp C* lernte die Zuweisung einer der drei Farben (blau, rot, grün) und eines der drei Buchstaben (M, W, N) in der gleichen Farbe zum Objekt.
- *Abrufphase*: wie in Phase 1, wobei diesmal jede Gruppe das jeweilige Merkmal (Buchstabe; Farbe; bzw. Farbe+Buchstabe) zum Objekt ergänzen musste.

[135] Früher verwendete man für diese Art von Gedächtnisexperimenten speziell konstruierte Geräte wie die sog. Gedächtnistrommel, die den VPn einzelne Lernitems für eine bestimmte Zeit in regelmäßigen Zeitabständen präsentierte.

Phase 3) – unterschiedlich für jede Gruppe:

- *Abrufphase des Tests aus der Phase 2 nach einer Pause von ca. 60 Minuten*: ohne Ankündigung wurde den VPn nochmals das Antwortblatt mit den Fragen aus der Versuchsphase 2 zum ausfüllen vorgelegt. In der Zwischenzeit beschäftigten sich die VPn mit Ablenkungsaufgaben.

Den Versuchsaufbau für die Hauptuntersuchung stellt die folgende Grafik dar:

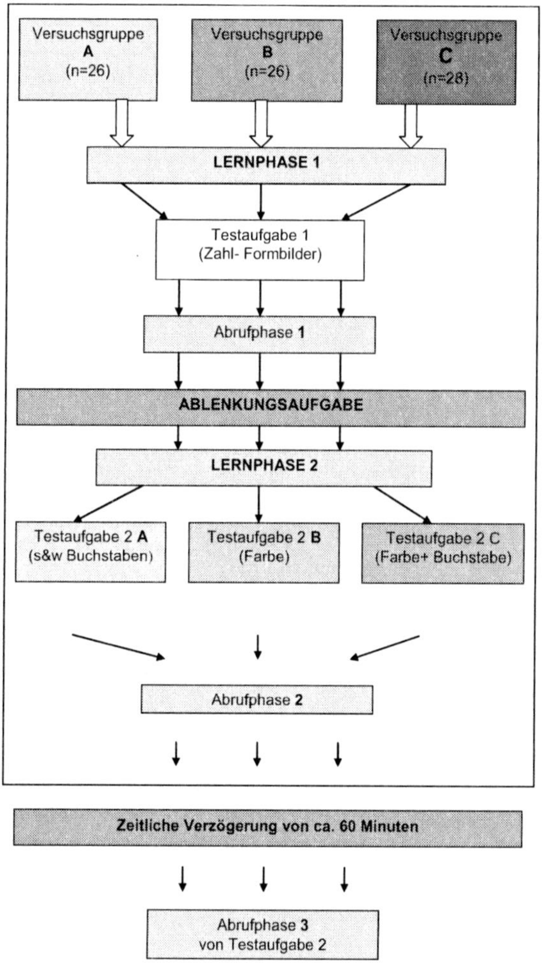

Abb. 34:
Aufbau der Hauptuntersuchung

Versuchsdurchführung und Instruktion:
- Phase 1 des Experiments: Test 1 Zahl-Formbilder.
Um die Leistungsfähigkeit der einzelnen Gruppen (A/B/C) vergleichen zu können, wurde als erstes allen Versuchsteilnehmern ein einheitlicher Behaltenstest vorgelegt (Test 1): es wurde eine 16 Sekunden lange Powerpointpräsentation vorgeführt, in der 16 Bilder von beliebig aneinander gereihten Zahlen zu sehen waren. Jede Zahl befand sich in einer der drei geometrischen Figuren: einem Kreis, einem Rechteck bzw. in einem Dreieck. Die folgende Abbildung zeigt drei Beispiele solcher Zahl-Formbilder:

Abb. 35:
Beispiele für Zahl-Formbilder

Jedes Bild wurde 1 Sekunde lang gezeigt. Es wurden Zahlen von 1 bis 16 verwendet, diese aber in einer zufälligen Reihenfolge.

Instruktion: Vor der Präsentation wurden die Versuchsteilnehmer aufgefordert, sich während der Lern- und der Abrufphase still zu verhalten, um eine optimale Lernatmosphäre zu schaffen. Der Versuchsgruppe wurde auch die Form der Aufgabe erläutert. Es wurde darauf hingewiesen, dass in einem Soforttest nach der Präsentation die Zahlen in einer anderen Reihenfolge vorkommen werden und dass die Aufgabe darin bestehen werde, die geometrischen Formen den entsprechenden Paaren zuzuweisen („Ergänzungstest“). Bei allen drei Testgruppen (Gruppe A, Gruppe B und Gruppe C) verlief diese Phase des Experiments identisch: alle Gruppen bekamen dieselben Anweisungen, die Dauer der Lernphase betrug jeweils 16 Sekunden, bei der Abrufphase in Form eines Soforttests gab es keine Zeitbeschränkung.

4.2.7.1 Ergebnisse von Test 1

Die besten Ergebnisse bei Test 1 erzielte Gruppe A – die Anzahl der richtigen Antworten lag im Durchschnitt bei 5,38 mit einer Standardabweichung von 2,75. Die Durchschnittswerte der Gruppe C betrugen 4,53, die der Gruppe B um nur 0,03 weniger (4,50). Die besten Versuchspersonen erreichten eine Punkteanzahl von max. 11 Richtigen:

Gruppe	N	Mittelwert	Standard-abweichung	Minimum	Maximum
Gruppe mit Testtyp A	26	5,3846	2,75793	0,00	11,00
Gruppe mit Testtyp B	26	4,5000	2,28473	0,00	9,00
Gruppe mit Testtyp C	28	4,5357	2,36459	1,00	11,00
Zusammen	80	4,8000	2,47724	0,00	11,00

Abb. 36:
Test 1 (Zahl-Formpaare): Deskriptive Statistik für alle Gruppen

Eine Einfaktorenvarianzanalyse (Anova) ergab, dass zwischen den Gruppen A, B und C bei dem Test 1 („Zahlformpaare") keine statistisch bedeutsamen Leistungsunterschiede existieren (F(2,77)=1,076 bei p<0,05[136]). Das nachstehende Diagramm verdeutlicht nochmals, wie ähnlich die Ergebnisse aller Gruppen bei Test 1 ausfielen:

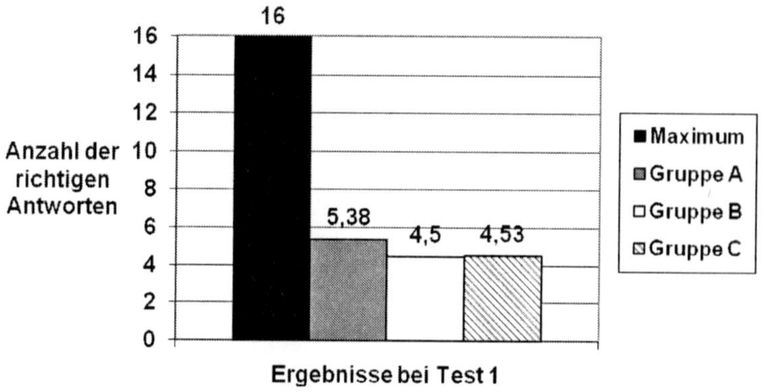

Abb. 37:
Durchschnittswerte der Gruppen A, B und C bei Test 1

Fazit: Die statistische Auswertung der Ergebnisse von Test 1 zeigt, dass *die Gruppen A, B und C im Hinblick auf ihre Lernleistung als gleichwertig betrachtet werden können*, denn die statistische Analyse ergab, dass F(2,77)=1,076 bei p<0,05.

[136] Der Wert für p betrug 0,346.

4.2.7.2 Ergebnisse von Test 2

- *Phase 2 des Experiments:* Test 2 A/B/C (A = Gegenstand-Buchstabenpaar, B = Gegenstand-Farbenpaar, C = Gegenstand-Buchstaben- und Farbenpaar)

Als zweite Aufgabe bekam jede der drei Versuchsgruppen einen Test vorgeführt, der ebenfalls aus 16 Bildern bestand, allerdings unterschieden sie sich untereinander bei einem Merkmal: jedem Objekt wurde in Gruppe A jeweils einer von drei Buchstaben (Testtyp A), in Gruppe B eine von drei Farben (Testtyp B) und in Gruppe C jeweils eine von drei Farben und zugleich jeweils einer von drei Buchstaben in der gleichen Farbe wie das Objekt (Testtyp C) zugewiesen.

Beispiele für Aufgabenpaare bei Testtyp A: den Objekten wird einer von drei Buchstaben (M, W, N) zugewiesen:

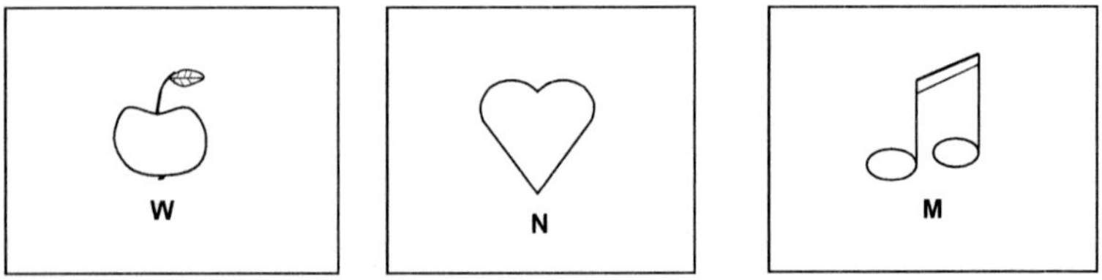

Abb. 38:
Beispiele für Gegenstand-Buchstabenpaare

Beispiele für Aufgabenpaare bei Testtyp B: den Objekten wird eine von drei Farben (**rot**[r], **grün**[g], **blau**[b]) zugewiesen (vgl. Fußnote 128 auf S. 143):

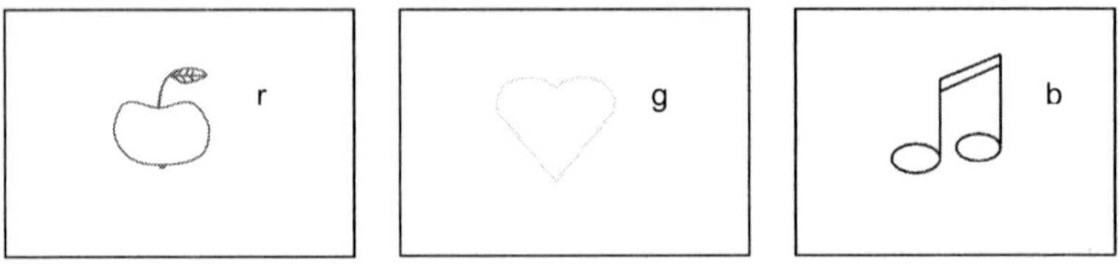

Abb. 39:
Beispiele für Gegenstand-Farbenpaare

Beispiel für ein Aufgabenpaar bei Testtyp C: den Objekten wird eine von drei Farben (**rot**[r], **grün**[g], **blau**[b]) und jeweils einer von drei Buchstaben (M, W, N) in der gleichen Farbe zugewiesen:

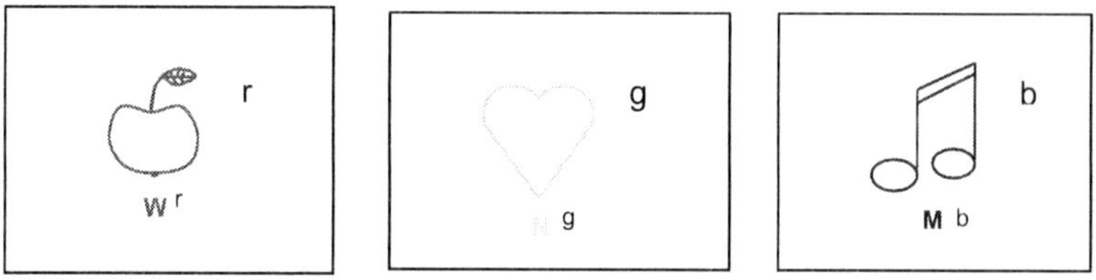

Abb. 40:
Beispiele für Gegenstand-Buchstaben- und Farbenpaare

Ähnlich wie bei Test 1 wurden den Versuchsteilnehmern auch hier nacheinander 16 Bilder gezeigt (jedes davon 1 Sekunde lang). Nach der Lernphase mussten die Versuchsteilnehmer in der Abrufphase bei Testtyp A den Buchstaben M/W/N zum Objekt hinzufügen, bei Testtyp B die Farbe (rot/grün/blau) des Objektes angeben, und bei Testtyp C beides, sowohl die Farbe als auch den in der Präsentation zugewiesenen Buchstaben nennen. Auf dem Antwortblatt wurde wiederum die Reihenfolge des Auftretens der einzelnen Bilder vertauscht, damit es nicht zum Lernen der Reihenfolge kommen konnte. Die Ergebnisse der einzelnen Gruppen bei Test 2 sahen folgendermaßen aus:

Gruppe A (N=26): (Buchstaben)			Gruppe B (N=26): (Farbe)	
Richtige Antworten (Durchschnitt)	Standardabweichung		Richtige Antworten (Durchschnitt)	Standardabweichung
8,3846	3,46499		14,0385	2,28877

Gruppe C (N=28): (Farbe+/Buchstabe)

Merkmale:	Richtige Antworten (Durchschnitt)	Standardabweichung
Richtige Kombination (Farbe+Buchstabe)	3,2857	4,00793
Nur richtiger Buchstabe	4,2143	3,85244
Nur richtige Farbe	7,7143	3,29823

Abb. 41:
Ergebnisse der Gruppen A, B und C bei Test 2

Die besten Ergebnisse bei Test 2 erzielte Gruppe B mit durchschnittlich 14 richtigen Antworten zum Merkmal Farbe (entspricht ca. 88% des gesamten Lernstoffs in Test 2):

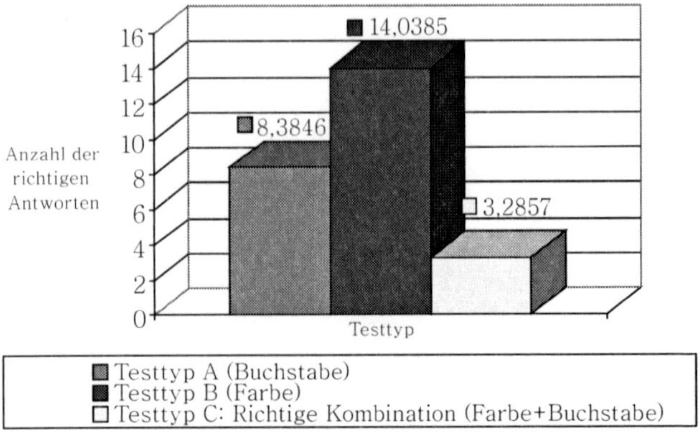

Abb. 42
Richtige Antworten bei den einzelnen Testtypen in Test 2

Diese Gruppe wies auch die größte Homogenität unter allen Testgruppen auf (niedrigster Wert bei der Standardabweichung). Trotz der Gleichwertigkeit der getesteten Gruppen (s. Ergebnisse Test 1) lagen die Ergebnisse der VPn aus Gruppe B (ca. acht Richtige) weit unter der Leistung der Gruppe A, da hier nur die Hälfte der Testaufgaben korrekt gelöst wurde (durchschnittlich nur 52%). Eine vergleichsweise sehr niedrige Leistung findet sich bei Versuchsgruppe C, die beide Merkmale, die richtige Farbe und den jeweiligen Buchstaben, nennen sollte: durchschnittlich wurden nur drei Fragen (ca. 21%) richtig beantwortet. Auch die höheren Ergebnisse bei den Einzelmerkmalen in Testtyp C (nur richtiger Buchstabe; nur richtige Farbe) sind immer noch wesentlich niedriger als die bei Testtyp A und B (s. weiter unten). Die folgende Tabelle zeigt die Unterschiede bei den Mittelwerten zwischen allen Gruppen:

Gruppe (I)	Vergleich mit Gruppe A/B/C (J)	Unterschied bei den Mittelwerten[1] (I-J)
Gruppe A (8,3846)	Gruppe B	-5,35
	Gruppe C	5,41
Gruppe B (14,0385)	Gruppe A	5,35
	Gruppe C	10,75
Gruppe C (3,2857)	Gruppe A	-5,41
	Gruppe B	-10,75

[1] Die Unterschiede zwischen den Mittelwerten sind signifikant auf dem Niveau 0,05.

Abb. 43:
Mehrfachanalyse bei der Analyse der Lernleistung der Gruppen A, B und C bei Test 2

Die statistische Auswertung erfolgte über eine Anova-Analyse und ergab, dass es bei Test 2 zwischen den Gruppen A, B, und C statistisch bedeutsame Unterschiede in Bezug auf die Lernleistung gab: F(2,77)=75,797 bei p=0,000.

Analysiert man nun, ausschließlich die Ergebnisse für den Testtyp C, so wird deutlich, dass es für die Versuchsteilnehmer am schwierigsten war, sich beide Merkmale eines Objektes, also sowohl den richtigen Buchstaben als auch die zugewiesene Farbe, zu merken: im Durchschnitt gaben sie 3,2857 richtige Antworten, dabei zeigte die statistische Analyse, dass die Standardabweichung ebenfalls höher ausfiel, als bei den anderen Kategorien, sie betrug 4,007. Auf eine etwas bessere Leistung (+0,9286) weisen die Werte bei der Kategorie „richtiger Buchstabe" hin. Dagegen gaben die VPn bei dem Merkmal „richtige Farbe" durchschnittlich 7,7143 richtige Antworten. Die Lernleistung fiel also im Vergleich zu den vorher genannten Kategorien fast 2-mal besser aus. Die Unterschiede bei den einzelnen Kategorien bei der letzten Gruppe (Testtyp **C**) verdeutlicht das Diagramm:

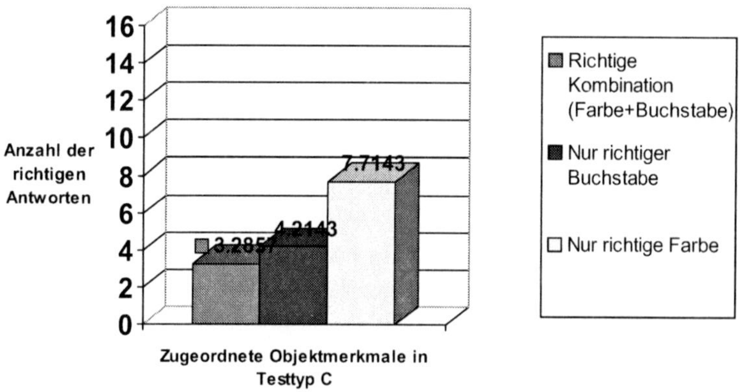

Abb. 44:
Ergebnisse der Gruppe mit Testtyp C bei Test 2 im Hinblick auf die einzelnen Objektmerkmale

Trotzdem ist das höchste Ergebnis für eine Kategorie aus Testtyp C in Test 2 (Farbe: 7,71 Richtige) immer noch niedriger als die Ergebnisse der Gruppe A und der Gruppe B.

Zusammenfassend kann mit Hilfe von Test 2 festgestellt werden, dass sich die Leistungen der Versuchsgruppen in der Phase 2 des Experiments in Hinsicht auf die Testtypen A, B, C signifikant unterscheiden (als Vergleichswert beim Testtyp C wurde, wie bereits erwähnt, die Kategorie „Richtige Kombination Farbe + Buchstabe" gewählt).

Ergebnisse der männlichen Teilnehmer in Test 2B:
Da in der Pilotuntersuchung die vier teilnehmenden männlichen Personen beim Lernen von Farbe (im Vergleich zum Lernen schwarz-weißer Buchstabenmerkmale) auffallend schlechtere Leistungen erzielten, wurde auch bei der Hauptuntersuchung bei Test 2 in der Gruppe B (Farbe) auf die Ergebnisse der männlichen Teilnehmer (ebenfalls vier VPn) besonders geachtet. Die Ergebnisse dieser Gruppe fielen diesmal jedoch äußerst positiv aus: zwei VPn erreichten eine Trefferzahl von 12, eine Person 13, und eine VPn sogar das Maximum an richtigen Antworten (16). Somit konnte die Tendenz aus der Pilotuntersuchung (geschlechtsspezifisches Lernen) in der Hauptuntersuchung nicht erneut beobachtet werden, es wird aber unterstrichen, dass die äußerst geringe Anzahl an männlichen VPn in beiden Untersuchungen die Formulierung von gültigen Aussagen über das geschlechtsspezifische Lernen nicht wirklich ermöglicht.

4.2.7.3 Ergebnisse von Test 3

Phase 3 des Experimentes: Test 3 (Wiederholung von Test 2 A/B/C nach einer einstündigen Verzögerung).

Test 3 (der wiederholte Abruf der Informationen aus Test 2A, 2B und 2C) lieferte dieselbe Gruppenhierarchie wie Test 2: die besten Ergebnisse (13,65 Richtige im Durchschnitt) erzielte Gruppe B bei Objekt-Farbenpaaren, zweitbeste wurde erneut Gruppe B bei der Zuschreibung von schwarz-weißen Buchstaben zu Objekten (7,69 Richtige). Zu den niedrigsten Leistungen gehörten erneut die Ergebnisse der Gruppe C (2,89). Die genauen Werte samt Standardabweichungen zeigt die folgende Übersicht:

	Testtyp	Anzahl der richtigen Antworten (Durchschnitt)	Standard-Abweichung	N
Test 3	A	7,6923	3,46144	26
	B	13,6538	2,65243	26
	C	2,8929	3,90004	28
	Zusammen	7,9500	5,56867	80

Abb.45:
Ergebnisse des Tests 3 bei Gruppe A, B und C

Das Diagramm in Abb. 46 verdeutlicht die bedeutenden Unterschiede bei den Mittelwerten:

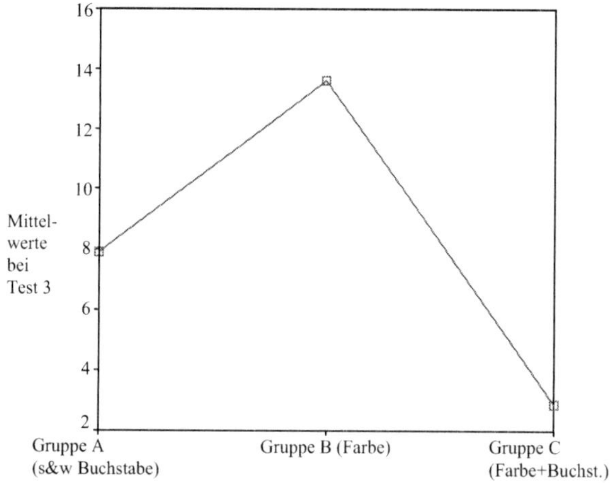

Abb. 46:
Unterschiede bei den Mittelwerten bei Gruppe A, B und C in Test 3

Die statistische Auswertung erfolgte über eine Anova-Analyse und führte zu einem ähnlichen Resultat wie in Test 2: die Ergebnisse der einzelnen Gruppen in Test 3 unterschieden sich statistisch bedeutend: $F(2,77)=780,885$ bei $p=0,000$.

Test 2 zeigte auf, welche Merkmale am besten behalten wurden. Test 3 erlaubt außerdem eine Analyse des Vergessenstempos der Merkmale Farbe, Buchstabe und Farbe+Buchstabe: Vergisst eine der Gruppen schneller als die anderen? Die folgende Tabelle zeigt die Ergebnisse des Vergleichs des Vergessenstempos bei allen Gruppen in Test 2 und in Test 3 in Form von einer Zusammenstellung:

	Testtyp	Anzahl der richtigen Antworten (Durchschnitt)	Standard-Abweichung	N
Test 2	A	8,3846	3,46499	26
	B	14,0385	2,28877	26
	C	3,2857	4,00793	28
	Zusammen	8,4375	5,53892	80
Test 3	A	7,6923	3,46144	26
	B	13,6538	2,65243	26
	C	2,8929	3,90004	28
	Zusammen	7,9500	5,56867	80

Abb. 47:
Zusammenstellung der Ergebnisse bei Test 2 und Test 3

Eine mehrfaktorielle Analyse zeigte auf, dass die Unterschiede zwischen den Gruppen bei den Ergebnissen in der Behaltensleistung in Test 2 und Test 3 keine signifikanten Unterschiede aufweisen: F(2,77)=0,513 bei p=0,600, die Gruppen vergessen also im gleichen Tempo, unabhängig vom gelernten Merkmal. Zu betonen ist, dass sich dieses Ergebnis auf das Vergessen bei einem Zeitabstand zwischen Lern- und Abrufzeit von ca. einer Stunde (Wirkungsbereich des Langzeitgedächtnisses) bezieht.

4.2.7.4 Zusammenfassung der Ergebnisse der Hauptuntersuchung

Die Auswertung der Daten erfolgte mit Hilfe des SPSS Statistikprogramms und lieferte folgende Ergebnisse:

1) Die Analyse der Daten aus der Phase 1 des Experimentes zeigt, dass sich die drei Gruppen untereinander in ihrer Lernleistung nicht signifikant unterscheiden (F(2,77)=1,076; p=0,346). Damit kann die Gleichwertigkeit der Gruppen in Bezug auf ihre Lernleistung bestätigt werden.
2) Die Anzahl der richtigen Antworten war in der Gruppe mit Testtyp B (Merkmal Farbe) am höchsten (durchschnittlich 14,0385). Die Gruppe mit Testtyp A, die das Merkmal Buchstabe lernen musste, erzielte dagegen nur durchschnittlich 8,3846 von insgesamt 16 richtigen Antworten. Die schlechtesten Ergebnisse hat die Gruppe mit Testtyp C erzielt, die zwei Merkmale lernen musste (Farbe+Buchstabe) – hier lagen die Durchschnittswerte bei 3,2857. Die Unterschiede zwischen den Gruppen sind statistisch bedeutend.
3) Der Vergleich der Ergebnisse von Phase 2 und Phase 3 zeigt, dass alle Merkmale in ähnlicher Weise vergessen werden (bei allen drei Merkmalen waren die Unterschiede in Phase 2 und Phase 3 signifikant) und dass bei jeder der drei Versuchsgruppen das Vergessen im ähnlichen Tempo verläuft.

In Kap. 4.2.2 „Hypothesen" wurde festgehalten, dass als Bestätigung der beiden formulierten Hypothesen ein Untersuchungsergebnis erachtet wird, bei dem die Ergebnisse für die in Hypothese 1 und in Hypothese 2 genannten Leistungen (Vergleich von Lernen von Objekt-Buchstaben/Objekt-Farbe/Objekt-Farbe+Buchstabe-Paaren) signifikante Unterschiede in Bezug auf Leistungshöhe aufweisen. Somit gelten die Hypothese 1:

H1: Es tritt eine höhere Lernleistung des Genus für ein Objekt ein, wenn das Objekt in einer der „genusbezeichnenden" *Farben* dargestellt wird, als wenn dem Objekt ein schwarzer „genusbezeichnender" *Buchstabe* zugeordnet wird;

und die Hypothese 2:

H2: Es tritt eine höhere Lernleistung des Genus für ein Objekt ein, wenn das Objekt in einer der „genusbezeichnenden" *Farben* dargestellt wird, als wenn dem Objekt sowohl eine „genusbezeichnende" Farbe sowie auch ein (in der selben Farbe dargestellter) „genusbezeichnender" *Buchstabe* zugeordnet wird;

als bestätigt.

4.2.7.5 Diskussion der Ergebnisse der Hauptuntersuchung

Die Ergebnisse dieses Experiments lassen die Behauptung zu, dass Farbe als Objektmerkmal viel besser behalten wird als das Merkmal schwarzer Buchstabe. Die niedrigste Lernleistung erzielt man offensichtlich bei einer Kumulation von Informationen, da die Gruppe, die sowohl die Farbe als auch den Buchstaben lernen musste, die schlechtesten Lernleistungen von allen Gruppen erbrachte. Da eines der Merkmale ausreicht, um das Genus eines Objektes festzustellen, ergibt sich kein Argument für die Verwendung von doppelten Merkmalen (wo eines redundant ist). Eine doppelte Merkmalbelegung eines Objektes führt in diesem Fall höchstwahrscheinlich sowohl zu einer sich ungünstig auswirkenden Teilung der Aufmerksamkeit (diese „springt" beim Betrachten des Lernstoffs zwischen dem Hauptobjekt und dem separat angeführten Artikel) als auch zu einer höheren Anzahl an „bits" bei der Speicherung der Information, was eine längere Verarbeitungszeit bewirkt und sich somit im Vergleich zu anderen Lerntechniken (farbiges Objekt, oder schwarz-weißes Objekt mit Artikel) als weniger ökonomisch erweist. Dieses Ergebnis ist insofern wichtig, dass in der Praxis der Hinweis, dass man Artikel auch mit Hilfe von Farbe lernen kann, häufig dazu führt, dass die Artikel-Substantive in gewohnter Weise aufgezeichnet werden (Artikel+Substantiv) und das Merkmal Farbe hinzugefügt wird. Den Experimentergebnissen zufolge müsste beachtet werden, dass beim Einsatz von Farbe das Merkmal Genus nicht noch zusätzlich verbal dargestellt wird.

Alle während des Experimentes erzielten Ergebnisse deuten auf die Überlegenheit von Farbe als Informationsträger hin (wenn diese als einziges Objektmerkmal eingesetzt wird). Es ist aber anzunehmen, dass der Einsatz von Farbe nicht nur informationstechnisch zu einer besseren Gedächtnisleistung führt: das Merkmal Konkretheit erlaubt eine verbesserte Speicherung gegenüber dem Lernen einer sonst sehr abstrakten Information, wie der grammatikalischen Kategorie Genus, und gegebenenfalls auch den Einsatz eines Kategorisierungsverfahrens, welches eine tiefere Verarbeitung der Lerninhalte und somit eine bessere Speicherung mit sich bringt; Farbe wird als bildlicher Kode verarbeitet und erlaubt dadurch auch eine simultane und somit auch höhere Speicherkapazität und erfordert einen geringeren Aufmerksamkeitsaufwand; eine farbige Markierung von verbalen Inhalten ermöglicht es, diese doppelt zu kodieren, was möglicherweise eine bessere Lernleistung bewirkt[137]. Auch motivationale/

[137] s. Kap. 4.1.1 über die Merkmale von Farbe als Informationsträger

affektive Aspekte von Farbe (insbesondere als Mittel zur Steigerung des Interesses am Lerngegenstand im Kontrast zu Schwarzweißdarstellungen – vor allem bei Kindern leicht zu beobachten) beeinflussen die Lernleistung (s. Kap. 4.1.3 Abschnitt B). Eine wichtige Rolle ist im Falle des Genuslernens bei dieser Untersuchung mit Sicherheit auch der unwillkürlichen Kategorisierung zuzuschreiben: die Pilotuntersuchung zeigte auf, wie automatisch bei einigen Lernenden der Prozess der Zuschreibung bzw. des Kategorisierens als lernförderndes Merkmal initiiert wird – einige VPn setzten – trotz kurzer Lernzeit – automatisch die Strategie der Gruppierungen ein (durch eine synchrone Darbietung aller Items bei der Pilotuntersuchung wurde die Erfassung der relativ gleichmäßigen Aufteilung der Objekte auf drei Kategorien möglich und es wurden jeweils nur zwei anstatt drei Gruppen in Form von einer Reduktionsstrategie gelernt, in der Gewissheit, alle übrigen Paare entfielen dann automatisch auf die dritte Kategorie). Zwar stellte diese Strategie eine Störvariable in der Pilotuntersuchung dar, und wurde demzufolge in der Hauptuntersuchung durch eine Änderung der Darbietung der Lernitems (asynchrone Präsentation) ausgeschaltet, dadurch wurde aber noch einmal deutlich, dass Lernende das natürliche Bedürfnis aufweisen, dort, wo es möglich ist, Gruppierungsverfahren als Lernunterstützung zu nutzen und dass diese Strategie verstärkt und gezielt im Unterricht eingesetzt werden sollte, wenn Lerninhalte eine Kategorisierung erlauben. Ohne Zweifel kann festgestellt werden, dass sich das deutsche Genus mit seiner Aufteilung in drei Kategorien ausgezeichnet für Kategorisierungsverfahren eignet.

Der Einsatz von Farbmarkierungen nach einem bestimmten Prinzip führt außerdem auch zwangsläufig zu interessanten Kontrasten, einem zusätzlichen Effekt, der den Lernstoff sogar noch einprägsamer machen kann, da durch ein untypisches Bild die Aufmerksamkeit erhöht wird. Dies kann am Beispiel des Wortes „Herz" illustriert werden, das grün markiert wäre, wenn grün als die Entsprechung des neutralen Geschlechts gewählt werden würde. Diese Kombination würde ein durchaus auffallendes Bild durch seine kontrastive Wirkung ergeben, da Lernende das Bild des Herzens meistens mit der Farbe rot assoziieren.

In weiterer Folge des Experimentes wäre zu hinterfragen, für welche Personen (Lerntypen, Geschlecht, Alter etc.) eine solche Art des Lernens (Genuslernen mit Hilfe von Farbe) eine Verbesserung der Lernleistung darstellen kann. Eine besonders interessante Frage, die sich im Rahmen der Untersuchung ergeben hat, ist in dieser Hinsicht das geschlechtsspezifische Lernen von Farbe. In der Pilotuntersuchung erzielten alle männlichen Teilnehmer eine auffallend niedrige Leistung, diese ist jedoch in der Hauptuntersuchung nicht mehr aufgetreten. Da die untersuchte Gruppe – sowohl bei der Pilot – als auch bei der Hauptuntersuchung – viel zu gering war, um Aussagen über das geschlechtsspezifische Lernen fällen zu können, wäre an dieser Stelle eine eigens für diesen Zweck konzipierte Untersuchung nötig. Einige Untersuchungen, die diese Richtung einschlagen, werden von Dwyer und Moore (2001) aufgelistet, die zusammenfassend feststellen, dass beim Lernen Mädchen Farben lieber benutzen als Jungen (vgl. auch Rogers 1995b). Ähnlich stellte Freedman (1989) fest, dass bei der Benutzung von Computergraphiken Mädchen den Einsatz von Farbe höher als Jungen schätzten. Einen Bericht über Forschungsergebnisse von Hurt (1987) in Bezug auf die Farbpräferenzen bei Kindern unterschiedlicher Altersstufen findet man bei Schweizer (1999, 25), wo folgendes beobachtet wird:

> „Within the range of natural colors, primary age children tend to prefer bright, saturated colors, while middle school children prefer lighter tints and pastels, and more earth tones."

Die alters- oder geschlechtsbedingte Farbenwahl bzw. Wahl der Farbsättigung/helligkeit für den Zweck des Genuslernens wäre für sich gesehen also wiederum ein interessanter Forschungsansatz und bedürfte einer näheren Untersuchung.

Ebenfalls sollte der Einfluss der Variable „Zeit" z.B. in einer experimentator- bzw. lehrergesteuerten (vs. lernergesteuerten) Lernsituation einer genaueren Untersuchung (als Hauptvariable) unterzogen werden, da diese bereits in einigen früheren Lernuntersuchungen (z.B. Lamberski 1980: 36f, Wu/Dwyer 1986 – s. Kap. 4.1.4) als ein wichtiger Faktor genannt wurde (so muss beispielsweise bei bestimmten Lerninhalten und Lernzielen manchmal eine zusätzliche Verarbeitungszeit gewährt werden).

Das in der vorliegenden Arbeit vorgestellte Experiment wurde mit dem Ziel entworfen vor allem die Unterschiede zwischen der Effizienz bei der Speicherung von einzelnen Merkmalen zu bieten. Um genauere Aussagen über die praxisbezogene Verwendung von Farbe beim Lernen des Genus in den jeweiligen Sprachen fällen zu können, wären jedoch weitere Untersuchungen mit verbalem Material in den einzelnen Fremdsprachen nötig. Weiters müsste auch überprüft werden, in wie weit das Lernen mit Farbe eine Erleichterung des Lernens des Genus darstellt, wenn mit vielen Objekten gearbeitet wird (in dieser Untersuchung wurden nur 16 Objekte verwendet), da Farbe bei einer übermäßigen Verwendung möglicherweise ihre lernunterstützende Funktion verlieren könnte.

5 Schlussfolgerung

Ziel der vorliegenden Arbeit war es, den Bereich der Mnemotechnik für die Fremdsprachendidaktik präsenter zu machen, indem der Nutzen des Einsatzes von Gedächtnisstützen für die Bewältigung eines konkreten fremdsprachlichen Lernproblems – des deutschen Genus – aufgezeigt wurde. Die in Kap. 3 durchgeführte Analyse der Beschaffenheit des Lehr- und Lernproblems deutsches Genus ergab eine Antwort auf die Frage, warum Mnemotechniken beim Fremdsprachenlernen vermehrt zum Einsatz kommen sollten: Lernende benötigen zweifellos eine Lernstrategie für die Bewältigung des Genusproblems und die existierenden Lösungskonzepte reichen bei weitem nicht aus und sollten durch andere geeignete Hilfen ergänzt werden.

Die Ergebnisse mehrerer präsentierten Umfragen (u.a. in Kap. 3.3.2 und 3.4.1.1) als auch die Analyse von deutschen Lehrwerken in Hinblick auf den Einsatz von Mnemotechniken beim Genuslernen (Kap. 3.4.1.5) bestätigte, dass Farbe bereits jetzt schon von einzelnen Lehrenden, Lernenden und Lehrwerkautoren intuitiv als Hilfsmittel eingesetzt wird. Die experimentelle Untersuchung in der vorliegenden Arbeit verfolgte das Ziel, dieser intuitiven Annahme über die Vorteile der Farbkodierungstechnik eine Verifizierungsmöglichkeit zu bieten. Eine wissenschaftliche Basis für dieses Experiment wurde in Kap. 2 geschaffen, indem die Frage beantwortet wurde, warum Mnemotechniken zu hohen Lernleistungen führen können. Als entscheidende Faktoren erwiesen sich im Falle der Farbkodierungstechnik u.a. die Nutzung der erhöhten Speicherkapazität der visuellen Wahrnehmung, die lernökonomische Speicherung dank des Chunking-Mechanismus und der Einsatz des Merkmals Konkretheit. Es zeigte sich eindeutig, dass die Art des Lernverfahrens (welches durch eine bestimmte „Manipulation" der Information – z.B. durch die Zuschreibung von drei Farben als Kategorisierungsmittel, erzielt werden kann) einen entscheidenden Einfluss auf die Gedächtnisleistung und somit auf das Lernen hat.

Zusammenfassend kann festgestellt werden, dass sowohl die Analyse entsprechender gedächtnispsychologischer Modelle in Kap. 2 und der existierenden Lösungskonzepte für das Lernen des deutschen Genus in Kap. 3, als auch die Ergebnisse der Hauptuntersuchung der Vefasserin in Kap. 4 die Schlußfolgerung zulassen, dass die Farbkodierungstechnik eine sinnvolle Mnemotechnik zur Behandlung des Genusproblems darstellt, die von Lernenden zur Unterstützung der Aneignung von Artikel-Substantivpaaren mit Erfolg eingesetzt werden kann. Die signifikant höheren Ergebnisse beim Lernen mit Hilfe der Farbkodierungstechnik, die bei der experimentellen Untersuchung erzielt wurden, können durch wissenschaftliche Modelle aus der Lernpsychologie erklärt werden. Ferner können die Ergebnisse dieser Arbeit Handlungsempfehlungen und Orientierungshilfen für zukünftige didaktische Maßnahmen bieten, durch die das Genuslernen sowohl seitens der Lehrenden als auch seitens der Lehrwerke unterstützt werden kann – diese werden in zusammengefasster Form in Kap. 5.3 aufgelistet.

Zuletzt sollen auch die potentiellen Probleme, die der Einsatz einer Farbkodierung im Unterricht und in Lehrwerken mit sich bringen kann, thematisiert werden (Kap. 5.1). Das Kapitel 5.2 bietet eine Bilanz und abschließende Diskussion der Inhalte der vorliegenden Arbeit.

5.1 Potentielle Probleme bei der Umsetzung in die Praxis

Trotz der in der vorliegenden Arbeit präsentierten Vorzüge der Farbkodierungstechnik beim Genuslernen – sowohl in Hinsicht auf ihre Überlegenheit aus informationstechnischer Sicht als auch auf die in der Untersuchung empirisch belegte erhöhte Behaltensleistung im Vergleich zum Lernen mit Hilfe von schwarz-weißen verbalen Markierungen, muss dennoch an dieser Stelle auf mehrere potentielle Probleme bei dem Einsatz von Farbe beim Genuslernen hingewiesen werden, die als Überlegungen vor allem aus den Ergebnissen der Hauptuntersuchung und aus der Analyse des Einsatzes der Farbkodierungstechnik in Lehrwerken abgeleitet wurden. Wichtige Voraussetzungen für einen effektiven Einsatz von Farbe als Hilfstechnik beim Lernen wurden auch schon in Kap. 4.1.6 thematisiert.

Das erste Problem betrifft die Beliebigkeit bei der Auswahl der Farben durch unterschiedliche Lehrkräfte bzw. Lehrmittelautoren. Bereits jetzt benutzen DaF-Lehrwerke – verglichen wurden „Genial 1A" von Funk u.a. (2002, 20), „Moment Mal 1" von Müller u.a. (2001, 38), „Optimal 1A" von Müller u.a. (2001, 18; 20; 50), „Planet 1A" von Kopp und Büttner (2005), „Tamburin 1" von Büttner, Kopp und Alberti (2004) und „Wir 1" von Motta (2004) – teilweise völlig unterschiedliche Farben für die Markierung ein und desselben Artikels. Einigkeit herrscht offenbar nur bei dem Einsatz der blauen Farbe für die Kennzeichnung des männlichen Genus (in allen verglichenen Lehrwerken). Für das weibliche Genus wird oft rot („Planet 1A", „Tamburin 1", „Wir 1") bzw. rosa („Moment mal 1") gewählt, „Genial 1A" und „Optimal 1A" verwenden aber grün. Uneinigkeit herrscht ebenfalls bei der Farbenwahl für sächliche Substantive: die Markierung erfolgt manchmal mit grün („Planet 1A", „Tamburin 1", „Wir 1") und manchmal mit gelb („Genial 1A", „Moment Mal 1", „Optimal 1A"). Aus einem unbekannten Grund ändern sogar dieselben Autoren bei der Weiterentwicklung von bereits bestehenden Lehrwerken die Farbenwahl: Müller u.a. (2001) führen in dem Lehrwerk „Moment Mal" (Lehrbuch 1) auf S. 38 die Farben blau (m), rosa (f) und gelb (n) ein, in einer Weiterentwicklung von Moment Mal! – dem Lehrbuch „Optimal A1" (Müller u.a. 2004, 18; 20; 50), wird für Femininum nicht mehr rosa, sondern überraschenderweise grün verwendet. Zusätzliche Verwirrung stiftet auch die Einführung einer Farbmarkierung für Pluralformen (in „Planet", „Tamburin" und „Wir" wird dafür die Farbe gelb verwendet). Eine solche Kennzeichnung kann zwar für die Visualisierung bestimmter Zugehörigkeiten und grammatischer Phänomene (besonders in der Arbeit mit Kindern) hilfreich sein, letztendlich sollte aber bedacht werden, dass durch solch eine Markierungsweise zwei unterschiedliche Systeme durcheinander gebracht werden: einerseits dient die Farbe der Kennzeichnung der Genera, andererseits der Kennzeichnung des Numerus ohne die Genera in irgendeiner Weise zu berücksichtigen. Es wäre durchaus möglich die Pluralform auch in Übereinstimmung mit den Genera zu markieren, z.B. durch die Abstufung hell und dunkel (z.B. hellblau für den männlichen Artikel im Singular und dunkelblau für den Plural von männlichen Wörtern), oder durch Piktogramme (z.B. ein zusätzlicher farbiger Punkt/Symbol für Pluralformen in der genuskennzeichnenden Farbe) etc., wobei auch solch eine Markierungsweise bei der Verdeutlichung von grammatischen Phänomenen nicht immer unproblematisch und nur in einem bestimmten Ausmaß einsetzbar wäre. Die Einführung einer vierten Farbe für die Pluralform müsste somit auf jeden Fall immer sehr gut überlegt sein. Es sollte jedes Mal die Frage beantwortet werden, ob solch eine Markierung wirklich notwendig ist, und ob sie möglicherweise nicht zu einer unbeabsichtigten Lernhemmung beim Lernen beiträgt.

Der Einsatz eines Farbsystems in mehreren Sprachen könnte auch zu einer farblichen Überlappung führen und infolgedessen zu Interferenzen. Durch eine gut durchdachte Wahl, könnte diese Gefahr durch die Zuordnung einzelner Farben bzw. Farbsättigungen etc. für ausgewählte Sprachen, z.B. warmer Farben für Italienischartikel (rot und gelb), kalter Farben für deutsche Artikel etc. umgangen werden. Der gezielte Einbau von Farb-Genuszuweisungen im Unterricht und bei Lehrmitteln müsste daher möglichst gleich in allen Vermittlungsbereichen der jeweiligen Sprache erfolgen – was angesichts der Vielzahl an unterschiedlichen Lehrkonzepten, Lehrwerken, technischen Mitteln etc. kaum realisierbar wäre. Man könnte dem Problem der beliebigen Farbenwahl in Lehrwerken bzw. durch Lehrende nur dann ausweichen, wenn im Unterricht nur mit Imagery (Gedächtnisbildern) und nicht mit konkreten farbigen Markierungen gearbeitet werden würde. So könnte jeder Lernende dazu angeleitet werden, bei dem Erlernen der Generazuweisungen sich eine eigene Farbpalette zusammenzustellen und eigene Bilder in der Phantasie (und gegebenenfalls beim Üben auch in schriftlicher Form in eigens konzipierten Lernmaterialien, wie einer Wörterkartei, Bildern mit visuellen Clusterings, Notizen etc.) zu generieren. Diese Empfehlung würde eine individuelle Differenzierung ermöglichen, keinen hohen technischen Aufwand bewirken und kreative Lösungsalternativen nicht ausschließen. Auch die antike Mnemotechnik riet Lernenden, „den eigenen Weg" zu gehen und die Mnemotechniken nur als eine Art Gerüst für die Konstruktion von eigenen, individuellen Gedächtnisbildern nach bestimmten gedächtnispsychologischen Regeln zu nutzen (vgl. Weinrich 1991, 147).

Im Falle eines eventuellen Farbeinsatzes beim Lernen von Genuszuordnungen im Unterricht stellt sich zwangsläufig auch die Frage, inwieweit der Wortschatz durch solch ein Konzept erfasst werden müsste: Sollten alle oder nur ausgewählte Substantive farbig markiert werden? Nach welchen Kriterien müsste man bei der Substantivwahl verfahren, welche Argumente sprechen gegen einen vollen Einsatz von Farbe? So schlägt nur eines der analysierten Lehrwerke vor, ausschließlich „problematische" Substantive mit Hilfe von Mnemotechniken (z.B. Farbe) zu lernen (Funk u.a. 2003, 32 Lehreranweisung 4), wobei die Bezeichnung „problematisch" nicht die Frage beantwortet, ob damit z.B. nur die von einem Regelwerk unerfassten Substantive oder alle von den Lernenden subjektiv als „problematisch" empfundene Artikel-Substantivpaare gemeint werden. Alle anderen analysierten Lehrwerke, die Farbe zur Genusmarkierung verwenden, thematisieren dieses Problem nicht, obwohl auch dort nicht alle neuen Substantive farbig markiert werden. Zu bedenken wäre in diesem Fall die Tatsache, dass die Zuordnung des richtigen Genus nicht bei allen Substantiven problematisch ist, da das Geschlecht immerhin durch einige vorhandene Merkmale (Regelwerk zu formalen und semantischen Regularitäten), manchmal relativ leicht ermittelt werden kann und keine tiefere Elaboration in Form von mnemotechnischen Hilfsverfahren erfordert. Somit erscheint es auch nicht unbedingt zwingend alle Substantive durch eine farbige Markierung zu kodieren. Empfehlenswert wäre dies jedoch bei der durch das Regelwerk nicht erfassten Gruppe. In diesem Fall würde sich vielleicht die Verbindung der Farbmarkierung mit einem Gruppierungsverfahren durch die Erstellung von statischen oder interaktiven Darstellungen oder Vorstellungsbildern (Imagery) bzw. einem „Raumsystem" (wie in Kap. 3.4.1.2, 3.4.1.3, 3.4.1.5 beschrieben) anbieten. Sinnvoll erscheint auch eine Kombination mit dem Lernkarteisystem[138]. Nicht zu empfehlen ist die farbige Markierung in unzusammenhängenden Wortlisten (wie sie zum Beispiel derzeit oft in schwarz-weiß am Ende von Lehrwerken oder den einzelnen Kapiteln in alphabetischer Reihenfolge oder in der Folge des Auftretens nach Seitenzahlen abgedruckt werden)[139], da die Anzahl an Einzelinformationen, die in keinem engeren (z.B. thematischen, formalen, räumlich-visuellen) Zusammenhang stehen, zu hoch ist, um eine effiziente Speicherung zu ermöglichen. Dagegen ist es durchaus empfehlenswert farbige Markierungen von Substantiven in Form von einer räumlich-visuellen Gruppierung (als Gegensatz zu einer bloßen alphabetischen Auflistung) mit separaten Spalten für jedes Genus in einer Tabelle vorzunehmen (wie z.B. in Kopp/Büttner 2004, 40 Übung 3, wo nach mehreren Aufgaben zum Wortschatz aus dem Bereich „Schulsachen", die Substantive in drei unterschiedliche Spalten eingetragen und in den genusverdeutlichenden

[138] mit Berücksichtigung von PC-Vokabeltrainern (vgl. Lüders 2005, 24ff).

[139] Eine solche Markierung schlägt z.B. das Arbeitsbuch 1 von Planet 1 (Kopp/Büttner 2004, 28; 59f; 91f; 123f) vor: am Ende jedes zweiten Kapitels werden alle neuen Wörter alphabetisch aufgelistet und die Lernenden werden angewiesen diese jeweils mit den genusverdeutlichenden Farben zu markieren.

Farben markiert werden sollen; Beispiele für die Verwendung der räumlich-visuellen Gruppierung s. auch: Kopp/Büttner 2005, 81; 93; 103;).

Ein Beispiel für die Verbindung der Farbmarkierungstechnik mit der Aufzeichnung auf Karteikarten bietet der Vorschlag des German Department der University of Michigan unter der Bezeichnung „Color Coding" auf seiner Homepage im Abschnitt „Ideen zum Vokabellernen – Vocabulary Learning Advice" und „Learning Genders":

> „Color code the genders on your flashcards, e.g. every feminine word is yellow, every masculine word is blue, every neuter word is green, or whatever colors suit you. If you don't have time for this, try to just see these colors in your head each time you see a new word." (University of Michigan – German Department 2002)

Wie eben vorgeschlagen, besteht die Möglichkeit der tatsächlichen farbigen Verschriftlichung oder aber auch einer rein imaginären Assoziation mit Farbe. Bei der Nutzung von Farbe in Imagerybildern wäre jedoch die Interferenzgefahr zu beachten: bei typischen Assoziationstechniken, bei denen ein Gedächtnisbild hervorgerufen wird, besteht eine Verwechslungsgefahr, die von der Art des Substantivs (je abstrakter desto größer die Gefahr) ausgeht, z.B. bei der Vorstellung von Bier wird automatisch auch an einen Bierkrug oder ein anderes Gefäß gedacht, somit fließt ein zusätzliches Substantiv in das Bild ein und der Lerner kann sich ev. zu einem späteren Zeitpunkt nicht mehr sicher sein, ob die Assoziation einer Frau (Merkmal für weibliche Substantive) die eine Bierflasche in der Hand hält, auf das Genus der Flasche oder des Biers bezogen war (Sperber 1989, 167ff[140]). Diese Gefahr besteht jedoch nicht im Falle des Genuslernens von Wörtern, die verbal dargestellt werden. In dieser Hinsicht wäre wiederum die farbige Kodierung von verbal dargestellten Substantiven der visuellen Vorstellung überlegen.

Sperber (1989, 84) weist auch auf die Gefahr hin, dass Farbe ihren Wert als Hinweis-Reiz in dem Maß verlieren könnte, in dem die Anzahl farbig kodierter Informationen zunimmt. Dies gilt für die Funktion von Farbe als Hervorhebungsmerkmal z.B. bei Skanningaufgaben. Vor allem ist mit einem Verlust der lernunterstützenden Funktion bei einer großen Anzahl an (unterschiedlich!) farbig kodierten Items zu rechnen, wenn diese in kein Konzept einer Kategorisierung (also als unzusammenhängende Einzelinformationen) eingeordnet werden und nicht als zu einer Gruppe zugehörig assoziiert werden.

Einen weiteren Problempunkt stellt die konsequente Anwendung im täglichen Unterricht dar (vgl. Kap. 4.1.6 Abschnitt vier „Konsequente Anwendung"). Einmal

[140] Sperber (1989, 165) schlägt aus diesem Grund die Einführung eines verweisenden Symbols für Abstrakta hinzu, (z B. in Form eines Pfeils), der in Bilder eingebaut werden könnte um so auf ihren symbolischen Charakter hinzuweisen.

eingeführt, sollte die farbige Markierung vom Lehrer stets konsequent bei jeder neuen Substantivnennung durchgehalten werden. An dieser Stelle setzen auch Funk und Koenig (1991, 75) ihre Kritik an:

> „Viele Lehrerinnen und Lehrer berichten davon, dass sie mit Farben arbeiten und dass dies im Unterricht hilfreich ist. (...) Trotzdem, unsere persönliche Erfahrung zum Thema ‚Verwendung von Farben im Grammatikunterricht' ist eher negativ. Was in einem Lehrwerk im besten Fall zur Übersichtlichkeit und visuellen Auflockerung von Grammatik beitragen kann, (das Abgrenzen von Kasus, Wortklassen, Tempora oder Satzteilen durch verschiedene Farben), erweist sich im Unterricht meistens als weniger praktisch."

Die Autoren meinen weiters:

> „Fängt man einmal damit an, so muss man das Farbenspiel aus Gründen der Klarheit und Übersichtlichkeit bei Erklärungen an der Tafel auch durchhalten. (...). Unser Vorschlag für den Unterricht: Bei Wortarten, Kasus und Satzteilen gar nicht erst mit Farbe anfangen! Andere Mittel der Visualisierung nutzen (eher Verwendung einer anderen Druckschrift, Unterstreichung etc.)" (ebd.).

Obwohl die konsequente Verwendung von Farbe im täglichen Unterricht tatsächlich ein gewisses Problem darstellen kann, so muss der Ratschlag, beim Lernen ganz von Farbe abzulassen, als eine äußerst subjektive Meinung ohne tiefere Begründung betrachtet werden, denn zu beachten bleibt, dass Funk und Koenig Farbe nur für ein ästhetisches bzw. motivationales Mittel zur „Übersichtlichkeit und visuellen Auflockerung von Grammatik" halten, die Möglichkeit einer lernunterstützenden Funktion aus kognitionspsychologischem Blickpunkt jedoch völlig außer Acht lassen und somit wichtige kognitive Aspekte von Farbe gar nicht in Betracht ziehen.

Für einen erfolgreichen längerfristigen Einsatz der Farbkodierungsmethode beim Genuslernen scheint auch das Niveau der Lernenden von Bedeutung. Die verfassereigenen Erfahrungen (bislang jedoch nur mit Jugendlichen – und mit Erwachsenengruppen) zeigten, dass sich vor allem fortgeschrittene Lerner eher auf längere Weise von der Farbkodierungsmethode angesprochen fühlen. Anfänger verfolgen zwar anfangs die Anweisungen des Lehrers, die Wörter farblich zu kodieren, dies geschieht jedoch ohne eine tiefere Überzeugung und ohne ein größeres eigenes Bewusstsein für das Lernproblem „Genus". Fortgeschrittene Schüler haben dagegen – als Effekt ihrer vorausgehenden Lerngeschichte – ein größeres Problembewusstsein für das Fehlen von geeigneten Genusregularitäten und begegnen der Methode mit größerem Eifer und mehr Enthusiasmus.

Besonders anfangs, in den ersten Stunden nach Einführung der Farbkodierungstechnik, scheint das Interesse der Lernenden groß (Neuigkeitseffekt), verliert dann aber mit der Zeit am motivationalen Charakter und das Nichtimmervorhandensein von farbigen Stiften, der zusätzliche (?) Aufwand beim Notieren etc. führen im Endeffekt dazu, dass viele Lernende zu ihrer „alten" Lernweise (schwarz-weiß Kodierung mit Artikel) zurückkehren. Es scheint aber, dass bei Artikel-Substantivpaaren, die häufiger Schwierigkeiten bereiten, die Lernenden, nach dem Kennenlernen der Technik, die farbige Kodierung aus eigener Initiative einsetzen. Diese Tatsache legt zwei Schlüsse nahe: a) erstens scheint es wichtig, den Lernenden die Farbkodierung als eine der möglichen Lerntechniken anzubieten, die dann im Problemfall von ihnen selbst eingesetzt werden kann, b) zweitens bietet sich die Möglichkeit an, die farbige Kodierung besonders als eine Technik zum Erlernen einzelner, subjektiv als „schwer merkbar" eingeschätzten Substantive einzusetzen. Dies könnte beispielsweise durch eine Imagerytechnik oder durch die Verbindung mit der Lernkarteitechnik für ausgewählte „problematische" Artikel-Substantivpaare erfolgen.

Die Tatsache, dass Vorschläge für die Genusaneignung mit Hilfe von Mnemotechniken wie Farbe zunehmend in die Lehrwerke einfließen, ist größtenteils auf den neuerlich verstärkten Einfluss von Erkenntnissen aus dem kognitionspsychologischen Bereich bzw. der Sprachlehrforschung (darunter insb. in Bezug auf die Erkenntnisse zur Sprachlernbewusstheit[141]) zurückzuführen. Obwohl dieser Einfluss eine durchaus positive Tendenz darstellt, wird doch bei einer näheren Betrachtung deutlich, dass es z.B. für den Einsatz von Farbe als mnemotechnische Hilfe für die Genusaneignung in Lehrwerken an sinnvoll ausgearbeiteten Konzepten mangelt und dass solche wichtigen Voraussetzungen, wie konsequente Verwendung, überlegte und aufeinander abgestimmte Farbenwahl, Wortschatzauswahl etc., die bereits näher in Kap. 4 erläutert wurden, fehlen. In den meisten Lehrwerken, wird Farbe als einzige Mnemotechnik vorgestellt, und manchmal werden Lernenden sogar verpflichtende Lösungskonzepte aufgezwängt anstatt diese als Lernangebot vorzuschlagen. Formale und semantische Regeln ergänzen einander nicht sinnvoll mit mnemotechnischen Hilfen, sondern werden willkürlich, von Lehrwerk zu Lehrwerk unterschiedlich ausführlich bzw. teilweise auch gar nicht behandelt. Diese Gegebenheiten, vor allem aber das Fehlen eines sich klar abzeichnenden Konzeptes für den Einsatz oder den Nicht-Einsatz von Farbe als einer Erleichterung für das Genuslernen, führen dazu, dass auch die Verwendung von Farbe als Mnemotechnik oft chaotisch erfolgt und die zum Teil inadäquate Verwendung von Farbe nicht zu einer Lernerleichterung sondern möglicherweise sogar zu einer interferenzbedingten Lernhemmung bei den Lernenden führt. Bei einer Analyse von Lehrwerken gewinnt man schnell den Eindruck, dass der Einsatz von Farbe auf keinem einheitlichen Konzept fußt. Die Lehrwerkautoren

[141] Diese wurde bereits im Kap. 3.3.3 thematisiert.

scheinen sich oft nicht ganz im Klaren darüber zu sein, welches Ziel sie eigentlich verfolgen (z.B. Ästhetik oder Instruktion) und versuchen mit Hilfe eines einzigen Mittels – der Farbe – mehrere Ziele miteinander zu vereinbaren. Der Wille, das Problem Genus endlich mit Mnemotechniken für die Lernenden annehmbarer zu gestalten, ist durchaus zu begrüßen. Es ist aber erforderlich, dass dieser Einsatz keinen experimentellen Charakter annimmt, sondern auf der Basis von kognitiven Gestaltungskonzepten und einem fundierten Hintergrundwissen vonstatten geht. Der Mangel an diesem Wissen ist jedoch auch der Tatsache zuzuschreiben, dass auf der wissenschaftlichen Ebene das Thema Farbe als didaktisches Hilfsmittel im Fremdsprachenunterricht bislang unzureichend behandelt worden ist und somit tatsächlich wenige adäquate Quellen für Lehrwerkentwickler zur Verfügung stehen. Hoffentlich kann die vorliegende Arbeit samt ihrer empirischen Untersuchung und den didaktischen Empfehlungen dazu beitragen, solche Quellen für zukünftige Entwicklungen zu schaffen.

In diesem Kapitel wurde versucht einige mögliche Probleme anzusprechen, die eine Einführung der Farbkodierungstechnik beim Genuslernen im Fremdsprachenunterricht zur Folge haben könnte. Es sollte aber nicht außer Acht gelassen werden, dass die Vorteile, die sich durch den Einsatz von Farbe bei der Bewältigung dieses Lernproblems ergeben können, möglicherweise weitaus größer sind als die eventuellen Schwierigkeiten, die hier thematisiert wurden. Es wäre durchaus erstrebenswert im Zuge weiterer Untersuchungen zu ermitteln, unter welchen Umständen die Verwendung von Farbe zu den besten Lernergebnissen führen könnte, und wie die eventuellen Probleme bei der Einführung in den Unterricht gelöst werden könnten, um eine optimale Nutzung des lernfördernden Merkmals Farbe zu gewährleisten.

5.2 Bilanz und abschließende Diskussion

Die Ergebnisse der Umfrage der Verfasserin unter Studierenden zum Thema Genuslernstrategien (Kap. 3.3.2) zeigte, dass auch nach mehreren Jahren Deutschlernen mit unterschiedlichen Lehrpersonen und Lehrwerken, Lernenden im Unterricht kaum Strategien zum Erlernen der Genuszuordnungen geboten werden. Eine Analyse didaktischer Quellen – gängiger deutscher Lehrwerke, Lehrerhandbücher und Grammatiken (Kap. 3.2.2) – verdeutlichte, dass das Genuslernen kaum bzw. gar nicht thematisiert wird, obwohl es zu den zentralen Lernproblemen beim Deutsch lernen gehört (Kap. 3). Angesichts dieser Tatsache, kann davon ausgegangen werden, dass der Kenntnisstand von Genuslernverfahren bei solchen Lernenden, die von Lehrenden unterrichtet werden, die die analysierten Quellen benutzen, dem Kenntnisstand der von der Verfasserin befragten Gruppe ungefähr entspricht. Die Ergebnisse der Befragung sind somit für eine relativ umfangreiche Anzahl an Deutschlernenden als durchaus repräsentativ einzuschätzen.

Die Untersuchungen von Menzel und Tamaoka (1995; s. Kap. 3.3.1) bestätigten, dass Lernende auf jeden Fall Genuslernstrategien brauchen. All die angesprochenen Ergebnisse verdeutlichen somit die Notwendigkeit bestehende Lernstrategien für das Lernen des deutschen Genus stärker und expliziter in den Unterricht zu integrieren. Zurzeit gibt es nur wenige gut didaktisierbare Lösungskonzepte (s. Kap. 3.2.3) und auch diese werden nur in den seltensten Fällen im Unterricht thematisiert oder in Lehrwerke eingebunden. Der Reichtum an zusätzlichen Ideen zum Genuslernen aus dem Bereich der Mnemotechnik, der in den Umfragen von Sperber (Kap. 3.4.1.1) und von Brzezińska (Kap. 3.3.2) zum Vorschein kam, steht in einem Gegensatz zum Informationsdefizit in Lehrwerken und zeugt von einem unzureichenden Erfahrungsaustausch zwischen Lernenden bzw. Lehrenden und Lehrwerkentwicklern. Diese Situation ist nicht zuletzt auch auf die geringe Anzahl an Forschungsarbeiten in diesem Bereich zurückzuführen. In der vorliegenden Arbeit ist auf der Basis der eben erwähnten Befragungen (Kap. 3.4.1.1 und 3.3.2) eine Sammlung solcher mnemotechnischer Vorschläge für das Genuslernen entstanden. Die Ergebnisse der experimentellen Untersuchung in Kap. 4 bestätigten, dass die Farbkodierung als eine dieser vorgeschlagenen Techniken, ein erfolgreiches Mittel für das Genuslernen darstellen kann. Dadurch vergrößert sich die Anzahl der möglichen Zugänge zum Lernproblem Genus.

Die bisherigen Beschreibungen der Vorzüge der Farkodierungstechnik (Kap. 4) sollten keinesfalls den Eindruck erwecken, dass diese Technik in jeder Situation und bei jedem Lernenden einen immensen Lernerfolg garantieren kann. Die experimentelle Untersuchung zeigte, dass bei Lernenden jeweils mit individuellen Leistungsunterschieden gerechnet werden muss. Manche Personen konnten dank der Farbkodierungstechnik ihre Lernleistung gegenüber dem Lernen mit schwarz-weißen Markierungen enorm steigern, andere hingegen erzielten einen geringeren Zuwachs und schließlich gab es auch Lernende, für die sich diese Strategie als überhaupt nicht hilfreich erwies. Lerntechniken sollten deshalb nicht nur dem Lernstoff, sondern auch der Lernweise des Lernenden entsprechen. Der ständige Gebrauch nur einer Lerntechnik im gesamten Unterricht oder Lehrwerk kann anstatt zu einem „Lernangebot" leicht zu einer zwingenden und für alle Lernenden verbindlichen Maßnahme werden, die den individuellen Lernfähigkeiten und Präferenzen mancher Lernender womöglich gar nicht entspricht. In Kapitel 5.1 wurde zudem veranschaulicht, dass der Einsatz einer Lerntechnik nicht ganz unproblematisch sein kann und die Vor- und Nachteile stets bedacht werden müssen.

Da Lernprozesse durch die individuellen Wahrnehmungsfähigkeiten, unterschiedliche Gedächtnisleistungen und andere Merkmale der Lernenden beeinflusst werden, kommt eine wichtige Rolle der Entwicklung der Sprachlernbewusstheit und der Strategiekompetenz im Unterricht zu (Kap. 3.3.3). Die Sensibilisierung für die eigenen Lernprozesse, die persönliche Auseinandersetzung mit eigenen Problemlösungsverhalten und Lernstärken bzw. Lernschwächen wird als eine wichtige Voraussetzung für die Entwicklung adäquater Lerntechniken angesehen. Zu bedenken ist aber, dass sich Strategiekompetenz nicht durch das alleinige Vorzeigen von Strategien entwickeln kann. Eine gezielte Förderung erfordert Maßnahmen, die dazu befähigen, sowohl die eigenen Lernstrategien zu reflektieren, zu prüfen und zu bewerten, als auch andere, noch unbekannte Strategien auszuprobieren, zu verändern und zu evaluieren. Strategiekompetenz setzt nämlich vor allem eigenes Handeln, Reflektieren und Beobachten voraus. Diese Handlungen sollten durch eine entsprechende Anleitung, durch Übungsangebote und eine Auswahl an unterschiedlichen Lerntechniken unterstützt werden (Kap. 3.3.3). Die vorliegende Arbeit bietet in dieser Hinsicht nicht nur die Farbkodierung als Lernangebot zur Erprobung im Unterricht, sondern auch andere Techniken für das Genuslernen.

Der Reichtum an unterschiedlichen Lernverfahren, der durch die präsentierten Befragungen zum Vorschein kam (Kap. 3.3.2; 3.4.1.1), beweist außerdem, wie unterschiedlich sich individuelle Lernerfahrungen, Lernpräferenzen und auch die Kreativität der einzelnen Lernenden auf die Entwicklung von Problemlösungen auswirken. Dieses Potential sollte durchaus genutzt werden, indem es in Verbindung mit der sozialen Komponente in den Unterricht einfließen kann. Es ist erstrebenswert, gemeinsam darüber nachzudenken, wie Lernprobleme gelöst werden könnten. Gegenseitige Unterstützung durch Interaktion und Kooperation sollte gefördert werden, indem während des Unterrichts Räume für den Austausch zwischen Lernenden geschaffen werden. Lernende können von einem solchen Austausch in vielerlei Hinsicht profitieren: während eines Gesprächs können eigene Lernerfahrungen und vor allem Schwierigkeiten kommuniziert werden, es entsteht ein Gefühl der Solidarität durch die Erfahrung, dass andere vor ähnlichen Problemen stehen. Partner- oder Gruppenarbeit ist auch insofern wichtig, so die Ergebnisse der Befragungen der Verfasserin und die von Hochfellner (Kap. 3.3.2), dass Lernende die Ratschläge der Lehrenden oft nicht bewusst wahrnehmen oder weniger leicht annehmen als die ihrer Mitschüler, da diese „Beratung" nicht als „Belehrung", sondern eher als ein partnerschaftlicher Ratschlag verstanden wird. Diese emotionalen Komponenten des Lernens spielen sowohl bei der Planung als auch bei der Durchführung von Lernprozessen eine wichtige Rolle.

In dem abschließenden Kapitel werden Empfehlungen und Orientierungshilfen für die Behandlung des Genusproblems zusammengefasst. Diese betreffen nicht ausschließlich den Einsatz der Farbkodierungstechnik, sondern auch Handlungen, Verfahren und Faktoren, die sich in der vorliegenden Arbeit als relevant für das Genuslernen herausstellten. Die Umsetzung dieser Vorschläge wird je nach Alter, Sprachkenntnisniveau und Bildungsziel der Empfängergruppe (z.B. Lernende in Deutschkursen, Lehrer in der Lehrerfortbilung etc.), unterschiedlich ausfallen.

5.3 Zusammengefasste Handlungsempfehlungen für den Umgang mit dem Lernproblem Genus und den Einsatz von Mnemotechniken

Da die Beschaffenheit des Genussystems es den Lernenden fast unmöglich macht Genusregularitäten selbst zu abstrahieren, ist es unbedingt notwendig, dass sowohl Lehrer als auch Lehrwerke dieses Problem explizit thematisieren und den Lernenden eine möglichst breite Palette an Lösungskonzepten anbieten (im Sinne einer autonomiefördernden Strategievermittlung), damit jeder Lernende sie selbst ausprobieren und an die eigenen Bedürfnisse, Vorlieben und Lerngegebenheiten anpassen kann.

In der Praxis der Vermittlung von Genuszuweisungsstrategien erweisen sich mehrere Möglichkeiten für den Einsatz im Unterricht bzw. für die Einbindung in Lehrwerken als hilfreich, da aber keine dieser Strategien das ganze Spektrum des Lernproblems abdecken kann, ist eine Kombination von verschiedenen Verfahren zu empfehlen:

a) Der Einsatz eines didaktisch gut anwendbaren Regelwerks, z.B. des Regelwerks von Reimann (1997), welches sowohl semantische als auch formale Regularitäten einbindet und es erlaubt, eine gewisse Zahl an Substantiven, insbesondere aus dem Grundwortschatz, zu erfassen. Da Regelwerke aber eine vollständige Klassifizierung von Substantiven nicht erlauben und zusätzlich viele Ausnahmen aufweisen, ist es notwendig, diese Strategie mit anderen Strategien zu kombinieren.

b) Die Möglichkeiten, die mnemotechnische Gruppierungsverfahren wie räumliche Gruppierung, Clustering etc. (insbesondere die optische Gruppierung von thematischem Wortschatz: z.B. Kleidung, Körperteile) bieten, sollten auf jeden Fall aufgrund ihrer gedächtnisentlastenden Funktionsweise angewandt werden.

c) Wortschatzlernstrategien, wie das Karteikartensystem (auch z.B. in elektronischer Form – sog. Vokabeltrainer) sollten nach Möglichkeit in Verbindung mit mnemotechnischen Hilfsmethoden, wie z.B. mit farbigen Punkten, Piktogrammen etc., eingesetzt werden, *wenn der Lernende diese als hilfreich empfindet.*

d) Da das Erlernen des Genus von den meisten Lernenden als mühevoll und demotivierend aufgefasst wird, ist es empfehlenswert motivierende Lernformen in den Unterricht zu integrieren. Dies kann z.B. durch den Einsatz von unterschiedlichen Spielen, die kreative Arbeit mit Bildern, Farben, Genussymbolen etc. erfolgen.

e) Der Einsatz von Farbe stellt mit Sicherheit eine interessante und für viele Lernende auch eine effiziente Technik dar, das Lernen des Genus zu erleichtern, es müssen aber diverse Aspekte berücksichtigt werden, damit solch ein Einsatz im Endeffekt das Lernen wirklich fördert und nicht stört. Besonders viel Beachtung sollte den Aspekten der konsequenten Anwendung, des Einsatzzwecks und der Farbenwahl geschenkt werden, da sich diese in den analysierten Lehrwerken als problematisch erwiesen haben.

Zuletzt ist auch auf die individuellen Unterschiede unter den Lernenden besondere Rücksicht zu nehmen. Alle Lerntechniken sollten als Lernangebote verstanden und eingesetzt werden, der Lernende sollte unter der Anleitung des Lehrenden die Möglichkeit bekommen, die diversen Möglichkeiten des Einsatzes von Lerntechniken kennen zu lernen, auszuprobieren, gegebenenfalls zu verändern und anzunehmen, oder aber auch abzulehnen. Dabei können, besonders in der Arbeit mit Gruppen, Imagerytechniken (die Erstellung von Phantasiebildern) eine praktikable und wenig aufwändige Lösungsalternative bieten.

6 Literaturverzeichnis

Acker, S. R./Klein, E. L. (1986): Visualizing spatial tasks: A comparison of computer graphic and full-band video displays, in: Educational Communications and Technology Journal 34 (1), S. 21–30

Agrippa von Nettesheim, H. C. (1998; Orig. 1713): Ungewissheit und Eitelkeit aller Künste und Wissenschaften. Caput. X: Von der Gedächtnüß-Kunst, in: Berns, J./Neuber, W. (Hg.) (1998): Documenta Mnemonica. Text- und Bildzeugnisse zu Gedächtnislehren und Gedächtniskünsten von der Antike bis zum Ende der Frühen Neuzeit, Band II: Das enzyklopädische Gedächtnis der Frühen Neuzeit. Enzyklopädie und Lexikonartikel zur Mnemonik. Tübingen, Niemeyer

Ahlheim, K.-H. (Hg.) (1986): Meyers kleines Lexikon Psychologie. Mannheim/Wien/Zürich, Bibliographisches Institut

Albrecht, U. u.a. (2004): Passwort Deutsch 1. Kurs- und Arbeitsbuch. Stuttgart, Klett

Altmann, G./Raettig, V. (1973): Genus und Wortauslaut im Deutschen, in: Zeitschrift für Phonetik, Sprachwissenschaft und Kommunikationsforschung 26, S. 297–303

Anderson, J. (1988): Kognitive Psychologie. Heidelberg, Spektrum der Wissenschaft

Arbinger, R. (1984): Gedächtnis. Erträge der Forschung Band 219. Darmstadt, Wissenschaftliche Buchgesellschaft

Ashcraft, M./Benjafield, J./Harrington, T. (2000): Gedächtnistraining. Neue Wege zur Steigerung der Gedächtnisleistung. München, Kaleidoskop/Christian Verlag

Atkinson, R. C. (1975): Mnemotechnics in second-language learning, in: American Psychologist 30, S. 821–828

Atkinson, R./Raugh, M. (1975): An application of the mnemonic keyword method to the acquisition of Russian vocabulary, in: Journal of Experimental Psychology: Human Learning and Memory 104, S. 126–133

Atkinson, R./Shiffrin, R. (1968): Human memory: A proposed system and its control processes, in Spence, K. W./Spence, J. T.: The psychology of learning and motivation. New York, Academic Press

Auctor ad Herennium (Autor unbekannt) (1994): Rhetorica ad Herrenium. Lateinisch-Deutsch (herausgegeben von Nüßlein, T.). München/Zürich, Artemis/Winckler

Baddeley, A. D. (1966a): The influence of acoustic and semantic similarity on long-term memory for word sequences, in: Quarterly Journal of Experimental Psychology 18, S. 302–309

Baddeley, A. D. (1966b): Short term memory for word sequences as a function of acoustic, semantic and formal similarity, in: Quarterly Journal of Experimental Psychology 18, S. 362–365

Bahrick, H./Bahrick, P./Wittlinger, R. (1975): Fifty years of memory for names and faces: A cross-sectional approach, in: Journal of Experimental Psychology, General 104, S. 54–75

Baker, R./Dwyer, F. (2000): A meta-analytic assessment of the effect of visualized instruction, in: International Journal of Instructional Media 27 (4), S. 417–426

Baschek, I.-L. u.a. (1977): Bestimmung der Bildhaftigkeit (I), Konkretheit (C) und der Bedeutungshaltigkeit (m) von 800 Substantiven, in: Zeitschrift für Experimentelle und Angewandte Psychologie 24, S. 353–396

Bausch, K.-R. (Hg.) (1998): Frühjahrskonferenz zur Erforschung des Fremdsprachenunterrichts: Kognition als Schlüsselbegriff bei der Erforschung des Lehrens und Lernens fremder Sprachen. Arbeitspapiere der 18. Frühjahrskonferenz zur Erforschung des Fremdsprachenunterrichts (Giessener Beiträge zur Fremdsprachendidaktik). Tübingen, Narr

Bausch, K.-R./Christ, H./Krumm, H.-J. (Hg.) (2003a[4]): Handbuch Fremdsprachenunterricht. Tübingen/Basel, Francke

Bausch, K.-R./Christ, H./Krumm, H.-J. (2003b[4]): Fremdsprachendidaktik und Sprachlehrforschung, in: Bausch, K.-R./Christ, H./Krumm, H.-J.: Handbuch Fremdsprachenunterricht. Tübingen/Basel, Francke, S. 1–9

Bausell, R. B./Jenkins, J. R. (1987): Effects on prose learning of frequency of adjunct cues and the difficulty of the material cued, in: Journal of Reading Behavior 9, S. 227–232

Beauchamp, D. G./Braden, R. A./Baca, J. C. (Hg.) (1994): Visual literacy in the digital age. Blacksburg, International Visual Literacy Association

Bellezza, F. S. (1981): Mnemonic devices: Classification, characteristics, and criteria, in: Review of Educational Research 51, S. 247–275

Bellezza, F. S. (1983): The spatial arrangement mnemonic, in: Journal of Educational Research 51, S. 247–275

Benson, P. J. (1985): Writing visually: design considerations in technical publications, in: Technical Communications Journal (Fourth Quarter), S. 35–39

Berger, J. (1974): Sehen. Das Bild der Welt in der Bilderwelt. Reinbeck, Rowohlt

Bergemann, N. (2005): Wörter lernen – Lerntechniken. Im Englischunterricht der Klassen 5 und 6, in: Praxis Fremdsprachenunterricht 1, S. 15–20

Berns, J./Neuber, W. (1993a): Mnemonik zwischen Renaissance und Aufklärung, in: Berns, J./Neuber, W. (Hg.): Ars Memorativa. Zur kulturgeschichtlichen Bedeutung der Gedächtniskunst 1400–1750. Tübingen, Niemeyer, S. 373–385

Berns, J./Neuber, W. (1993b): Ars Memorativa. Zur kulturgeschichtlichen Bedeutung der Gedächtniskunst 1400–1750. Tübingen, Niemeyer

Berns, J./Neuber, W. (Hg.) (1998): Documenta Mnemonica. Text- und Bildzeugnisse zu Gedächtnislehren und Gedächtniskünsten von der Antike bis zum Ende der Frühen Neuzeit, Band II: Das enzyklopädische Gedächtnis der Frühen Neuzeit. Enzyklopädie und Lexikonartikel zur Mnemonik. Tübingen, Niemeyer

Bernstein, W. Z. (1990): Leseverständnis als Unterrichtsziel. Sprachliches und methodisches Grundwissen für den Lehrer im Fach Deutsch als Fremdsprache. Heidelberg, Gross

Bettermann, H. u.a. (2005): Studio d A1. Deutsch als Fremdsprache. Unterrichtsvorbereitung. Berlin, Cornelsen

Bęza, S. (1994): Nowe repetytorium z gramatyki języka niemieckiego. Warszawa, PWN

Bimmel, P./Rampillon, U. (2000): Lernautonomie und Lernstrategien. Fernstudienprojekt zur Fort- und Weiterbildung im Bereich Germanistik und Deutsch als Fremdsprache. Fernstudieneinheit 23. Berlin u.a., Langenscheidt

Blanck, P. D. (Hg.) (1993): Interpersonal expectations. Theory, research, and applications. Cambridge, Cambridge University Press

Blum, H. (1969): Die antike Mnemotechnik, in: Hommel, H./Zinn, E.: Spudasmata. Studien zur Klassischen Philologie und ihren Grenzgebieten, Band XV. Hildesheim, Olms

Bobrow, S./Bower, G. H. (1969): Comprehension and Recall of Sentences, in: Journal of Experimental Psychology 80, S. 455–461

Boltwood, C./Blick, K. (1970): The delineation and application of the mnemonic techniques, in: Psychonomic Science 20, S. 339–441

Bolzoni, L. (1991): The Play of Images. The Art of Memory from its origins to the seventeenth century, in: Corsi, P.: The enchanted loom. Chapters in the history of neuroscience. New York, Oxford, S. 16–26

Borges, M./Arnold, R./McClure, V. (1976): Effect of mnemonic encoding techniques on immediate and delayed serial learning, in: Psychological Reports 38, S. 915–921

Bousfield, W. A. (1953): The occurence of clustering in the recall of randomly arranged associates, in: Journal of General Psychology 49, S. 229–240

Bower, G. H. (Hg.) (1969): The psychology of learning and motivation, Band 3, New York, Academic Press

Bower, G. H. (1972): Mental imagery and associative learning, in: Gregg, L. W. (Hg.): Cognition in learning and memory. New York/London, Wiley, S. 51–88

Bower, G. H./Clark, M. C. (1969): Narrative stories as mediators for serial learning, in: Psychonomic Science 14, S. 181–182

Bower, G. H./Monteiro, K. P./Gilligan, S. G. (1978): Emotional mood as a context for learning and recall, in: Journal of Verbal Learning and Behavior 17, S. 573–587

Bower, G. H. u.a. (1969): Hierarchical retrieval schemes in recall of categorized word lists, in: Journal of Verbal Learning and Verbal Behavior 8, S. 323–343

Börsch, S. (Hg.) (1987): Die Rolle der Psychologie in der Sprachlehrforschung. Tübingen, Narr

Braden, R. (1998): Visual literacy. Los Angeles, California State University

Breuer, D./Schanze, H. (Hg.) (1981): Topik. Beiträge zur interdisziplinären Diskussion. München, Fink

Brinkmann, H: (1962): Die deutsche Sprache. Gestalt und Leistung. Düsseldorf, Schwann

Broadbent, D. E. (1958): Perception and communication. London, Pergamon

Brody, P. J. (1982): Affecting instructional textbooks through pictures, in: Jonassen, D. H. (Hg.): The technology of text. Principles for structuring, designing and displaying text. NJ, Englewood Cliffs, S. 301–316

Brown, A. L. (1978): Knowing when, where, and how to remember: A problem of metacognition, in: Glaser, R. (Hg.): Advances in instructional psychology, NJ, Hillsdale, S. 77–165

Brown, J. (1958): Some tests of decay theory of immediate memory, in: Quarterly Journal of Experimental Psychology 10, S. 12–21

Brugmann, K. (1889): Zur Frage der Entstehung des grammatischen Geschlechts, in: Techmers Internationale Zeitschrift für allgemeine Sprachwissenschaft 9, S. 100–109

Brüggebors, G. (1996): So lernen Kinder besser. Mentale Fähigkeiten fördern, Lernhemmungen beheben. Reinbeck b. Hamburg, Rowohlt

Brzezińska, A. (2003). Alter als Faktor im Fremdspracherwerb. Ein kurzer Beitrag über die neuropsychologischen Aspekte beim Spracherwerb, in: ÖDaF-Mitteilungen 2, S. 90–101

Brzezińska, A. (2004): Dlaczego nasi uczniowie zapominają i jak temu przeciwdziałać? Teoria powtórzeń H. Ebbinghausa w praktyce szkolnej, in: Języki Obce w Szkole 1, S. 14–17

Brzezińska, A. (2005): Lernen unter Selbstkontrolle, in: Hallo Deutschlehrer! Zeitschrift des Polnischen Deutschlehrerverbandes 21, S. 41–46

Brzezińska, A. (2006): Möglichkeiten des Einsatzes von Mnemotechniken zur Steigerung der Lernleistung beim Fremdsprachenlernen am Beispiel des Genuslernens mit Hilfe von Farbe. Dissertation, Universität Wien

Brzeziński, J. (2003) Metodologia badań psychologicznych. Warszawa, PWN

Brzeziński, J./Siuta, J. (Hg.) (1991): Społeczny kontekst badań psychologicznych i pedagogicznych. Wybór tekstów. Poznań, Wydawnictwo Naukowe UAM

Bugelski, B. (1974): The image as a mediator in one-trial paired-associate learning III: Sequential function in serial lists, in: Journal of Experimental Psychology 103, S. 298–303

Busse, J. (1993): „Der", „die" oder „das"? Übungen zum Artikel. Ismaning/München, Hueber

Buzan, T./Stanek, W.(1998): Memory Power. Die Gebrauchsanweisung für Ihr Gehirn. Augsburg, Augustus

Büttner, S./Alberti, J./Kopp, G. (2000): Tamburin 3. Deutsch für Kinder. Ismaning, Hueber

Büttner, S./Kopp, G./Alberti, J. (2004a): Tamburin 1. Deutsch für Kinder. Ismaning, Hueber

Büttner, S./Kopp, G./Alberti, J. (2004b): Tamburin 2. Deutsch für Kinder. Ismaning, Hueber

Büttner, S./Kopp, G./Alberti, J. (2005a): Tamburin 1. Deutsch für Kinder. Arbeitsbuch. Ismaning, Hueber

Büttner, S./Kopp, G./Alberti, J. (2005b): Tamburin 1. Deutsch für Kinder. Lehrerhandbuch. Ismaning, Hueber

Christ, R. E. (1975): Review and analysis of color coding research for visual displays, in: Human Factor 17, S. 542–578

Christen, F./Bjork, R. A. (1976): On updating the loci in the method of loci, Beitrag zur 17. Jahrestagung der Psychonomic Society. St. Louis, MO

Cicero, M. T. (1976): De Oratore. Über den Redner (herausgegeben von Merklin, H.). Stuttgart, Reclam

Clark, J./Paivio, A. (1987): A dual coding perspective on encoding process, in: McDaniel, M./Pressley, M. (Hg.): Imagery and related mnemonic processes. Theories, individual differences and applications. New York/Berlin/London, Springer, S. 5–33

Cofer, C. N. (1967): Does conceptual organization influence the amount retained in immediate free recall?, in: Kleinmuntz, B. (Hg.): Concenpts and the structure of memory, New York, Wiley & Sons, S. 181–214

Cofer, C. N./Bruce, D. R./Reicher, G. N. (1966): Clustering in free recall as a function of certain methodological variations, in: Journal of Experimental Psychology 71, S. 858–866

Collins, A. M./Quillian, M. R. (1969): Retrieval time from semantic memory, in: Journal of Verbal Learning and Verbal Behavior 8, S. 240–247

Comenius, J. A. (1960): Große Didaktik. Düsseldorf, Küppers

Condus, M. M./Marshall, K. J./Miller, S. R. (1986): Effects of the keyword mnemonic strategy on vocabulary acquisition and maintenance by learning disabled children, in: Journal of Learning Disabilities 19 (10), S. 609–613

Corbett, G. G. (1991): Gender. Cambridge, Cambridge University Press

Corsi, P. (1991; Orig. 1654): The enchanted loom. Chapters in the history of neuroscience. New York, Oxford

Craik, F./Lockhart, R. (1972): Levels of processing. A framework for memory research, in: Journal of Verbal Learning and Verbal Behavior 11, S. 671–684

Craik, F./Tulving, E. (1975): Depth of processing and the retention of words in episodic memory, in: Journal of Experimental Psychology: General (3), S. 268–294

Craik, F./Watkins, M. (1973). The role of rehearsal in short-term memory, in: Journal of Verbal Learning and Verbal Behavior 12, S. 599–607

Cropley, A. (2002): Qualitative Forschungsmethoden. Eine praxisnahe Einführung. Eschborn, Klotz

Czochralski, J. u.a. (1995): Akademicki podręcznik języka niemieckiego. Warszawa, PWN

Dallapiazza, R.-M./von Jan, E./Schönherr, T. (2002): Tangram. Deutsch als Fremdsprache. Kurs- und Arbeitsbuch 1A. Ismaning, Hueber

Dallapiazza, R.-M. u.a. (2004). Tangram. Deutsch als Fremdsprache. Zertifikat Deutsch. Kurs- und Arbeitsbuch. Ismaning, Hueber

Dallapiazza, R.-M. u.a. (2005). Tangram. Deutsch als Fremdsprache. Kurs- und Arbeitsbuch 2B. Ismaning, Hueber

Darwin, C. J./Turvey, M. T./Crowder, R. G. (1972): The auditory analogue of the Sperling partial report procedure. Evidence for brief auditory storage, in: Cognitive Psychology 3, S. 255–267

De Beni, R./Cornoldi, C. (1985): Effects of the mnemotechnique of loci in the memorization of concrete words, in: Acta Psychologica 60, S. 11–24

Delin, P. (1969): The effects of mnemonic instruction and list length on serial learning and retention, in: Psychonomic Science 17, S. 111–113

Delisles, H. (1985): The acquisition of gender by American students of German, in: Modern Language Journal 69, S. 55–63

Dengscherz, S. (2005): Spiegelübersetzung als Lernhilfe? Äquivalenz und Kontrast ungarischer Lokalkasus und der deutschen Präpositionen an, auf, aus, bei, in, von, zu. Eine empirische Untersuchung zum Einfluss der Muttersprache bei ungarischen Deutschlernenden und deutschsprachigen Ungarischlernenden. Dissertation, Universität Wien

Desrochers, A. (1980): Effects of imagery mnemonic on acquisition and retention of French article-noun pairs. Dissertation, University of Western Ontario

Desrochers, A. (1982): Imagery elaboration and the recall of French article-noun pairs, in: Canadian Journal of Psychology 36, S. 641–654

Desrochers, A. (1983): Effects of instructions and retrieval cues on the recall of French aricle-noun pairs, in: Human Learning 2, S. 295–311

Desrochers, A./Gelinas, C./Wieland, L. (1989): An application of the mnemonic keyword method to the acquisition of German nouns and their grammatical gender, in: Journal of Educational Psychology 81, S. 25–32

Dretzke, B. J./Levin, J. R. (1990): Building factual knowledge about the U. S. Presidents via pictorial mnemonic strategies, in: Contemporary Educational Psychology 15 (2); S. 152–169

Drosdowski, Günter (Hg.) (1984): Duden. Grammatik der deutschen Gegenwartssprache, Band 4. Mannheim/Wien/Zürich, Dudenverlag

Durrell, M. (1992): Using German. A guide to contemporary usage. Cambridge, Cambridge University Press

Düker, H./Tausch, R. (1957): Über die Wirkung der Veranschaulichung von Unterrichtsstoffen auf das Behalten, in: Zeitschrift für Experimentelle und Angewandte Psychologie 4, S. 384–400
Dwyer, F. (1971): Color as an instructional variable, in: AV Communication Review 19, S. 399–413
Dwyer, F. (1978): Strategies for improving visual learning. State College Pannsylvenia, Learning Services
Dwyer, F. (Hg.) (1987): Enhancing visualized instruction. Recommendations for practitioners. State College Pannsylvenia, Learning Services
Dwyer, F./Lamberski, R. (1982–83): A review of the research on the effects of the use of color in the teaching-learning process, in: International Journal of Instructional Media 10, S. 303–328
Dwyer, F./Moore, D. M. (2001): The effect of gender, field dependence and color-coding on student achievement of different educational objectives, in: International Journal of Instructional Media 28 (3), S. 1–10
Dwyer, F./Moore, M./David, M. (1992): Effects of color coding on cognitive style. Paper from selected readings presented at the Annual Conference of the International Visual Literacy Association. Tempe, Arizona
Ebbinghaus, H. (1992; Orig. 1885): Über das Gedächtnis. Untersuchungen zur experimentellen Psychologie. Darmstadt, Wissenschaftliche Buchgesellschaft
Edelhoff, C./Weskamp, R. (Hg.) (1997): Autonomes Fremdsprachenlernen. Ismaning, Hueber
Edelmann, W. (1993): Lernpsychologie. Weinheim, Psychologische Verlagsunion
Ehrmann, M. E. (1996): Understanding second language learning difficulties. London, Thousand Oaks
Eppert, F. (1988): Grammatik lernen und verstehen. Ein Grundkurs für Lerner der deutschen Sprache. Stuttgart, Klett
Erdfelder, E. u.a. (Hg.) (1996): Handbuch quantitative Methoden. Weinheim, Psychologie Verlagsunion
Esser, U. (1989): Ist Fremdsprachenlernen lehr- und lernbar? – Einige Möglichkeiten und viele Grenzen kognitiver Lerntrainings, in: Deutsch als Fremdsprache 4, S. 232–236
Euler, W. (1991): Die Frage der Entstehung der indogermanischen Genera im Lichte der relativen Chronologie, in: Indogermanische Forschungen 96, S. 36–45
Europarat (2001): Gemeinsamer europäischer Referenzrahmen für Sprachen: lernen, lehren, beurteilen. Berlin/München, Langenscheidt
Falk-Frühbrodt, Ch. (2004): Institut für integratives Lernen und Weiterbildung Berlin, online unter http://www.iflw.de/wissen/lerntypen_II.htm, Zugriff am 29.08.2004
Flavell, J. H. (1971): First discussant's comments: What is memory development the development of?, in: Human Development 14, S. 272–278

Flavell, J. H. (1979): Metacognition and cognitive monitoring. A new area of cognitive-developmental inquiry, in: American Psychologist 34, S. 906–911
Flavell, J. H./Wellmann, H. M. (1977): Metamemory, in: Kail, R. V./Hagen, J. W.: Perspectives on the development of memory and cognition. Hillsdale, NJ, S. 3–33
Fleming, M./Levie, W. H. (Hg.) (1993): Instructional message design. Principles from the behavioral and cognitive sciences. Englewood Cliffs, NJ: Educational Technology Publications
Fodor, I. (1959): The origin of grammatical gender, in: Lingua 8, S. 1–41 u. 186–214
Forrester, W. E./King, D. J. (1971): The effects of semantic and acoustic relatedness on free recall and clustering, in: Journal of Experimental Psychology 88, S. 16–19
Frazer, J. G. (1900): A suggestion as to the origin of gender in language, in: The Fortnightly Review 73, S. 79–90
Funk, H./Koenig, M. (1991): Grammatik lehren und lernen. Fernstudieneinheit 1. Fernstudienprojekt zur Fort- und Weiterbildung im Bereich Germanistik und Deutsch als Fremdsprache. Berlin/München, Langenscheidt
Funk, H./Koenig, M. (2005): Eurolingua Deutsch 1. Berlin, Cornelsen
Funk, H./Kuhn, Ch./Demme, S. (2005): Studio d A1. Kurs- und Übungsbuch. Berlin, Cornelsen
Funk, H. u.a. (2002a): Genial. Deutsch als Fremdsprache für Jugendliche. Kursbuch A1. Berlin/München, Langenscheidt
Funk, H. u.a. (2002b): Genial. Deutsch als Fremdsprache für Jugendliche. Arbeitsbuch A1. Berlin/München, Langenscheidt
Funk, H. u.a. (2003a): Genial. Deutsch als Fremdsprache für Jugendliche. Lehrerhandbuch A1. Berlin/München, Langenscheidt
Funk, H. u.a. (2003b): Genial. Deutsch als Fremdsprache für Jugendliche. Kursbuch A2. Berlin/München, Langenscheidt
Garzoni, T. (1998; Orig. 1589): Piazza Universale: Das ist: Allgemeiner Schawplatz, in: Berns, J./Neuber, W. (Hg.): Documenta Mnemonica. Text- und Bildzeugnisse zu Gedächtnislehren und Gedächtniskünsten von der Antike bis zum Ende der Frühen Neuzeit, Band II: Das enzyklopädische Gedächtnis der Frühen Neuzeit. Enzyklopädie und Lexikonartikel zur Mnemonik. Tübingen, Niemeyer
Gegenfurtner, K. R. (2003): Gehirn und Wahrnehmung. Frankfurt a. Main, Fischer
Gnutzmann, C. (2003[4]): Language Awareness, Sprachbewusstheit, Sprachbewusstsein, in: Bausch, K.-R./Christ, H./Krumm, H.-J. (Hg.): Handbuch Fremdsprachenunterricht, Tübingen/Basel, Francke, S. 335–339
Goclenius, R. (1998; Orig. 1613): Lexikon der Philosophie. Das Gedächtnis, in: Berns, J./Neuber, W. (Hg.): Documenta Mnemonica. Text- und Bildzeugnisse zu Gedächtnislehren und Gedächtniskünsten von der Antike bis zum Ende der Frühen Neuzeit, Band II: Das enzyklopädische Gedächtnis der Frühen Neuzeit. Enzyklopädie und Lexikonartikel zur Mnemonik. Tübingen, Niemeyer

Godden, D. R./Baddeley, A. D. (1975): Context- dependant memory in two natural environments: On land and under water, in: British Journal of Psychology 66, S. 659–664

Godley, R. M./Fournet, G. P./Estes, R. E. (1987): The effects of administration, treatment, and pacing factors on the keyword method of foreign vocabulary learning, in: Educational and Psychological Research (3), S. 173–181

Goldmann, S. (1989): Statt Totenklage Gedächtnis. Zur Erfindung der Mnemotechnik durch Simonides von Keos, in: Poetica 21, S. 43–66

Goldmann, S. (1996): Zur Herkunft des Topos-Begriffs von Ernst Robert Curtius, in: Euphorion. Zeitschrift für Literaturgeschichte 90 (1), S. 134–149

Gollin, E. S. (1965): A developmental approach to learning and cognition, in: Lipsitt, L. P./Spiker, C. C. (Hg.) (1965): Advances in child development and behavior, Band 2. New York, Academic Press

Götze, L. (1984): Artikelwörter und Genusverdeutlichung in der deutschen Gegenwartssprache. Projektgruppe Lehrschwierigkeiten im Fach Deutsch als Fremdsprache 7. München, Goethe Institut

Götze, L./Kemme, H.-M./Latzel, S. (1979): Lehrschwierigkeiten im Fach Deutsch als Fremdsprache, Projektgruppe Lehrschwierigkeiten im Fach Deutsch als Fremdsprache 9. München, Goethe Institut

Greczko, H. (2004): Lernen mit Bildern, in: MitSprache 13, S. 3

Green, R. E. (1984): The persuasive properties of color, in: Marketing Communications 9, S. 50–54

Greenberg, J. H. (1978): How does a language acquire gender markers?, in: Greenberg, J. H./Ferguson, C. A./Moravcsik, E. A. (Hg.): Universals of Human Language, Volume 3: Word and Structure. Stanford, Stanford University Press, S. 47–82

Greenberg, J. H./Ferguson, C. A./Moravcsik, E. A. (Hg.) (1978): Universals of Human Language, Volume 3: Word and Structure. Stanford, Stanford University Press, S. 47–82

Gregg, L. (Hg.) (1972): Cognition in learning and memory. New York/London, Wiley

Gregor, B. (1983): Genuszuordnung. Das Genus englischer Lehnwörter im Deutschen. Tübingen, Niemayer

Gregorius, P. (1998; Orig. 1610): Kommentare zur Einteilung der wunderbaren Kunst, in: Berns, J./Neuber, W. (Hg.): Documenta Mnemonica. Text- und Bildzeugnisse zu Gedächtnislehren und Gedächtniskünsten von der Antike bis zum Ende der Frühen Neuzeit, Band II: Das enzyklopädische Gedächtnis der Frühen Neuzeit. Enzyklopädie und Lexikonartikel zur Mnemonik. Tübingen, Niemeyer

Griesbach, H. (1985): Deutsch mit Erfolg, Self-Study Manual for English-speaking Students. München, Langenscheidt

Grimm, H.-J. (1992): Lexikon zum Artikelgebrauch. Leipzig/Berlin, Langenscheidt

Grotjahn, R. (1998): Lernstile und Lernstrategien. Definition, Identifikation, unterrichtliche Relevanz, in: Der fremdsprachliche Unterricht – Französisch 34, S. 11–15

Grotjahn, R. (1999): Thesen zur empirischen Forschungsmethodologie, in: Zeitschrift für Fremdsprachenforschung 10, S. 133–158

Grotjahn, R. (2003a[4]): Lernstile/Lernertypen, in: Bausch, K.-R./Christ, H./Krumm, H.-J. (Hg.): Handbuch Fremdsprachenunterricht. Tübingen/Basel, Francke, S. 326–331

Grotjahn, R. (2003b[4]): Konzepte für die Erforschung des Lehrens und Lernens fremder Sprachen: Forschungsmethodologischer Überblick, in: Bausch, K.-R./Christ, H./Krumm, H.-J. (Hg.): Handbuch Fremdsprachenunterricht. Tübingen/Basel, Francke, S. 493–499

Gruneberg, M. (1985): Linkword German. The Greneberg Linkword Language Course (Computer Version). New York, Corgi

Gruneberg, N. (1988): Linkword language system. German. London, Corgi

Gruneberg, M./Morris, P. (Hg.) (1978): Aspects of memory. London, Academic Press

Gruneberg, M./Morris, P./Sykes, R. (Hg.) (1988): Practical aspects of memory: Current research and issues, Volume I Memory for everyday life. Chichester, Wiley

Guttmann, G./Bestenreiner, F. (1991): Ich sehe, denke, träume, sterbe. München, Ehrenwirth/Wiener Universitätsverlag

Hajdu, H. (1936): Das mnemonische Schrifttum des Mittelalters. Budapest, Deutsches Institut des Universität Budapest

Hake, H./Garner, W. (1951): The effects of presenting various numbers of discrete steps on scale reading accuracy, in: Journal of Experimental Psychology 42, S. 358–366

Hammer, E. E. (1995): German Grammar and Usage. Chicago/Illinois, Lincolnwood

Hantschel, H.-J./Krieger, P. (1998): Mit Erfolg zur Mittelstufenprüfung. Testbuch. Stuttgart, Klett

Hartley, J. (1987): Designing electronic text: The role of print-based research, in: Educational Communications and Technology Journal 35, S. 3–17

Hartley, J./Bartlett, S./Branthwaite, A. (1980): Underlining can make a difference – sometimes, in: Journal of Educational Research 73, S. 218–223

Heinich, R. u.a. (1999): Instructional media and technologies for learning. Upper Saddle River NJ, Prentice-Hall

Helbig, G./Buscha, J. (1996[17]): Deutsche Grammatik. Ein Handbuch für den Ausländerunterricht, Leipzig/Wien, Langenscheidt

Heneka, Ch. (2004): Vokabelarbeit und Grammatik visualisieren, in: MitSprache 13, S. 10–11

Henrici, G. (2000): Solo für Kognitives? Für eine mehrperspektivische Erforschung des Fremdsprachenerwerbs, in: Riemer, C. (Hg.): Kognitive Aspekte des Lehrens und Lernens von Fremdsprachen. Tübingen, Narr, S. 222–228

Henrici, G./Koreik, U. (Hg.) (1994): Deutsch als Fremdsprache. Wo warst Du, wo bist Du, wohin gehst Du? Zwei Jahrzehnte der Debatte über die Konstituierung des Faches Deutsch als Fremdsprache. Hohengehren, Schneider

Herkner, W. (1992): Psychologie. Wien/New York, Springer

Higbee, K. (1977): Your memory. How it works and how to improve it. New Jersey, Engelwood Cliffs

Higbee, K./Kunihira, S. (1985): Some questions (and a few answers) about yodai mnemonics. A reply to Kilpatrick, Pressley and Levin, in: Educational Psychologist 20 (2), S. 77–81

Himmel, J. (2004): Palette-pleasing pages: Making color and type choices to enhance the learning experience. Center of Distributed Learning, University of North Texas, online unter: http://www.txdla.org/apps/conference/materials/Himmel-Palette Pleasing Pages.pdf, Zugriff am 14.09.2004

Hoadley, E. D./Simmons, L. P./Gilroy, F. D. (1996): Investigating the effects of colour, fonts and bold in text documents, Working Paper Series Nr. #WP0196.029. Lattanze Center for executive Studies in Information Systems, Baltimore, online unter: http://www.fujixerox.com.au/files/case_studies/docs/coluse.pdf, Zugriff am 2.09.2004

Hobmair, H. (2003): Psychologie. Troisdorf, Bildungsverlag Eins

Hochfellner, D. (1993): Wortschatzarbeit unter Lern- und Gedächtnispsychologischen Gesichtspunkten. Diplomarbeit, Universität Wien

Hommel, H./Zinn, E. (1969): Spudasmata. Studien zur Klassischen Philologie und ihren Grenzgebieten, Band XV. Hildesheim, Olms

Honey, P./Mumford, A. (1992): The manual of learning styles. Berkshire, Maidenhead

Houghton, H. A./Willows, D. M. (Hg.) (1987): The psychology of illustration, Vol. 2: Instructional issues. New York, Springer

Huber, O. (2000): Das psychologische Experiment. Eine Einführung. Bern/Göttingen/Toronto, Hans Huber Verlag

Hunter, I. (1957): Memory: Facts and Fallacies. Harmondsworth, Penguin

Hyde, T. S./Jenkins, J. J. (1973): Recall for words as a function of semantic, graphic and syntactic orienting tasks, in: Journal of Verbal Learning and Verbal Behavior 12, S. 471–480

Ibison, R. A. (1952): Differential effect on the recall of textual materials associated with the inclusion of coloured and uncoloured illustrations. Dissertation, Indiana University Bloomington

Ibrahim, M. H. (1973): Grammatical gender. Its origin and development. Mouton, Hague

Jacoby, L. L. (1978): On interpreting the effects of repetition. Solving a problem versus remembering a solution, in: Journal of Verbal Learning and Verbal Behavior 17, S. 649–667

Jahr, S. (1996): Kognitive Modelle zur Repräsentation von Wissen und deren Umsetzung im Fremdsprachenunterricht, in: Wolff, A. (Hg.): Materialien Deutsch als Fremdsprache 42, Fachverband Deutsch als Fremdsprache, S. 63–74

Jank, W./Meyer, H. (1994): Didaktische Modelle. Berlin, Cornelsen Scriptor

Jenkins, E.-M./Thurnher, J. (2004a): Wir. Grundkurs Deutsch für junge Lerner. Lehrerhandbuch 2. Stuttgart, Klett

Jenkins, E.-M./Thurnher, J. (2004b): Wir. Grundkurs Deutsch für junge Lerner. Lehrerhandbuch 3. Stuttgart, Klett

Jenkins, E.-M. u.a. (2002a): Dimensionen. Lernstationen 1–5. Lehrwerk Deutsch als Fremdsprache. Ismaning, Hueber

Jenkins, E.-M. u.a. (2002b): Dimensionen. Magazin 1. Lernstationen 1–5. Ismaning, Hueber

Jonassen, D. H. (Hg.) (1982): The technology of text. Principles for structuring, designing and displaying text. Englewood Cliffs, NJ

Kail, R./Hagen, J. (Hg.) (1977): Perspectives on the development of memory and cognition. New York/Toronto/Sydney, Wiley

Kanner, J. (1968): The instructional effectiveness of color in television: A review of the evidence. Stanford, Eric Ed.

Keller, S. u.a. (2002): Genial. Deutsch als Fremdsprache für Jugendliche. Arbeitsbuch 1A. Berlin/München, Langenscheidt

Kellner, D. (1998): Multiple literacies and critical pedagogy in a multicultural society, in: Educational Theory 48 (1), S. 103–122

Kelly, L. (1969): 25 Centuries of language teaching. Massachussetts, Rowley

Kiefer, J. (2004): Gedächtnis als kulturwissenschaftliches und literaturtheoretisches Problem, online unter http://www.lehrerwissen.de/textem/texte/essays/jens/memory, Zugriff am 27.06.2004

Kinsella, K. (1995): Understanding and empowering diverse learners in the ESL classroom, in: Reid, J. M. (Hg.): Learning styles in the ESL/EFL classroom. Boston, Heinle and Heinle

Kleinman, E./Dwyer, F. (1999): Analysis of computerized visual skills. Relationships to intellectual skills and achievement, in: International Journal of Instructional Media 26 (1), S. 53–69

Klimesch, W. (1988): Struktur und Aktivierung des Gedächtnisses. Bern, Huber

Kopp, G./Büttner, S. (2004): Planet. Deutsch für Jugendliche. Arbeitsbuch 1. Ismaning, Hueber

Kopp, G./Büttner, S. (2005): Planet 1. Deutsch für Jugendliche. Kursbuch. Ismaning, Hueber

Kopp, G./Büttner, S./Alberti, J. (2005): Planet 2. Deutsch für Jugendliche. Kursbuch. Ismaning, Hueber

Koschnick, W. J. (Hg.) (2004): Focus-Lexikon, München, Medialine Focus, online unter: http://medialine.focus.de/PM1D/PM1DB/PM1DBF/pm1dbf.htm?snr, Zugriff am 25.08.2004

Köckenberger, H. (2002): Bewegtes Lernen. Lesen, Schreiben, Rechnen lernen mit dem ganzen Körper. Die „Chefstunde". Dortmund, Borgmann

Köpcke, K.-M. (1982): Untersuchungen zum Genussystem der deutschen Gegenwartssprache. Tübingen, Niemeyer

Krall, E. (1995): Entwicklung von Mnemotechnologien. Ansätze zu einer ökologisch-pragmatischen Theorie der funktionalen Architektur des Gedächtnisses. Dissertation, Universität Wien

Krawkow, S. W. (1948): Wzaimodiejstwije organow czuwstw. Moskwa – Leningrad, Izdatielstwo Akadiemii Nauk SSSR

Kret, E. (1993): Anders lernen. Tips für den offenen Unterricht. Lernideen für Schüler, Eltern und Lehrer. Linz, Veritas

Krumm, H.-J. (1994): Mehrsprachigkeit und interkulturelles Lernen. Orientierungen im Fach Deutsch als Fremdsprache, in: Jahrbuch Deutsch als Fremdsprache 20, S. 13–36

Kruppa, U. (1983): Zur Funktion des Gedächtnisses beim Zielsprachenerwerb, in: Neusprachliche Mitteilungen aus Wissenschaft und Praxis 36, S. 76–85

Kugemann, W. (1997): Lerntechniken für Erwachsene. Reinbeck bei Hamburg, Rowohlt

Kuhn, B. (1993): Gedächtniskunst im Unterricht. München, Iudicium

Kulhavy, R./Haynes, C./Dyer, J. (1975): Coding efficiency and mnemonic transformations in free recall, in: Psychological Reports 36, S. 365–368

LaBerge, D./Samuels, S. J. (1974): Toward a theory of automatic information processing in reading, in: Cognitive Psychology 6, S. 293–323

Lamberski, R. (1972): An exploratory investigation of the instructional effect of color and black and white cueing on immediate and delayed retention. Masters Thesis, Pennsylvania State University

Lamberski, R. (1979): Efficiency of students' achievement using black/white and color coded learning and test materials. Paper presented at the Annual Convention of Association for Educational Communications and Technology, New Orleans/Louisiana

Lamberski, R. (1980): The effect of a verbal and visual color code on self-paced instruction and testing for retention on different tasks. Dissertation, Pennsylvania State University

Lamberski, R./Dwyer, F. (1983): The instructional effect of coding (color and black and white) on information acquisition and retrieval, in: Educational Communication and Technology Journal 31 (1), S. 9–21

Lang, A. (1976): The semantic base of gender in German, in: Lingua 40, S. 55–68

Langenmayr, A. (1997): Sprachpsychologie. Göttingen/Bern/Toronto, Hogrefe
Latour, B. (1988): Mittelstufen-Grammatik für Deutsch als Fremdsprache. Ismaning, Hueber
Lazarus, E. (2004): Visual literacy, Term paper for multimedia courseware development, Graduate programs for educators, Barry University/Florida, online unter: http://connect.barry.edu/ect609/elaine.PDF, Zugriff am 10.08.2004
Lehtinen, E. (1992): Lern- und Bewältigungsstrategien im Unterricht, in: Mandl, H./ Friedrich, H. F. (Hg.) (1992): Lern- und Denkstrategien. Analyse und Intervention. Göttingen, Hogrefe, S. 125–149
Lemcke, Ch./Müller, M./Rusch, P. (2001): Moment mal! Lehrwerk für Deutsch als Fremdsprache. Arbeitsbuch 1. Berlin/München, Langenscheidt
Levie, W. H. (1998): The psychology of illustration, Vol. 1: Basic research. New York/ Berlin, Springer
Levin, J. (1981): The mnemonic '80s. Keywords in the classroom, in: Educational Psychologist 16 (2), S. 65–82
Levin, J. R./Anglin, G. J./Carney, R. N. (1987): On empirically validating functions of pictures in prose, in: Willows, D. M./Houghton, H. A.: The psychology of illustration, Vol. 1: Basic research. New York, Springer, S. 1–50
Levin, J. R./Lesgold, A. M. (1978): On pictures in prose, in: Educational Communication and Technology Journal 26 (3), S. 233–43
Levin, J. R./Shriberg, L. K./Berry, J. K. (1983): A concrete strategy for remembering abstract prose, in: American Education Research Journal 20 (2), S. 277–290
Levin, J. R. u.a. (1986): Mnemonic facilitation of text-embedded science facts, in: American Educational Research Journal 23 (3), S. 489–506
Levy, B. A./Craik, F. I. (1975): The co-ordination of codes in short-term retention, in: Quarterly Journal of Experimental Psychology 27, S. 33–45
Light, L. u.a. (1973): Memory for modality of presentation: Within modality discrimination, in: Memory and Cognition 1, S. 395–400
Lindsay, P./Norman, D. (1977): Human information processing. An introduction to psychology. New York/San Francisco/London, Academic Press
Lipsitt, L. P./Spiker, C. C. (Hg.) (1965): Advances in child development and behavior, Band 2. New York, Academic Press
Lockhart, R. (1969): Retrieval asymmetry in the recall of adjectives and nouns, in: Journal of Experimental Psychology 79, S. 12–17
Loftus, E. F. (1974): Activation of semantic memory, in: American Journal of Psychology 86, S. 331–337
Lohmann, J. (1932): Genus und Sexus. Eine morphologische Studie zum Ursprung der indogermanischen nominalen Genusunterscheidung. Göttingen, Vanderhoeck und Ruprecht

Lohnes, W. F./Strothmann, F. W./Petig, W. E. (1989): German. A structural approach. New York/London, Norton

Looß, M. (2001): Lerntypen? – Ein pädagogisches Konstrukt auf dem Prüfstein, in: Die Deutsche Schule 93 (2), S. 186–198

Lorayne, H./Lucas, J. (1981): The memory book. New York, Ballantine Books

Lux, M. (2004): Mnemotechnik, online unter: http://www.mnemotechnik.info, Zugriff am 29.06.2004

Lüders, J. (2005): Wortschatzlernen mit der Lernkartei? Anspruch und Wirklichkeit, in: Praxis Fremdsprachenunterricht 1, S. 24–27

Macedonia, M. (2000): Sprachspiele. Tipps und Ideen zum Sprachenlernen. Linz, Veritas

MacWhinney, B. (1978): The acquisition of morphology, in: Monographs of the Society for Research in Child Development 43 (1), S. 1–123

Maffei, R. (1998; Orig.: 1526): Römische Kommentare. Vierunddreißigstes Buch: Philologie. Vom Gedächtnis, in: Berns, J./Neuber, W. (Hg.): Documenta Mnemonica. Text- und Bildzeugnisse zu Gedächtnislehren und Gedächtniskünsten von der Antike bis zum Ende der Frühen Neuzeit, Band II: Das enzyklopädische Gedächtnis der Frühen Neuzeit. Enzyklopädie und Lexikonartikel zur Mnemonik. Tübingen, Niemeyer

Mandl, H./Friedrich, H. F. (Hg.) (1992): Lern- und Denkstrategien. Analyse und Intervention. Göttingen, Hogrefe

Marschall, J./Freyer, D. (1978). Speak, memory! An introduction to some historic studies of remembering and forgetting, in: Gruneberg, M./Morris, P. (Hg.): Aspects of Memory, London, Academic Press, S. 1–25

Matczak, A. (1982): Style poznawcze. Rola indywidualnych preferencji. Warszawa, PWN

Matz, K.-D./Teschmer, J./Weise, G. (1988): Angewandte Fremdsprachenpsychologie und ihr Beitrag für die Effektivierung des Lehrens und Lernens von Fremdsprachen, in: Deutsch als Fremdsprache 25 (4), S. 224–229

Mayer Wamos, A. (1994): Fremdsprachen erfolgreich lehren und lernen. Neue Wege mit NLP. Paderborn, Junfermann

McDaniel, M./Pressley, M. (Hg.) (1987): Imagery and related mnemonic processes: Theories. Individual differences and applications. New York/Berlin/London, Springer

Meinert, R. (1989): Die deutsche Deklination und ihre didaktischen Probleme. München, Iudicium Verlag

Mengozzi Rehmann, V. (2004): Mit Bildern konjugieren und Adjektive üben. Einsatz von Bildern im Italienischunterricht, in: MitSprache 13, S. 28–29

Menzel, B./Tamaoka, K. (1995): Der? Die?? Das??? Genuszuweisung bei Anfängern: Zufall, Pauken oder Strategie?, in: Deutsch als Fremdsprache 1, Herder Institut Mannheim, S. 12–22

Metzig, W./Schuster, M. (1982). Lernen zu lernen. Anwendung, Begründung und Bewertung von Lernstrategien. Berlin/Heidelberg/New York, Springer

Meyer, D. E./Schvaneveldt, R. W. (1971): Facilitation in recognizing pairs of words. Evidence of a dependance between retrieval operations, in: Journal of Experimental Psychology 80, S. 227–234

Miller, G. (1956): The magical number seven, plus or minus two. Some limits on our capacity for processing information, in: Psychological Review 63, S. 81–97

Miller, G. E./Levin, J. R./Pressley, M. (1980): An adaptation of the keyword method to children's learning of foreign verbs, in: Journal of Mental Imagery 4 (2), S. 57–61

MindTools (1995–2005a): The Roman Room System. Remembering Grouped Information, online unter: http://www.mindtools.com/pages/article/newTIM_06.htm, Zugriff am 10.10.2004

MindTools (1995–2005b): How to … learn a Foreign Language, online unter: http://www.mindtools.com/pages/article/newTIM_10.htm), Zugriff am 10.10.2004

Mißler, B. (1999): Fremdsprachenlernererfahrungen und Lernstrategien. Eine empirische Untersuchung. Tübingen, Stauffenburg

Moely, B. (1977): Organizational factors in memory, in: Kail, R./Hagen, J. (Hg.): Perspectives on the development of memory and cognition. New York/Toronto/Sydney, Wiley, S. 203–236

Moray, N. (1959): Attention in dichotic listening. Affective cues and the influence of instruction, in: Quarterly Journal of Experimental Psychology 11, S. 56–60

Moray, N./Bates, A./Barnett, T. (1965): Experiments on the Four-eared Man, in: Journal of the Acoustical Society of America 38, S. 196–201

Motta, G. (2004a): Wir. Grundkurs Deutsch für junge Lerner. Lehrbuch 1. Stuttgart, Klett

Motta, G. (2004b): Wir. Grundkurs Deutsch für junge Lerner. Arbeitsbuch 1. Stuttgart, Klett

Motta, G. (2004c): Wir. Grundkurs Deutsch für junge Lerner. Arbeitsbuch 2. Stuttgart, Klett

Motta, G. (2004d): Wir. Grundkurs Deutsch für junge Lerner. Lehrbuch 3. Stuttgart, Klett

Mueller, J./Jablonski, E. (1970): Instructions, noun imagery and priority in free recall, in: Psychological Reports 27, S. 559–556

Murdock, B. B. Jr. (1962): The serial effect of free recall, in: Journal of Experimental Psychology 64, S. 482–488

Müller, E. H. (1943): Theories concerning the origin of the grammatical gender in German, in: The German Quarterly 16, S. 90–98

Müller, M. u.a. (2001): Moment mal! Lehrwerk für Deutsch als Fremdsprache. Lehrbuch 1. Berlin/München, Langenscheidt

Müller, M. u.a. (2004a): Optimal A1 Lehrbuch. Lehrwerk für Deutsch als Fremdsprache. Berlin/München, Langenscheidt

Müller, M. u.a. (2004b): Optimal A1 Arbeitsbuch. Lehrwerk für Deutsch als Fremdsprache. Berlin/München, Langenscheidt

Müller, M. u.a. (2005): Optimal A2 Lehrbuch. Lehrwerk für Deutsch als Fremdsprache. Berlin/München, Langenscheidt

Myatt, B./Carter, J. M. (1979): Picture preferences of children and young adults, in: Educational Communication and Technology Journal 27 (1), S. 45–53

Myers, N. A./Perlmutter, M. (1978): Memory in the years from two to five, in: Ornstein, P. A. (Hg.): Memory development in children. N. Y., Hillsdale/Lawrence Erlbaum

Neisser, U. (1967): Cognitive Psychology. Englewood Cliffs, Prentice Hall

Neuner, G. (2003[4]): Vermittlungsmethoden: Historischer Überblick, in: Bausch, K.-R./Christ, H./Krumm, H.-J. (Hg.): Handbuch Fremdsprachenunterricht, Tübingen/Basel, Francke, S. 225–234

Nickerson, R. (1968): A note on long-term recognition memory for pictoral material, in: Psychonomic Sciences 11 (2), S. 58

Noble, C. E. (1952): An analysis of meaning, in: Psychological Review 59, S. 421–430

Nold, G./Schnaitmann, G. (1997): Lernstrategien in verschiedenen Tätigkeitsbereichen des Fremdsprachenunterrichts. Lassen sich passende Strategien finden? (Ein Zwischenbericht) in: Rampillon, U./Zimmermann, G. (Hg.): Strategien und Techniken beim Erwerb fremder Sprachen, Ismaning, Hueber, S. 134–149

Norman, D. A. (1968): Toward a theory of memory and attention, in: Psychological Review 75, S. 522–536

O'Malley, J. M. u.a. (1985): Learning strategies used by beginning and intermediate ESL students, in: Language Learning 35 (1), S. 21–46

O'Malley, J. M./Chamot, A. U. (1990): Learning strategies in second language acquisition. Cambidge, Cambridge University Press

Ornstein, P. A. (Hg.) (1978): Memory development in children. N. Y., Hillsdale/Lawrence Erlbaum

Ornstein, P./Trabasso, T./Johnson-Laird, P. (1974): To organize is to remember: The effects of instructions to organize and recall, in: Journal of Experimental Psychology 103, S. 1014–1018

Ott, C. E./Blake, R. S./Butler, D. C. (1976): Implications of mental elaboration for the acquisition of foreign language vocabulary, in: International Review of Applied Linguistics 14, S. 37–48

Oxford, R. L. (1990): Styles, strategies and aptitude: Connections for language learning, in: Parry, T. S./Stansfield, C. W. (Hg.): Language aptitude reconsidered. NJ, Englewood Cliffs, S. 67–125

Oxford, R. L./Anderson, N. J. (1995): A crosscultural view of learning styles, in: Language Teaching 28, S. 201–215
Paivio, A. (1971): Imagery and verbal processes. New York, Holt/Reinehart/Winston
Paivio, A./Desrochers, A. (1981): Mnemonic techniques in second language learning, in: Journal of Educational Psychology 73, S. 780–795
Parry, T. S./Stansfield, C. W. (Hg.) (1990): Language aptitude reconsidered. NJ, Englewood Cliffs, S. 67–125
Parsons, M. J. (1987): How we understand art: A cognitive developmental account of aesthetic expertence. Cambridge, Cambridge University Press
Paulsen, S. (2001): Die Kunst des Erinnerns, Geo-Magazin 12/Dez. 2001
Pawlow, I. P. (1973): Auseinandersetzung mit der Psychologie. München, Kindler
Perlmann-Balme, M./Schwalb, S. (2000): Em Hauptkurs. Deutsch als Fremdsprache für die Mittelstufe. Ismaning, Hueber
Peterson, L. R./Peterson, M. (1959): Short-term retention of individual items, in: Journal of Experimental Psychology 58, S. 193–198
Pett, D./Wilson, T. (1996): Color research and its implication to the design of instructional materials, in: Educational Technology and Development: ETR&D. 44 (3), S. 24
Pettersson, R. (1989): Visuals for information. Research and practice. Englewood Cliffs, NJ Educational Technology Publications
Pettersson, R. (1993). Visual information. Englewood Cliffs, NJ Educational Technology Publications
Pettersson, R. (1997): Verbo-visual communication – Presentation of clear messages for information and learning. Göteborg, Valfrid Publishing Association and Research Centre for Library and Information Studies, Göteborg University
Pettersson, R. (1999): Attention – an information design perspective. Vision Plus 6. Drawing the process. Visual planning and explaining. International Institute for Information Design (IIID) Wien, online unter: http://www.idp.mdh.se/forskning/amnen/informationsdesign/publikationer/pdf/attenti.pdf, Zugriff am 14.09.2004
Pieter, J. (1970): Psychologia uczenia się i nauczania. Katowice, Śląsk
Plett, H. (1981): Topik und Memoria. Strukturen mnemonischer Bildlichkeit in der englischen Literatur des 17. Jahrhunderts, in: Breuer, D./Schanze, H. (Hg.): Topik. Beiträge zur interdisziplinären Diskussion. München, Fink, S. 307–333
Pohl, W. (2004): Das Lernen lernen, online unter: http://www.ni.schule.de/~pohl/lernen/kurs/index.htm, Stand 01.07.2004, Zugriff am 10.10.2004
Pressley, M. (1977): Children´s use of the keyword method to learn simple Spanish vocabulary words, in: Journal of Educational Psychology 69, S. 465–472
Pressley, M. (1985): More about yodai mnemonics. A commentary on Higbee and Kunihira, Educational Psychologist 20, S. 69–72
Pressley, M./Levin, J. R./Delaney, J. D. (1982): The mnemonic keyword method, in: Review of Educational Research 52, S. 61–91

Pressley, M./Levin, J. R./Miller, G. E. (1981): How does the keyword method affect vocabulary comprehension and usage? In: Reading Research Quarterly 16, S. 213–226

Pressley, M. u.a. (1981): Mnemonic versus nonmnemonic vocabulary-learning strategies: Putting "depth" to rest. Working paper no. 312. Madison, WI: Wisconsin Research and Development Center for Individualized Schooling University of Wisconsin

Pruisner, P. A. (1993): From color to color cue. Remembering graphic information. Paper presented at the Annual Conference of the International Visual Literacy Association, Rochester/N.Y.S.

Pruisner, P. A. (1994): From color code to color cue: remembering graphic information, in: Beauchamp, D. G./Braden, R. A./Baca, J. C. (Hg.): Visual literacy in the digital age, International Visual Literacy Association, Blacksburg, S. 26–32

Pusch, L. F. (1984): Das Deutsche als Männersprache. Frankfurt a. M., Suhrkamp

Quintilianus, M. F. (1975): Ausbildung des Redners. Zwölf Bücher. Institutio Oratore (herausgegeben von Rahn, H.). Darmstadt, Wissenschaftliche Buchgesellschaft

Raabe, H. (1997): „Das Auge hört mit" – Sehstrategien im Fremdsprachenunterricht?, in: Rampillon, U./Zimmermann, G. (Hg.): Strategien und Techniken beim Erwerb fremder Sprachen, Ismaning, Hueber, S. 150–173

Rampillon, U. (1985): Lerntechniken im Fremdsprachenunterricht. München, Hueber

Rampillon, U. (1995): Lernen leichter machen. Deutsch als Fremdsprache. Ismaning, Hueber

Rampillon, U. (1997): Be aware of awareness – oder Beware of awareness? Gedanken zur Metakognition im Fremdsprachenunterricht der Sekundarstufe I, in: Rampillon, U./Zimmermann, G. (Hg.): Strategien und Techniken beim Erwerb fremder Sprachen. Ismaning, Hueber, S. 173–184

Rampillon, U. (2000): Aufgabentypologie zum autonomen Lernen, Deutsch als Fremdsprache. Ismaning, Hueber

Rampillon, U. (2003[4]): Lerntechniken, in: Bausch, K.-R./Christ, H./Krumm, H.-J. (Hg.): Handbuch Fremdsprachenunterricht, Tübingen/Basel, Francke, S. 340–344

Rampillon, U./Reisener, H. (1995): Words – words –words, in: Der fremdsprachliche Unterricht Englisch 1, S. 4–10

Rampillon, U./Zimmermann, G. (1997) (Hg.): Strategien und Techniken beim Erwerb fremder Sprachen, Ismaning, Hueber

Ratcliff, M. A./McKoon, G. (1981): Does activation really spread?, in: Psychological Review 88, S. 454–462

Raugh, M. R./Schupach, R. D./Atkinson, R. C. (1977): Teaching a large Russian vocabulary by the mnemonic keyword method, in: Instructional Science 6, S. 199–221

Redding, E. R. (1989): Underachievement in the verbally gifted: Implications for pedagogy, in: Psychology in Schools 26 (3), S. 275–291

Reid, J. M. (Hg.) (1995): Learning styles in the ESL/EFL classroorm. Boston, Heinle and Heinle

Reimann, M. (1997): Grundstufengrammatik für Deutsch als Fremdsprache. München, Hueber

Reinfried, M. (1992): Das Bild im Fremdsprachenunterricht. Eine Geschichte der visuellen Medien am Beispiel des Französischunterrichts. Tübingen, Narr

Reinfried, M. (20034): Visuelle Medien, in: Bausch, K.-R./Christ, H./Krumm, H.-J. (Hg.): Handbuch Fremdsprachenunterricht, Tübingen/Basel, Francke, S. 416–420

Reisch, G. (1998; Orig. 1503): Perle der Philosophie. Erster Traktat des dritten Buches über die Teile der Redekunst. Vom Gedächtnis. Kapitel 23, in: Berns, J./Neuber, W. (Hg.): Documenta Mnemonica. Text- und Bildzeugnisse zu Gedächtnislehren und Gedächtniskünsten von der Antike bis zum Ende der Frühen Neuzeit, Band II: Das enzyklopädische Gedächtnis der Frühen Neuzeit. Enzyklopädie und Lexikonartikel zur Mnemonik. Tübingen, Niemeyer

Richter, S. (2002): Schreibwortschatz bei Kindern. Roderer, Regensburg

Riding, R./Rayner, S. (1998): Cognitive styles and learning strategies. Understanding style differences in learning and behaviour. London, David Fulton Publishers

Rieber, L. P (1994): Computers, graphics, and learning. Review of instructional visual research. Madison/Wisconsin, Brown & Benchmark; zum Teil online unter: http://www.nowhereroad.com/cgl/toc2535.html, Zugriff am 29.08.2004

Riemer, C. (Hg.) (2000): Kognitive Aspekte des Lehrens und Lernens von Fremdsprachen. Tübingen, Narr

Robinson, F. P (1961): Effective study. New York, Harper and Row

Rohmann, H. (1996): Für das (Über)leben lernen wir. Biopsychologische Aspekte des Fremdsprachenunterrichtes, in: Wolff, A. (Hg.): Materialien Deutsch als Fremdsprache 42, S. 103–131

Rohrauer, K. (2004): Der Genusfehler und seine Therapie, Seminararbeit zur Lehrveranstaltung „Norm und Fehler im Deutsch als Fremd- und Zweitsprache-Unterricht" unter der Leitung von Univ. Prof. Dr. H.-J. Krumm. Instiut für Germanistik der Universität Wien

Rohrer, J. (1984): Zur Rolle des Gedächtnisses beim Sprachenlernen. Bochum, Kamp

Rohrmann, L./Self, S. (2001): Eurolingua Deutsch Lernerhandbuch. Berlin, Cornelsen

Rosenthal, R.(1966): Experimenter effects in behavioral research. New York, Appleton-Century-Crofts

Rosenthal, R. (1969): Interpersonal expectations, in: Rosenthal, R./Rosnow, R. L. (Hg.): Artifact in behavioral research. New York, Academic Press, S. 181–277

Rosenthal, R. (1993): Interpersonal expectations. Some antecedents and some consequences, in: Blanck, P. D. (Hg.): Interpersonal expectations. Theory, research, and applications. Cambridge, Cambridge University Press, S. 3–24

Rosenthal, R./Rosnow, R. L. (Hg.) (1969): Artifact in behavioural research. New York, Academic Press
Ross, J./Lawrence, K. (1968): Some observations on memory artifice, in: Psychonomic Science 13, S. 107–108
Royen, G. (1929): Die nominalen Klassifikationssysteme in den Sprachen der Erde. Historisch-kritische Studie, mit besonderer Berücksichtigung des Indogermanischen. Mödling b. Wien, Anthropos
Rösch, H. (Hg.) (2003): Deutsch als Zweitsprache. Grundlagen, Übungsideen, Kopiervorlagen zur Sprachförderung. Hannover, Schroedel Verlag
Rubinsztejn, S. L. (1962): Myślenie i drogi jego poznania. Warszawa, KiW
Rudisill, M. (1952): Children's preferences for colour versus other qualities in illustrations, in: Elementary School Journal 52, S. 444–457
Sachs, J. S. (1976): Recognition memory for syntactic and semantic aspects of connected discourse, in: Perception and Psychophysics 2 (9), S. 411
Sander, I./Schmid, C. P./Wohlleben, R. (1994): In Deutschland leben. Deutsch für die Grundstufe. Witterschlick, Wehle
Santa, J. L. (1977): Spatial transformations of words and pictures, in: Journal of Experimental Psychology: Human Learning and Memory 3, S. 418–427
Satow, L. (2002): Effektives (e)-Learning: Warum Software ein schlechter Lehrer ist und Menschen keine e-Lerner, online unter: http://userpage.fu-berlin.de/~satow/inhalt.htm, Zugriff am 07.11.2005
Scalichius, P. (1998, Orig. 1559): Enzyklopädie, in: Berns, J./Neuber, W. (Hg.): Documenta Mnemonica. Text- und Bildzeugnisse zu Gedächtnislehren und Gedächtniskünsten von der Antike bis zum Ende der Frühen Neuzeit, Band II: Das enzyklopädische Gedächtnis der Frühen Neuzeit. Enzyklopädie und Lexikonartikel zur Mnemonik, Tübingen, Niemeyer
Schachl, H. (1996): Was haben wir im Kopf? Die Grundlagen für gehirngerechtes Lernen. Linz, Veritas
Schanen, F. (1995): Grammatik Deutsch als Fremdsprache. München, Iudicium
Scheu, U. (1977): Wir werden nicht als Mädchen geboren – wir werden dazu gemacht. Frankfurt, Fischer
Schlenther, U. (1999–2005): Lernen-heute, online unter: http://www.lernen-heute.de/tony_buzan.html, Zugriff am 20.10.2005
Schmeck, R. R. (Hg.) (1988): Learning strategies and learning styles. New York, Plenum Press
Schmidt, R./Thews, G. (Hg.) (1997): Physiologie des Menschen. Heidelberg, Springer
Schönpflug, W./Schönpflug, U. (1997): Psychologie. Weinheim, Psychologie Verlagsunion
Schraeder, L. (1999): Using relevancy and color to explain or persuade, in: Illinois Association for Multilingual and Multicultural Education (IAMME) Bulletin, spring

1999, S. 4–5, online unter: http://www.iamme.org/online/pdfs/1999spring.pdf, Zugriff am 08.08.2004
Schräder-Naef, R. (1988). Rationeller Lernen lernen. Weinheim, Beltz
Schräder-Naef, R. (1992): Verschiedene Sinne – verschiedene Lerntypen, in: Pädagogik 12, S. 27–30
Schräder-Naef, R. (2002): Lerntraining in der Schule. Voraussetzungen – Erfahrungen – Beispiele. Weinheim/Basel, Beltz
Schullian, T./Bimmel, P (1999): „Ich lerne Wörter einfach auswendig": Lernende reflektieren ihren Lernstil, in: Fremdsprache Deutsch 20 (1), S. 55–60
Schulman, A. (1971): Recognition memory for targets of a scanned word list, in: British Journal of Psychology 62, S. 335–346
Schulz, J. (1994): Gedächtnistheorien und Mnemotechniken. Eine künstlerisch-wissenschaftliche Betrachtung. Wien/New York, Springer
Schumann, J. (1992): Mittelstufe Deutsch. Ismaning, Hueber
Schweizer, M. L. (1999): The effect on content, style, and color of picture prompts on narrative writing: An analysis of fifth and eight grade students' writing. Dissertation, Faculty of the Virginia Polytechnic Institute and State University, Blacksburg Virginia, online unter: http://scholar.lib.vt.edu/theses/available/etd-021899-102353/unrestricted/etd.pdf, Zugriff am 29.09.2004
Seeger, H. (1985): Wer, wie, was? Schülerbuch Stufe 1. Köln, Gilde
Sheikh, A./Sheikh, K. (Hg.) (1985): Imagery in education. Imagery in the educational process. New York, Farmingdale
Shepard, R. N. (1967): Recognition memory for words, sentences and pictures, in: Journal of Verbal Learning and Verbal Behavior 6, S. 156–163
Shiffrin, R. M./Schneider, W. (1977): Controlled and automatic human information processing: II. Perceptual learning, automatic attending, and a general theory, in: Psychological Review 84, S. 127–190
Shontz, W. D./Truman, G. A:/Williams, L. G. (1971): Color coding for information location, in: Human Factors 13 (3), S. 237–246
Simons, G. (1996): Adaptation de la méthodologie des langues étrangères aux styles d´apprentissage des éléves: un nouveau miroir aux alouettes?, in: Etudes et Travuaux 1, S. 19–38
Slamecka, N. J./Graf, P. (1978): The generation effect. Delineation of a phenomenon, in: Journal of Experimental Psychology: Human Learning and Memory 4, S. 592–604
Smith, S. M./Glenberg, A./Bjork, R. A. (1978): Environmental context and human memory, in: Memory and Cognition 6, S. 342–353
Sokołow, E. N. (1954): Współdziałanie analizatorów w odzwierciedlaniu świata zewnętrzengo, in: Nauka Pawłowa a filozoficzne zagadnienia psychologii. Warszawa, PWN

Sokołow, E. N. (1959): Rieflektornyje osnowy wosprijatija. Psichołogiczeskaja Nauka w SSSR, Moskwa, Izd. APN RSFSR
Spangenberg, R. (1976): Which is better for learning? Color or black and white?, in: Audio Visual Instruction 21(3), S. 80
Sperber, H. (1989): Mnemotechniken im Fremdsprachenerwerb (mit Schwerpunkt Deutsch als Fremdsprache). München, Iudicium
Sperling, G. A. (1960): The information available in brief visual presentations, in: Psychological Monographs 74, S. 1–29
Sperling, G. A. (1963): A model for visual memory tasks, in: Human Factors 5, S. 19–31
Spitz, E. (1965): Beitrag zur Genusbestimmung der deutschen Substantive, in: Deutsch als Fremdsprache 2, S. 35–43
Standing, L. (1973): Learning 10,000 pictures, in: Quarterly Journal of Experimental Psychology 25, S. 207–222
Standing, L./Conezio, J./Haber, R. (1970): Perception and memory for pictures: single trial learning of 2560 visual stimuli, in: Psychonomic Science 19, S. 73–74
Stangl, W. (2004a): Mnemotechnik, online unter: http://arbeitsblaetter.stangl-taller.at/Lerntechnik/Mnemotechnik.shtml, Zugriff am 27.06.2004
Stangl, W. (2004b): Bunte Erinnerungen, online unter: http://www.stangl-taller.at/arbeitsblätter/gedächtnis/Gedaechtnisfunktion.shtml, Zugriff am 04.02.2004
Städtler, T. (2003): Lexikon der Psychologie. Wörterbuch. Handbuch, Studienbuch. Stuttgart, Alfred Kröner Verlag
Stein, B. S./Bransford, J. D. (1979): Constraints on effective elaboration. Effects of precision and subject generation, in: Journal of Verbal Learning and Verbal Behavior 18, S. 769–777
Steiner, G. (1980): Visuelle Vorstellungen beim Lösen von elementaren Problemen: Über die Wirkung visueller Vorstellungen und ihr Verhältnis zum visuellen Wahrnehmen. Stuttgart, Klett-Cotta
Steiner, V. (2000): Exploratives Lernen. Zürich, Pendo
Sternberg, S. (1969): Memory scanning. Mental processes revealed by reaction time experiments, in: American Scientist 57, S. 421–457
Stokes, S. (2002): Visual literacy in teaching and learning: A literature perspective, in: Electronic Journal for the Integration of Technology in Education 1 (Band 1), Troy State University, online unter: http://ejite.isu.edu/Volume1No1/pdfs/stokes.pdf, Zugriff am 13.09.2004
Strand, B. (1975): Effects of instructions for category organization on long-term retention, in: Journal of Experimental Psychology: Human Learning and Memory 1, S. 780–786
Suarez de Figueroa, C. (1998; Orig. 1615): Universeller plato allegr Wissenschaften und Künste. 10. Diskurs, § 3: Vom künstlichen Gedächtnis, in: Berns, J./Neuber,

W. (Hg.): Documenta Mnemonica. Text- und Bildzeugnisse zu Gedächtnislehren und Gedächtniskünsten von der Antike bis zum Ende der Frühen Neuzeit, Band II: Das enzyklopädische Gedächtnis der Frühen Neuzeit. Enzyklopädie und Lexikonartikel zur Mnemonik. Tübingen, Niemeyer

Surber, J./Leeder, J. (1988): The effect of graphic feedback on student motivation, in: Journal of Computer-Based Instruction 15 (1), S. 14–17

Thayer, N. H./Clayton-Randolph, S. (Hg.) (1985): Visual literacy. Cruising into the future, Readings from the 16th Annual Conference of the International Visual Literacy Association, Bloomington

Thomas, E. L./Robinson, H. A. (1972): Improving reading in every class: A sourcebook for teachers. Boston, Allyn and Bacon

Thompson, I. (1994): Memory in language learning, in: Wenden, A./Rubin, J.: Learner strategies in language learning. New York, Prentice Hall

Thomson, C. P./Hamlin, V. J./Roenker, D. L. (1972): A comment on the role of clustering in free recall, in: Journal of Experimental Psychology 94, S. 108–109

Tönshoff, W. (1992): Kognitivierende Verfahren im Fremdsprachenunterricht. Formen und Funktionen. Hamburg, Kovac

Tönshoff, W. (1997): Training von Lernstrategien im Fremdsprachenunterricht unter Einsatz bewusst machender Vermittlungsverfahren, in: Rampillon, U./Zimmermann, G. (Hg.): Strategien und Techniken beim Erwerb fremder Sprachen. Ismaning, Hueber, S. 203–215

Tönshoff, W. (2003[4]): Lernerstrategien, in: Bausch, K.-R./Christ, H./Krumm, H.-J. (Hg.): Handbuch Fremdsprachenunterricht. Tübingen/Basel, Francke, S. 331–335

Tresselt, M./Mayzner, M. (1960): A study of incidential learning, in: Journal of Psychology 50, S. 9–347

Tufte, E. R. (1983): The visual display of quantitative information. Cheshire, CT Graphics

Tufte, E. R. (1990): Envisioning information. Cheshire, CT Graphics

Tulving, E. (1972): Episodic and semantic memory, in: Tulving, E./Donaldson, E. (Hg.): Organization of memory. New York, Academic Press, S. 381–403

Tulving, E./Donaldson, E. (Hg.) (1972): Organization of memory. New York, Academic Press

Tulving, E./Pearlstone, Z. (1966): Availability versus accessibility of information in memory for words, in: Journal of Verbal Learning and Verbal Behavior 5, S. 381–391

Twain, M. (1977): Bummel durch Europa, Mark Twain gesammelte Werke. München/Wien, Hanser

University of Michigan – German Department (2002): Ideen zum Vokabelnlernen – Vocabulary Learning Advice, online unter http://www.lsa.umich.edu/german/hmr/Vokabeln/vokabellernstrategien.html, Zugriff am 20.08.2004

van Nes, F. L. (1985): On the use of layout, colour, and typography on visual display terminals, in: IPO Annual Press Report 20, S. 110–119
van Nes, F. L./Juola, J. F./Moonen, R. J. (1987): Facilitation and inhibition of visual display search processes through the use of colour, in: IPO Annual Progress Report 22, S. 117–123
Vester, F. (1975): Denken, Lernen, Vergessen. München, dtv
Vester GmbH (2005): Frederic Vester, online unter: http://www.frederic-vester.de/FrederivVester.htm, Zugriff am 10.10.2005
Vogel, K./Vogel. S. (1975): Lernpsychologie und Fremdsprachenerwerb. Tübingen, Niemeyer
Voigt, U. (2001): Esels Welt, Mnemotechnik zwischen Simonides und Harry Loraine. Hamburg, Likanas
Vollmer, H. J. (1997): Training von Lernstrategien im Fremdsprachenunterricht unter Einsatz bewusstmachender Vermittlungsverfahren, in: Rampillon, U./Zimmermann, G. (Hg.): Strategien und Techniken beim Erwerb fremder Sprachen. Ismaning, Hueber
Walker, M. (1991): The power of color. New York, Avery Publishing Group
Wegera, K.-P. (1997): Das Genus: ein Beitrag zur Didaktik des DaF-Unterrichts. München, Iudicium
Weidenmann, B. (1994): Lernen mit Bildmedien. Psychologische und didaktische Grundlagen. Weinheim und Basel, Beltz
Weinert, F. E. (1989): Der Beitrag der Psychologie zur Theorie und Praxis des Lehrens, in: Weinert, F. E./Graumann, C. F./Heckhausen, H. (Hg.): Pädagogische Psychologie 2. Funk-Kolleg, Band 2. Frankfurt a. Main, Fischer, S. 755–758
Weinert, F. E./Graumann, C. F./Heckhausen, H. (Hg.) (1989): Pädagogische Psychologie 2. Funk-Kolleg, Band 2, Frankfurt a. Main, Fischer
Weinrich, H. (1991): Sprache und Gedächtnis, in: Wierlacher, A. u.a. (Hg.): Jahrbuch Deutsch als Fremdsprache 17, S. 128–148
Weismann, D. L. (1974): The visual arts as human expertence. New York, Prentice Hall
Wells, E. (1992): Principles of color use in design, in: Rieber, L. P.: Computers, graphics and learning. Madison, Brown/Benchark, S. 199–202
Wells, E. (1994): A comparison of interactive color specification systems for human-computer interaction. Master Thesis, Texas A&M University
Wenden, A./Rubin, J. (1994): Learner strategies in language learning. New York, Prentice Hall
Werner, O. (1975): Zum Genus im Deutschen, in: Deutsche Sprache 1, S. 35–58
Wessels, M. G. (1994): Kognitive Psychologie. München/Basel, Reinhardt
White, J. (1987): New strategies for editing and design, Presentations at Trialog 87, Stockholm

Whiteside, C./Blohm, P. (1985): The effects of CRT text color and decision making tasks on learners' recall, in: Thayer, N. H./Clayton-Randolph, S. (Hg.): Visual Literacy: Cruising into the Future, Readings from the 16th Annual Conference of the International Visual Literacy Association. Bloomington, Western Side Printing Co., S. 89–93

Wichmann, F./Gegenfurtner, K. (2002): The contributions of color to recognition memory for natural scenes, in: Journals of Experimental Psychology – Learning, Memory and Cognition 3, Band 28, S. 509–520, online unter: http://www.apa.org/journals/xlm/press_releases/may_2002/xlm283509.pdf, Zugriff am 20.08.2004

Wiegand, H.-E. (1985): Fragen zur Grammatik in Wörterbuchbenutzungsprotokollen. Ein Beitrag zur empirischen Forschung der Benutzung einsprachiger Wörterbücher, in: Bergenholtz, H./Mugdan, J. (Hg.): Lexikographie und Grammatik. Akten des Essner Kolloquiums zur Grammatik im Wörterbuch 28. –30.06.1984, S. 20–98

Wierlacher, A. u.a. (Hg.) (1991): Jahrbuch Deutsch als Fremdsprache 17. München, Iudicium

Wilhelm, D. (1995): Von der Ordnung im Gedächtnis. Einführung in die klassische Mnemotechnik. Kirkel, Neunkirchener Verlag

Willows, D. M./Houghton, H. A. (1997): The psychology of illustration, Band 1: Basic research. New York, Springer

Winn, W. (1993): Perception principles, in: Fleming, M./Levie, W. H. (Hg.): Instructional message design: Principles from the behavioral and cognitive sciences. Englewood Cliffs, NJ: Educational Technology Publications, S. 55–126

Wirth, T. (2002): Kommunikationsdesign. Über Verarbeitungstiefe, online unter http://www.kommdesign.de/texte/verarbeitungstiefe.htm, Zugriff am 25.08.2004

Wiseman, S./Neisser, U. (1974): Perceptual organization as a determinant of visual recognition memory, in: American Journal of Psychology 87, S. 675–681

Włodarski, Z. (1964): Pamięć jako właściwość poszczególnych analizatorów. Warszawa, PWN

Włodarski, Z. (1984): Z tajemnic ludzkiej pamięci. Warszawa, WSiP

Włodarski, Z. (1985): Odbiòr treści w procesie uczenia się. Warszawa, PWN

Włodarski, Z. (1996): Psychologia uczenia się, Band 1. Warszawa, PWN

Włodarski, Z. (1998): Psychologia uczenia się, Band 2. Warszawa, PWN

Wode, H. (1993): Einführung in die Psycholinguistik. Theorien, Methoden, Ergebnisse. München, Hueber

Wogalter, M. S. (1999): Factors influencing the effectiveness of warnings, in: Zwaga, H. J./Boersma, T./Hoonhout, H. C. M. (Hg.): Visual information for everyday use. Design and research perspectives. London/Philadelphia, Taylor/Francis, S. 93–110

Wolff, A./Köppel, A./Stein-Meintker, A. (Hg.) (1996): Materialien Deutsch als Fremdsprache 42: Autonomes Lernen; Lernpsychologie im Fremdsprachenunterricht, Deutsch als Fremdsprache im internationalen Kontext; Qualitätskriterien für Sprachkurse DaF im außeruniversitären Bereich. Regensburg, Fachverband Deutsch als Fremdsprache

Wolff, D. (1993/94): Sprachpsychologie, Psycholinguistik und Fremdsprachenunterricht – Zur Anbahnung einer Beziehung – Dokumentiert in Aufsätzen aus den Neueren Sprachen von 1970–1992, in: Die Neueren Sprachen 1, S. 103–123

Wolff, D. (2003[4]): Lernerautonomie und selbst gesteuertes fremdsprachliches Lernen: Überblick, in: Bausch, K.-R./Christ, H./Krumm, H.-J. (Hg.): Handbuch Fremdsprachenunterricht. Tübingen/Basel, Francke, S. 321–326

Wolff, J. (1987): Maite lernt Deutsch. Deutsch zum Eintauchen. Regionales Grundstufenlehrwerk. Lehrbuch 1. San Sebastian/Donostia, Tandem Fundazioa

Woodworth, R. S. /Schlosberg, H. (1963): Psychologia eksperymetalna. Warszawa, PWN

Wrede, O. (1996): Mnemotechnik in grafischen Benutzeroberflächen, in: Formdiskurs – Zeitschrift für Theorie und Design, Januar 1997, online unter: http://paedpsych.jk.unilinz.ac.at:4711/lehrtexte/Wrede96.html, Zugriff am 20.08.2004

Wu, M./Dwyer, M. D. (1986): The effect of verbal visuals in facilitating student achievement of different education objectives, in: International Journal of Instructional Media 13 (1), S. 60–68

Yates, F. (1966): The art of memory. Chicago/London, The University of Chicago Press

Zimbardo, P. (1978): Lehrbuch der Psychologie. Berlin/Heidelberg/New York, Springer

Zimbardo, P./Gerrig, R. (1996): Psychologie. Heidelberg, Springer

Zimmerman, D. (1976): The effect of color on recognition memory for selected pictorial material. Dissertation, Indiana State University/School of Education, Bloomington

Zimmermann, G. (1977): Grammatik im Fremdsprachenunterricht. Frankfurt a. Main, Diesterweg

Zwaga, H./Boersma, T./Hoonhout, H. (Hg.) (1999): Visual information for everyday use. Design and research perspectives. London/Philadelphia, Taylor/Franci